全国高校电子商务及法律系列规划教材

网络调查与数据整合

王卫东 编著

全国高校『电子商务及法律』专业联盟推荐教材

Network Survey and Data Consolidation

WUHAN UNIVERSITY PRESS
武汉大学出版社

图书在版编目(CIP)数据

网络调查与数据整合/王卫东编著．—武汉：武汉大学出版社，2018.1(2018.8 重印)
全国高校电子商务及法律系列规划教材
ISBN 978-7-307-19907-1

Ⅰ.网…　Ⅱ.王…　Ⅲ.互联网络—应用—调查方法—高等学校—教材　Ⅳ.C31-39

中国版本图书馆 CIP 数据核字(2017)第 309193 号

责任编辑:陈　豪　　责任校对:李孟潇　　版式设计:韩闻锦

出版发行:**武汉大学出版社**　(430072　武昌　珞珈山)
(电子邮件:cbs22@whu.edu.cn 网址:www.wdp.com.cn)
印刷:荆州市鸿盛印务有限公司
开本:720×1000　1/16　印张:18.25　字数:367 千字　插页:2
版次:2018 年 1 月第 1 版　2018 年 8 月第 2 次印刷
ISBN 978-7-307-19907-1　定价:48.00 元

作者简介

王卫东

现任职于西北政法大学商学院，硕士生导师，学术委员会委员，西北政法大学商务安全研究所所长，电子商务系主任，全国高校电子商务及法律专业联盟秘书长。主要研究方向为电子商务、网络安全和网络社区，发表专业论文20多篇，主持及参与科研项目6项。主编教材1部，编著2部，参编5部。

总　序

在全球业界精英围绕“发展数字经济、促进开发共享——携手共建网络空间命运共同体”主题共同憧憬和探讨数字经济发展之际，我们编写的电子商务及法律系列教材即将付梓，正当其时。

“电子商务及法律”是一个新兴的交叉专业，是一个理论和应用并重的专业，是一个实践多向发散、理论总结紧随的专业。为这样一个专业编写教材，是一项具有历史使命感的工作，也是一项可能吃力不讨好的工作。因此，对于电子商务及法律系列教材的编写者来说，无论是心态，还是具体的编撰过程，均非寻常。一方面，该教材被列为武汉大学出版社系列规划教材，是此一大类的国内第一套系列规划教材，无首创之名，具首创之实，其责任感和压力可想而知；另一方面，当前该专业在我国方兴未艾，细数国内的教研力量，基础比较薄弱，众多问题亟待解决，难有定论。因而，要编写一套便教利学，真正反映和体现该专业设置目的和要求的教材，其难度不言自明。

北京邮电大学、湖北大学、重庆理工大学和本人所就职的西北政法大学，均是国内最早开办电子商务及法律专业的高校，几所学校于 2015 年在西安共同发起了“全国高校电子商务及法律专业联盟”。经过在联盟会议上的多次探讨和交流，我们深切地认识到，为了更好地促进电子商务及法律专业建设，更及时有效地满足日新月异的本专业人才和实践探索需求，编写一套理实并重、严谨前瞻、融合法商的教材，尤为必要。

管子有言“不言之言，闻于雷鼓”。于是，这一共同认识就转化为切实的努力和行动。在充分调研的基础上，结合电子商务及法律专业建设的实际需要，各位专家学者以电子商务发展趋势为引领，以探究性学习为核心，以联盟学校为依托，经过艰苦努力和持续探索，目前书稿陆续完成。我特意写了这一小段文字，以为纪念。

在教材的编撰过程中，有大量优秀的电子商务及法律领域实践成果不断涌现却未能编入，非常遗憾和可惜，只能留待后续再版时增添了。编写亦难免有不妥之处，还望大家不吝提出宝贵意见！

张荣刚

第四届世界互联网大会召开之际

目　录

第一章　网络调查概论……1

第一节　网络调查的概念及发展历程……1

一、调查研究及社会调查……1

二、网络调查……8

三、网络调查的质量……11

四、网络市场调查……13

五、网络调查的常用方法……14

六、网络调查的应用……15

第二节　网络调查的类型……15

一、定性调查法……15

二、定量调查法……16

三、定性分析与定量分析……18

第三节　网络调查的操作程序……19

一、网络调查的一般程序……19

二、网络调查的个人信息保护……20

第四节　网络调查的收益……21

一、网络调查机构的市场需求……21

二、网络调查机构的会员制……21

三、网络调查机构的收益……21

第五节　调查资料的收集方法……22

一、个别发送法……23

二、集中填答法……23

三、邮寄填答法……23

四、当面访问法……24

五、电话访问法……24

第六节　调查的组织与实施……25

一、调查员的挑选……25

二、调查员的培训……26

三、联系被调查者……………………………………………………………… 26
四、调查的质量监控与补充调查………………………………………………… 26
第七节　测量与操作化 ……………………………………………………… 27
一、测量的概念与层次…………………………………………………………… 27
二、概念的操作化………………………………………………………………… 29
三、指数与量表…………………………………………………………………… 32
第八节　网络调查与数据整合网站 ………………………………………… 36
一、中国互联网络信息中心……………………………………………………… 36
二、中国国家调查数据库………………………………………………………… 37
三、国家信息网…………………………………………………………………… 38
四、中国综合社会调查…………………………………………………………… 38
五、中国报告大厅………………………………………………………………… 39
六、中文互联网数据研究资讯中心……………………………………………… 39
七、问卷星………………………………………………………………………… 39
八、常见调查网站及其功能对比………………………………………………… 40

第二章　网络调查方案设计 ………………………………………………… 43
第一节　网络调查方案设计概述 …………………………………………… 43
一、网络调查方案设计的概念…………………………………………………… 43
二、网络调查方案设计的重要性………………………………………………… 43
三、网络调查方案设计的原则…………………………………………………… 44
第二节　网络调查课题的选择 ……………………………………………… 45
一、调查课题的类型……………………………………………………………… 45
二、选择合适调查课题的重要性………………………………………………… 46
三、如何论证调查课题…………………………………………………………… 47
四、如何寻找调查课题…………………………………………………………… 48
五、如何将调查课题明确化……………………………………………………… 49
六、文献查阅与调查课题选择…………………………………………………… 50
七、选择调查课题的基本步骤…………………………………………………… 52
八、案例课题的论证……………………………………………………………… 53
第三节　网络调查方案设计的主要内容 …………………………………… 54
一、确定调查目的和内容………………………………………………………… 54
二、确定调查区域、调查对象和调查单位 ……………………………………… 55
三、确定调查项目和工具………………………………………………………… 56
四、确定调查时间和调查期限…………………………………………………… 56

五、确定人员组织及经费预算……………………………………………………… 57
六、确定调查资料的整理和分析方法……………………………………………… 58
七、确定提交报告的方式…………………………………………………………… 58
八、确定调查的组织计划…………………………………………………………… 58
第四节　网络调查指标的设计 ……………………………………………………… 59
一、调查指标和指标体系…………………………………………………………… 59
二、抽象定义与操作定义…………………………………………………………… 61
三、调查指标的设计………………………………………………………………… 63
第五节　网络调查方案的可行性研究与评价 ……………………………………… 64
一、调查方案的可行性研究………………………………………………………… 64
二、调查方案的评价………………………………………………………………… 65
第六节　网络调查方案的格式与范例 ……………………………………………… 66
一、网络调查方案的格式…………………………………………………………… 66
二、网络调查方案范例……………………………………………………………… 67

第三章　抽样 ……………………………………………………………………… 75
第一节　抽样的基本概念 …………………………………………………………… 75
一、抽样调查概述…………………………………………………………………… 75
二、抽样调查的基本概念和术语…………………………………………………… 76
三、抽样方法种类及其意义………………………………………………………… 78
四、抽样设计的原则………………………………………………………………… 84
第二节　抽样方案实施 ……………………………………………………………… 85
一、抽样样本数量确定……………………………………………………………… 85
二、抽样样本使用方式……………………………………………………………… 88
三、抽样调查的程序………………………………………………………………… 88
四、误差避免………………………………………………………………………… 89

第四章　网络问卷调查 …………………………………………………………… 92
第一节　网络问卷调查概述 ………………………………………………………… 92
一、问卷调查的概念………………………………………………………………… 92
二、网络问卷调查的优点…………………………………………………………… 93
三、网络问卷调查的不足…………………………………………………………… 94
第二节　网络问卷调查方法 ………………………………………………………… 95
一、电子邮件调查…………………………………………………………………… 96
二、在线实时调查…………………………………………………………………… 96

三、网上问卷调查……………………………………………………………… 97
第三节　网络问卷调查设计 ………………………………………………… 97
一、网络问卷调查设计的规范…………………………………………… 97
二、网络问卷调查设计的要点…………………………………………… 98
三、调查问卷的人性化设计……………………………………………… 98
四、个人隐私保护………………………………………………………… 99
五、有奖调查与无奖调查………………………………………………… 99
六、调查时限的确定……………………………………………………… 99
第四节　网络调查问卷设计………………………………………………… 100
一、网络问卷调查的准备 ……………………………………………… 100
二、网络调查问卷的设计 ……………………………………………… 100
三、制作网络调查问卷 ………………………………………………… 103
四、网络调查问卷设计的步骤 ………………………………………… 104
五、网络调查问卷的结构 ……………………………………………… 106
六、问题答案的组成方式 ……………………………………………… 113
第五节　网络调查问卷的质量控制………………………………………… 113
一、样本质量控制 ……………………………………………………… 113
二、信度 ………………………………………………………………… 114
三、效度 ………………………………………………………………… 118
四、信度和效度检验 …………………………………………………… 123
第六节　网络调查问卷发布………………………………………………… 131

第五章　定量资料整理……………………………………………………… 137
第一节　资料的整理………………………………………………………… 137
一、资料审核 …………………………………………………………… 137
二、资料编码 …………………………………………………………… 137
三、数据录入 …………………………………………………………… 139
四、数据清理 …………………………………………………………… 140
第二节　统计表的制作……………………………………………………… 141
一、统计表的构成与制作 ……………………………………………… 141
二、单变量统计表 ……………………………………………………… 142
三、双变量统计表 ……………………………………………………… 142

第六章　网络调查研究的补充手段………………………………………… 144
第一节　实验研究…………………………………………………………… 144

一、实验的概念与逻辑 …… 144
二、实验的程序与类型 …… 147
三、基本实验设计 …… 151
第二节　文献研究 …… 153
一、文献与文献研究 …… 153
二、内容分析 …… 156
三、二次分析 …… 158
四、现存统计资料分析 …… 160
第三节　实地研究 …… 161
一、实地研究及其类型 …… 161
二、实地研究的过程 …… 163
三、观察法 …… 165
四、无结构访谈法 …… 168

第七章　数据分析与整合 …… 171
第一节　数据分析与整合概述 …… 171
一、ETL …… 171
二、数据整合 …… 179
三、数据集成 …… 182
四、数据分析 …… 186
第二节　大数据 …… 191
一、大数据的概念 …… 191
二、大数据的结构 …… 193
三、大数据的应用案例 …… 193
四、大数据的趋势 …… 194
五、大数据技术 …… 195
六、大数据分析 …… 196
七、大数据分析的主流工具 …… 198
第三节　电子商务数据分析 …… 202
一、电子商务数据分析指标体系 …… 202
二、电子商务数据分析常用公式 …… 204
三、淘宝运营数据分析指标 …… 207
四、微信运营的数据分析 …… 211
第四节　数据挖掘 …… 214
一、数据挖掘起源 …… 214

二、数据挖掘方法 …… 215
三、数据挖掘行业应用 …… 216
四、关联规则及经典算法 …… 217
五、数据挖掘和 OLAP …… 220
六、数据挖掘的相关技术 …… 221
七、数据挖掘的相关问题 …… 222
八、数据挖掘与隐私 …… 229
第五节　如何利用 Excel 进行高级数据分析 …… 230
一、安装 Excel 的数据分析功能 …… 231
二、回归分析 …… 232
三、描述统计 …… 238
四、抽样分析 …… 239
五、直方图 …… 239
第六节　中小企业网站运营数据分析实例 …… 240
一、中小企业应该关注的要素 …… 241
二、数据分析的目的与结果 …… 242
三、数据分析结论对企业的现实意义 …… 243

第八章　调查报告与调研报告 …… 245
第一节　调查报告概述 …… 245
一、调查报告的概念 …… 245
二、调查报告有哪些类型 …… 247
三、调查报告的撰写程序 …… 248
四、调查报告的撰写原则 …… 249
五、调查报告的结构形式 …… 250
六、调查报告写作中应注意的问题 …… 250
第二节　调研报告的基本格式及内容 …… 252
一、调研报告的基本格式 …… 252
二、调研报告的标题 …… 254
三、调研报告的正文 …… 255
四、调研报告的分类撰写思路 …… 258
第三节　调研报告的写作技巧 …… 260
一、调研报告的特点 …… 260
二、调研报告的前提 …… 261
三、调研报告的材料整理 …… 262

四、调研报告材料的定性分析 …………………………………… 263
五、调研报告材料的定量分析 …………………………………… 264

第九章　网络调查典型案例 …………………………………… 266
第一节　市场调查方案、问卷和报告
——宅急送物流服务满意度调查 …………………………………… 266
第二节　调研报告范文
——大学生消费状况调查报告 …………………………………… 273

第一章　网络调查概论

第一节　网络调查的概念及发展历程

一、调查研究及社会调查

1. 调查研究

本书所谈的调查，是指应用科学方法对特定的社会现象进行考察，了解其发生的原因和相关联系，从而提出对策的活动。调查不同于审查，审查是对已知事实进行核对，而调查是对可能存在的问题和隐患进行查找。

调查研究是一种采用自填式问卷或结构式访问的方法，系统、直接地从一个取自某种社会群体的样本处收集资料，并通过对资料的统计分析来认识社会现象及其规律的社会研究方式。

调查研究是社会研究中最常见的研究方式，以其特定的方式满足了社会研究者探讨各种社会行为、社会现象和社会问题的需要。同时，定量研究的诸多内容也十分集中地体现在调查研究的方式之中，如抽样、测量、统计分析等。因此，掌握调查研究方法对于社会研究者来说显得尤为重要。

调查研究的主要特征：调查要求从某个调查总体中抽取一定规模的样本，这种随机抽取的、有相当规模的样本特征往往是其他研究方式所不具有的；资料收集需要采用特定的工具，即调查问卷，而且有一套系统的、特定的程序要求；研究所得到的是数量巨大的量化资料，需要在计算机的辅助下完成资料的统计分析，才能得出更加准确的研究结论。

2. 社会调查

无论是国内还是国外，社会调查都有着十分古老而悠久的历史，但是，比较系统的社会调查，则是从近代开始形成和发展起来的。

(1)社会调查的概念。

在具体定义上，不同学者的认识不尽相同。有的在比较抽象的层次上，把社会调查看做人们认识社会的一种实践活动；而有的则只在十分具体的层次上，把它看做社会研究中的一种资料收集方法。有的从非常宽泛的意义上，把到社会中了解情况的各种不同形式的活动，都统统冠以社会调查的名称；而有的则仅仅只在十分狭义的范围内，把那种以自填式问卷和结构式访问为主要特点的方法以及从一个随机样本中收集资料的工作称作社会调查。有的认为社会调查的全部工作任务只是收集资料；而有的则认为社会调查既包括收集资料的工作，也包括分析资料的工作……总而言之，从目前的情况来看，无论是在外延上还是在内涵上，社会调查的概念都很不一致、很不统一。

从社会调查的知识体系构成上看，国内学者对于社会调查方法的体系和结构的认识大同小异，但是，这种认识与国外学者的认识之间却存在较大的差别。主要体现在以下几个方面：国内学者通常将问卷法、访问法、观察法、实验法、文献法等并列作为社会调查中收集资料的几种方法，而国外学者认为社会调查中所指的资料收集方法，仅仅包括问卷法和访问法；国内学者通常把社会调查分为普遍调查、典型调查、抽样调查和个案调查四种方式，而国外学者所说的社会调查通常仅指抽样调查。

与上述对社会调查方法的认识和所用的名称有关的，还有对社会研究方法的概念及其与社会调查方法之间关系的认识问题。从目前情况看，国内学者中，有的认为社会调查方法与社会研究方法是一回事，只是所用的名称不同而已；有的则认为二者有明显的区别，社会研究方法中包含着社会调查方法，或者说社会调查只是社会研究的一种方式。

本书所介绍的社会调查(survey research)，指的是主要采用自填式问卷或结构式访问的方法，从总体中抽取一定规模的样本，直接收集量化资料，同时，综合运用实验法、文献法以及观察法，通过统计分析，认识社会现象及其规律的研究方式。这个定义强调了从总体中抽取样本进行调查的特征，即强调了抽样调查，从而使它从普遍调查、抽样调查、典型调查和个案调查的划分中独立出来；还强调了收集资料与分析资料的统一，即调查与研究的统一、感性认识与理性认识的统一，这就使它与那些仅把社会调查看做单纯的资料收集工作的认识区分开来。

(2)社会调查主要包括以下要素：

①明确的调查目的。

②具有代表意义的调查对象。

③科学的调查方法。

④实际的调查效果。

(3)社会调查的作用。

社会调查的作用主要体现在三个方面，即描述状况、解释原因和预测趋势。

①描述状况。回答社会现象“是什么”或“怎么样”的问题，了解和描述社会现象的状况，是人们深入认识的基础。

②解释原因。回答社会现象“为什么是这样”的问题，使社会调查能够被广泛

用来探讨不同社会现象之间的关系，探讨某一现象发生的原因。

③预测趋势。除了对过去和现在的社会现象进行解释外，社会调查还可以对未来的社会现象或者对社会现象的发展趋势作出一定的预测。

(4)社会调查的分类。

根据不同的标准，可以将社会调查划分为不同的类型。

①根据分析单位的不同，社会调查可分为宏观调查(如对国家、省、市进行人口普查等大范围、大规模的调查)和微观调查(一般包括两三个人或多人的小群体的调查)。

②根据其调查内容和功能的不同，社会调查可分为研究性调查(为解决理论性或政策性的问题而进行的调查)和工作性调查(为解决当前实际工作中的问题而进行的调查)。

③根据性质或应用领域，社会调查可分为行政统计调查、生活状况调查、社会问题调查、市场调查、民意调查、学术性和研究性调查。

行政统计调查。主要包括由国家和各级政府部门所进行的人口调查、资源调查、行业调查、社会概况调查等，多为宏观、概况性的调查，其中一个典型的例子就是全国人口普查。这类调查，对于了解一个国家、一个地区或一个行业的基本情况有很重要的作用。

生活状况调查。通常指对某一时期、某一社区或某一社会群体的社会生活状况所进行的调查。与行政统计调查不同，它的着眼点主要放在了解人们日常社会生活各个方面的基本状况，以综合反映一个时期、一个地区或一个群体中人们总体的社会生活状况。

社会问题调查。即针对社会中所存在的某类社会问题进行系统调查，找出问题的症结，为解决社会问题提供参考意见，对社会问题进行“社会诊断”。

市场调查。即为拓展商品的销路，更好地为企业的生产和销售服务，围绕某类产品或某种商品的市场占有率、顾客购买情况、满意度、商标的宣传效果等所进行的调查，是随着商品经济的发展而逐渐普及的。

民意调查。也称舆论调查，即对社会中民众的意见、态度、意识等主观意向进行的调查与测验。

学术性或研究性调查。即广泛应用于管理学、社会学、政治学、人口学、教育学、传播学等学科领域的社会调查。其目标往往不是针对某一个具体社会现象和社会问题，而是致力于对某类社会现象所具有的一般规律或普遍法则进行探索和研究。

(5)社会调查的题材。

社会现象的丰富性和社会行为的多样性，决定了社会调查题材的丰富性和多样性。正如著名英国社会学家莫泽所说：世间的各种社会现象，人们的各种社会行为，几乎没有哪一个方面不曾被社会调查者关注过。概括地说，社会调查的题材，主要分为以下三大类：

①某一人群的社会背景。即有关人们各种社会特征的资料。这种资料，既包括某些人口统计方面的内容，也包括人们生活环境方面的内容。这类题材客观性很强，在社会调查中，收集这方面的资料往往比较容易，较少出现问题，几乎所有的社会调查都或多或少包括这一题材中的内容。

②某一人群的社会行为和活动。即有关人们“做了些什么”以及他们“怎样做”等方面的资料。这类题材也是客观的、事实性的，通常构成大部分社会调查的主体内容。

③某一人群的意见和态度。即有关人们“想些什么”“如何想的”或“有什么看法”“持什么态度”等方面的资料。这类题材属于观念性、主观性的，是构成各种民意测验、舆论调查、社会心理调查的主要内容。在其他一些类型的社会调查中，它往往也是十分重要的一部分。

(6)社会调查机构。

社会调查机构一般是政府、相关组织、科研院所或者统计机构，也包括非官方的社会力量，如民意民情调查机构、社会公共事务调查研究机构、社会调查公司、商务调查公司等都属于此类社会调查机构的范畴，其主要服务项目是社会事务和社会信息的调查。

(7)社会调查的一般程序。

选题、准备阶段(选择调查主题、准备调查内容、准备调查工具、准备调查对象)；

调查阶段(收集资料，实施调查)；

分析阶段(审核、整理、统计、分析)；

总结阶段(调查报告)。

3. 社会研究

(1)社会研究及其意义。

所谓研究，简要地说就是提出问题，并以系统的方法寻找答案的过程。社会研究(social research)则是一种由社会学家以及其他探求有关社会问题的答案的人们所从事的一种研究。社会研究指的是一种以经验的方式，对人们的行为、态度、关系以及由此所形成的各种社会现象及社会产物所进行的科学探究活动。社会研究是科学的，它的目标是探索和理解我们生活于其中的社会，而从事这种活动所用的方法就是社会研究。

(2)社会研究的特征。

社会研究作为一种特定的科学研究类型，具有以下三个方面的基本特征：

①研究的主题是社会的，而非自然的。

研究的主题，指的是研究所涉及的现象领域或范畴。社会研究的主题首先必须是有关社会的。这一特征意味着：社会研究的对象，必须包括作为社会主体的人、人的社会行为以及由人的行为所构成的各种社会现象。它涉及人们如何行动、如何与他人交往、如何思考、有何感受等；同时，关注各种社会群体、各种社会组织和各类社区；也关注个人与个人、个人与群体、个人与社会、群体与群体、群体与社会之间的各种社会关系；关注人们如何与不断变化的社会相互适应，等等。总之，社会研究的主题十分广泛，它涉及人类生活的方方面面，涉及社会的各个角落。

②研究的方式是经验的，而非思辨的。

所谓经验性，指的是社会研究必须依据可感知的资料。也就是说，社会研究只对那些可以看到、听到或接触到的东西感兴趣，可观察的人的行为、人所创造的东西、以语言为中介的意见和关于态度、价值判断、意愿等，都属于经验上可感觉的社会事实。社会研究者所收集的经验资料，反映了更大规模的社会现象的某些部分，将所有这些部分的资料合起来，我们就可以“经验地”认识社会现象的整体。

③研究的问题是科学的，而非判断的。

社会研究不可能回答有关社会现象的所有问题。一个问题能否进行科学探讨，首先，依赖于这个问题是不是一个可以用科学来回答的问题。社会研究中所探讨的问题，必须是可以由科学来回答的。即社会研究者不应该去探讨某一现象“是否应该如此”的问题，而只应该去探讨某一现象“状况究竟如何”或者“为什么如此”的问题。这种区分的关键之处，在于所提的问题是“科学的”或是“非科学的”。

(3)社会研究中的困难。

社会研究者所研究的是社会现实中的人、人的社会行为以及与人有关的社会现象。这一事实，一方面使社会研究具有许多不同于自然科学研究的特点，另一方面也给社会研究提出了许多不同于自然科学的难题。

①人的特殊性。

社会研究的对象是人、人的行为以及由人的行为所构成的社会现象和社会产物。值得注意的是，人不同于无生命的物体，人是一种有思想、有感情、有动机、对社会研究的活动有反应的研究对象，他们有自我意识，也有主观意志。因此，他们可能会不与研究者合作，也可以为了个人的利益或其他原因而采取出人意料的行为。

②研究的干扰性。

对人们的社会行为进行研究，这种行为本身就有可能改变它所研究的行为。这就像把一颗石头投入水中，必然会改变水的运动状态，或者把一块新的磁铁放到一个磁场里，必然会改变原来磁场中的磁力线分布一样。无论是采取观察的方法，还是采取调查的方法或者实验的方法，都不同程度地存在干扰和影响。

③社会现象的复杂性。

研究对象的复杂化，将使得研究所涉及的相关因素更多。人类是一种社会性的动物，而人类社会的现象，与自然现象有着根本性的差别。人作为一个生物体，同时又是一个社会体的事实，决定了一种社会行为发生的原因是极其复杂的，它必然涉及许多社会的、心理的、历史的、文化的和其他的因素。

④研究受到特定的制约。

社会研究除了会受到与自然科学研究相同的各种自然条件的限制以外，有时还会受到伦理或者政治因素的限制。社会研究的困难，不只体现在变量多、原因复杂，还体现在要对这些变量进行研究时，所受到的各种社会因素的限制也比较多。

⑤保持客观性的困难。

与自然科学家不同，社会学家本人也是他所研究的对象的一部分，因此，社会研究者在研究过程中，要像自然科学家那样保持一种客观的、超然的态度就要困难得多。自然科学家与他所研究的对象之间，往往不会产生情感上的纠葛，通常情况下，他不会对他所研究的对象产生同情、厌恶、喜欢、钦佩等情感。而社会研究者则每时每刻都有可能陷入这种“感情纠葛”之中，所研究对象的状况、处境、经历以及行为、态度、价值取向，在社会研究者的心中，常常会产生某种“共鸣”或“印象”。

(4)社会研究的方式。

研究方式指的是研究所采取的具体形式或研究的具体类型。社会研究的具体方式可以划分为四种主要类型：调查研究、实验研究、实地研究和文献研究。如表1-1所示。每一种方式都具备一些基本的元素或特定的语言，构成该项社会研究区别于其他社会研究的明显特征。同时，每一种方式都可以独立完成一项具体社会研究的全部过程。

表1-1　社会研究的基本方式简介

研究方式	子类型	资料收集方法	资料分析方法	研究性质
调查研究	普遍调查 抽样调查	统计报表 自填式问卷 结构式访问	统计分析	定量
实验研究	实地实验 实验室实验	自填式问卷 结构式访问 结构式观察 量表测量	统计分析	定量
实地研究	参与观察 个案研究	无结构观察 无结构访问	定性分析	定性
文献研究	统计资料分析 二次分析 内容分析	官方统计资料 他人原始数据 文字声像文献	统计分析	定量

①调查研究的优点。

与实验研究、实地研究等方式相比，调查研究方式具有下述主要优点：

调查研究的方式可以兼顾描述和解释两种目的。

调查研究严格、规范的操作程序，使得其研究结果具有较高的精确性，即描述和概括事物的精确性较高。

调查研究可以迅速地、高效地提供有关某一总体的丰富的资料和详细的信息，在了解和掌握不断变动的社会现象方面具有很大的优越性。

调查研究所具有的定量特征使其能够通过样本反映总体的特征，应用范围十分广泛，受到广大社会研究者、政府决策部门人员、市场研究人员以及大众传媒的高度重视。

②调查研究的缺点。

调查研究与其他几种研究方式一样，也存在着力所不能及的地方。比如，在探讨和分析变量之间的因果关系方面，不及实验研究的方式那么有力；在对事物理解和解释的深入性以及研究的效度方面，又不及实地研究；在研究的反应性方面，不及文献研究的方式。调查研究收集资料所依据的主要是被调查者的自我报告，这种被动的、间接的行为测量方式，往往难以真正了解社会现实中人们的行为。同时，其所采用的自填式问卷或结构式访问的形式，无形中限制了被调查者对问题的回答，使所得资料比较表面化、简单化，很难深入被调查者的思想深处，很难感受到回答者思想和行为的整体生活背景。

③调查研究所面临的挑战。

一是抽样随机性的挑战。要在实际调查研究过程中切实贯彻随机原则，并不十分容易。同时，研究者还将遇到规模与效率之间的矛盾。在大多数情况下，调查研究对样本规模的要求往往大大超过单纯统计学的要求。但从实践上看，调查研究的样本每扩大一步，研究者为此所付的代价就会越大。

二是自我报告方法的挑战。一方面，自我报告方式的可靠性依赖于一个前提，即被调查者的回答是真实的。只有所有被调查者都如实向调查者报告他们的实际情况，调查所得到的资料才能用来反映真实情况，探索社会规律。然而，由于调查常常是在被调查者知道自己正在接受调查的情况下进行的，因此，有众多因素影响、阻碍他们回答调查者询问的真实性。另一方面，即使被调查者是真实回答问题的，自我报告方式所得到的资料与实际情况之间依然有可能存在一定距离。这是因为自我报告方式隐含了另一个潜在的假定：对于任何一个问题，回答者都具有共同的理解和共同的衡量标准。然而，这一假定对实际调查研究中的有些问题却是不成立的。越是概念比较抽象、含义比较广、界定模糊、指称笼统的问题，不同人理解的差别就越大。

三是解释力的挑战。对于解释现象发生的原因，调查研究有一定局限。这是因为，调查研究所收集的往往是社会现象在某个时间点上的横切资料，这种单时间点资料特征导致的一个直接后果就是，调查研究被普遍看作某种相关性的研究方式，而不是因果性的研究方式。

(5)社会研究方法和技术。

研究方法和技术指的是在研究过程中所使用的各种资料收集方法、资料分析方法以及各种特定的操作程序和技术。社会研究的方法体系可用图 1-1 简要表示：

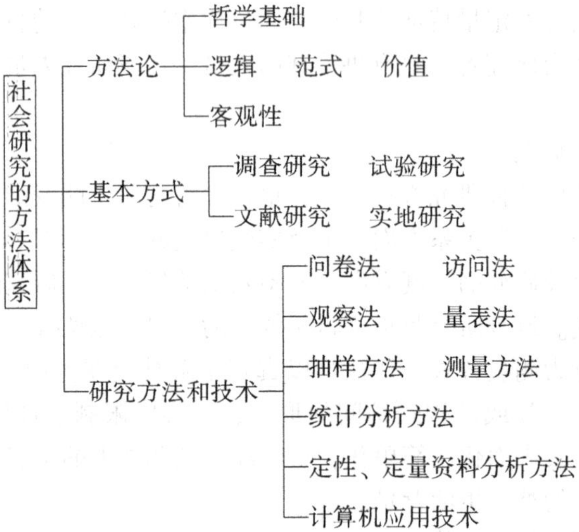

图 1-1　社会研究方法体系

二、网络调查

随着信息技术的发展，计算机和网络越来越频繁地出现在大众面前，渐渐在人们的生活中占据了很重要的地位。于是，在传统的社会调查中，衍生出了一种新兴的网络调查，这种通过网络进行的调查方式，扩大了调查的人群数及地域度，让更多的人能够参与到调查活动中，既节省了人力物力，还能够使该调查数据更符合现状。网络调查逐渐从一股新生力量向主流形式发展，并将最终取代传统的入户调查和街头随时访问等调查方式。

首先，从国际互联网应用的现状来考察，城市中知识层次较高的年轻人群现在的想法代表着城市社会未来的意识形态，经济相对发达地区的今天，代表着经济欠发达地区的明天，这种超前的网络调查研究，具有一定的现实意义。

其次，从发展趋势考察，在欧美等互联网发达国家，关于市场调查和民意调查的网络调查已经相当广泛。针对网络调查，开发出了专业的网络调查软件，因此，探讨网络调查理论和技术是完全必要的和切合实际的。

1. 网络调查的概念

网络调查有两种含义：第一种含义，指借助互联网、计算机通信和数字交互式媒体进行的调查，以实现研究目的。这一类调查与其他调查的不同之处，在于调查手段的差异，即利用计算机网络技术来代替传统的问卷调查、面对面访谈、电话调查或邮寄调查等。

第二种含义，指对互联网使用情况的调查。测量互联网使用情况或测量互联网受众，是互联网研究的一个重要部分。这一类调查的目的，主要是测量网站的流量以及网站使用者的数量、结构和行为。

本书所涉的网络调查，指的是其第一种含义，既包含了调查，也包含了研究。

2. 网络调查的优势与不足

(1)网络调查相对传统调查的优势(如表1-2所示)。

表1-2　网络调查与传统调查比较

比较项目	网络调查	传统调查
调查费用	所要支付的费用少，主要是设计费和数据处理费	昂贵，包括问卷设计、印刷、发放、回收、聘请和培训访问员、录入调查结果、由专业公司对问卷进行统计分析等多方面的费用
调查地域范围	全国乃至全世界，样本数量庞大	受成本限制，调查地区和样本的数量均有限
调查样本	网民	所有普通公民
调查时间选择	全天候进行	不同的被访问者对其可进行访问的时间不同
调查所耗时间	短，只需搭建平台，数据库几天就能得出有意义的结论	长，一般要1个月以上
调查结果的可信度	被访问者主动参与，相对真实可信	一般有督导对问卷进行审核，措施严格，可信度高，但信息的真实性不足
调查方法	方法多样，还在发展，可采用数据挖掘技术	方法较固定
调查主题	受限制，很多主题不适合网上调查	主题广泛

网络调查可以充分利用Internet作为信息沟通渠道的开放性、自由性、平等

性、广泛性和直接性的特性，使得网络调查具有传统调查手段和方法所不具备的特点和优势。随着互联网技术的飞速发展，基于互联网的调查，越来越展现出其巨大的优势，主要有以下几个方面：

①及时性。网络调查是开放的，任何网民都可以投票和查看结果，而且，在投票信息经过统计分析软件初步自动处理后，可以马上查看到阶段性的调查结果。

②便捷性和低费用。在网络上进行调查，调查者只需要一台上网终端即可进行，数据的收集和汇总都可以由程序自动完成，大大节省了传统调查中所耗费的人力和物力。

③交互性。网络的最大好处是交互性，因此在网络调查时，调查对象可以及时就问卷相关问题提出自己的看法和建议，可减少因问卷设计不合理而导致的调查结论偏差。

④客观性。被调查者是在完全自愿的原则下参与网络调查，调查的针对性更强，因此问卷填写信息可靠，调查结论客观。

⑤突破时空性。网络调查是7×24小时全天候的调查，不受时间限制，不受地理区域的限制，与受区域制约和时间制约的传统调研方式有很大不同。

⑥可控制性。利用Internet进行网络调查收集信息，可以对采集信息的质量实施系统的检验和控制。

(2)网络调查的不足。

鉴于我国目前的网络设施建设及网民的特点与分布情况，现阶段的网络调查也存在着一些不足之处：

①调查对象缺乏代表性。从年龄结构来看，目前，中国的网民仍以青壮年为主。截至2016年12月，我国的网民中，10~19岁的占20.02%，20~29岁的占30.03%，30~39岁的占23.2%，而50岁以上的仅仅占了9.4%。从城乡结构来看，我国农村网民占整体网民的27.4%，城镇网民占整体网民的72.6%。而城镇居民与农村居民，无论在知识层次、思想意识还是消费态度与行为方面，都存在着很大的差异。从收入结构来看，收入在5000元以下的网民占82.4%，这说明网络调查的对象主要是一些中低收入者。从学历结构来看，初中和高中网民占网民总体的79.4%，表明大部分网民的知识水平明显偏低①。

②调查过程中的重载问题。所谓重载，就是被调查者点击“刷新”按钮，重新载入页面的行为，这是影响调查质量的一个重要因素，也是一个很难解决而又普遍存在的问题。目前，为解决这一问题，一般采取IP地址过滤的方法，但效果也不是很理想。

---

① 中国互联网信息中心. 第39次中国互联网络发展统计报告[M]. 北京：中国互联网信息中心，2017：33-37.

③网络调查过程中的拒答问题。拒答，是指由于种种原因，没能从样本单位及问卷的问题中获得有价值的数据。拒答问题，可分为单位拒答(即整个问卷未回答)和项目拒答(即个别项目问题拒答)，还可以分为有意拒答和无意拒答。对一些敏感性问题进行调查时，有意拒答发生的几率往往比较高。

④调查中的计量误差。计量误差，是指网络调查中所获得的数据与所欲调查的项目的真实值之间不一致而产生的误差。它通常可以分为由调查者引起的计量误差和由被调查者引起的计量误差，由调查者引起的计量误差，是指由于设计者对问卷的设计让被调查者回答感到模糊而产生的误差。

⑤某些调查问题无法通过网络实现。例如某些试用类(如食品类、化妆品类)调查，需要调查员亲自指导被调查者如何使用这些商品，然后调查才能进行。

⑥受访者个人信息不易收集。由于人们担心个人信息被滥用，通常不愿在调查问卷中暴露准确的个人信息，会因为涉及过多的个人信息而退出调查。而个人信息又是进行市场研究的必备资料，因此，这也成为制约网上调查的因素。

三、网络调查的质量

1. 影响网络调查质量的主要因素

研究影响网络调查质量的因素，主要可以从调查的类型、调查方法的选取、调查目的、问卷设计、样本选择、过程控制等方面入手。对于不同的调查，各因素对调查质量的影响各不相同，一般来说，样本的代表性、拒答率、计量误差、问卷设计的科学性、回答奖励设计的合理性、网站选择的恰当性等对调查质量影响较大。

样本代表性，是网络调查中最为突出的一个问题。网络调查中的样本框不是全部人口，而是网民或者部分网民。虽然，网络在全世界范围内都得到了迅猛发展，但考虑到我国网民的特征，对于网络调查的适用性就需认真对待。

2. 提高网络调查质量的方法

(1)要选择合适的主题进行网上调查。

目前，适合在网上进行调查的主题有：消费者满意度调查、新产品概念测试或广告测试、对社会热点或个人意识类问题的调查等。

(2)根据研究目的选择调查方式和方法。

不同的网络调查方式有其不同的特点，应该根据不同情况加以选择。比如，放置在网站上的问卷，是直接弹出问卷式还是广告弹出信息式，是必然点击式还是偶然链接式等。

(3)科学设计网络调查问卷。

问卷的设计要保证网络调查的访问量和回复率。调查问卷的设计应遵循三个原则：目的性原则，即询问的问题与调查主题密切相关，重点突出；可接受性原则，即问卷设计要容易让被调查者接受；简明性原则，即问题要简明扼要、易读、易懂。

(4)选择合适的网站。

不同的网站，有着不同的客户群，其特征存在较大区别，应该针对不同的网络调查内容及目的选择合适的网站。

(5)激发被调查者的兴趣。

网络调查取得成功的关键之一就是要激发被调查者的兴趣。因此，可以利用有偿参与的方法，调动被调查者的积极性。网络调查人员可以根据实际情况，给访问者一定数量的奖品、商品折扣、虚拟币或者其他的权利，如免费下载一定文献或视频的机会等，有利于获得比较真实的回答，采集到有效的访问者姓名、住址和电子邮件地址等信息。这样有利于提高信息的反馈率，提高反馈信息的真实性，减少调查结果的偏差。

(6)合理选择样本的类型。

网上调查的样本通常分为三类，分别为随机性样本、过滤性样本和选择性样本。后两种样本的选择方法更加科学，可以有效提高调查的针对性，保证调查的质量。

(7)定性与定量法相结合。

除在线调查问卷外，常用的网上调查手段还有电子邮件调查、对访问者的随机抽样调查及固定样本调查等。

(8)传统市场调查和网络调查相结合。

网络调查人员也可以在各种媒体，如报纸、电视或有关杂志上刊登相关调查问卷，并公示电子邮箱和网址，让大家通过网络回答所要调查的问题。

(9)第一手资料与第二手资料相结合。

第二手资料收集的方法包括利用搜索引擎收集资料、利用公告栏收集资料、利用新闻组收集资料以及利用 e-mail 收集资料等。

(10)避免恶意重复回答。

网络调查活动中，可能出现重复填写的问题，要尽量完善在线调查系统，可以在被访者回答问题或问卷后，采用锁住其所处站点等技术，减少重复填写现象。

(11)尽量避免样本分配不均。

特别要注意，由于样本分配不均，包括年龄、性别、职业、地域或收入状况等因素，会造成或者加大测量误差。

(12)要完善网络隐私认证和隐私权立法。

获得认证的网站的隐私权声明往往更加可信，网民也更乐于配合这类网站所进行的调查。要保护好网络隐私权，最根本的措施就是隐私权立法。

(13)选择合适的调查时间。

根据不同的调查主题和目的，选择合适的调查时间也是重要的。比如调查电热毯的使用情况，放在冬季进行效果会更好。

四、网络市场调查

1. 网络市场调查的概念

网络市场调查，是指在互联网上，针对特定的营销环境，进行调查设计、资料收集和数据分析与整合的活动，其构成包括三个部分：客户、调查系统、参与人群。网络市场调查是利用网络这种新兴的媒体，针对特定的营销环境进行市场调查活动，与传统的市场调查活动相比，网络市场调查是一种集经济、方便、快速等优点于一体的新型市场调查方法。

2. 网络市场调查的方式

市场调查有两种方式，一种是直接收集一手资料，如问卷调查、专家访谈、电话调查等；另一种是间接收集二手资料，如报纸、杂志、电台、调查报告等现成资料。因此，利用互联网进行市场调查，相应的也有两种方式：网络直接市场调查和网络间接市场调查。

网络直接市场调查是指利用互联网技术，通过网上问卷等形式调查网络消费者行为及其意向。根据不同的标志，可以将网上直接调查方法分为若干种类型。如按调查的思路分类，可以分为网上问卷调查和网上论坛调查等方法。

网络间接市场调查主要是指利用互联网，收集与企业营销相关的市场、竞争者、消费者以及宏观环境等方面的信息。网络间接调查的方法一般是通过搜索引擎搜索有关站点的网址，然后访问所想查找信息的网站或网页。可以通过 e-mail、新闻组公告栏、访问相关网站、从其他网上媒体获取竞争者的信息、从有关新闻组和 BBS 中获取竞争者的信息等方式获得相关信息。由于越来越多的传统报纸、杂志、电台等媒体，还有政府机构、企业等纷纷上网，网络成了信息海洋，信息蕴藏量极其丰富，关键是如何发现和挖掘有价值的信息。

3. 网络市场调查的重点

以下问题是网络市场调查的重点：网络上的目标客户和传统市场营销中的目标客户有着截然不同的特征，他们更开放，更愿意尝试新鲜事物，更注重用户体验和产品的口碑。因此，要开展网络营销，首先要了解网络上目标客户的需求，研究这些群体的需求特征、购买行为模式和动机。在互联网上，有许多特征鲜明划分明确的社区群体，分析网络消费者的关键，就是了解这些群体的喜好和需求。市场调查的第一步，就是了解目标用户和竞争对手，研究对手企业在行业中的地位，在网络营销中的相关情况。可以通过以下方式了解竞争对手的情况：

①搜索引擎排名。

②调查问卷和投票。在问卷和投票上设置有关竞争对手的产品、服务和想法的问题，看看是谁在谈论这些产品，使用竞争对手产品的用户有多少，给自己的企业

还留有多少空间。通过这些调查，企业可以判断进入市场的阻力有多大，市场的份额是多少，以及企业是否有把握把竞争对手的用户变成自己的用户。

③访问竞争对手的网站。可以直观地了解对手的网站内容、企业动态、营销思维和企业实力。

④使用网络工具调查竞争对手。网络市场调查有一些其他调查方式不能企及的优势和方法，即使用网络工具对竞争对手网站的运营情况和排名情况进行调查，如查看对手网站的 Alexa 排名①，百度和谷歌搜索引擎的收录数，使用 GA 工具②查看对手的关键词排名、对手网站的流量、谷歌的 PR 值、网站的 PV 流量、独立 IP 量等。这些都能说明：竞争对手的水平，对手网站的水平，对手网站使用了哪些网络营销的方式，是否成功，甚至可以推测出竞争对手的网络市场占有率。

五、网络调查的常用方法

常见的网络调查方法如下：

1. 网页调查法

该调查法包括以下主要方式：随意拦截法、志愿者调查法、志愿者小组法、滚雪球调查法等。

2. 电子邮件调查法

该调查法要求调查单位拥有大量被调查者的 e-mail 地址，然后，将事先制作好的电子邮件调查问卷以 e-mail 的方式发送给被调查者。被调查者在填完问卷后，再以 e-mail 反馈给调查单位。

3. 一对一的网上深层访谈

这种形式可以采用电子邮件进行访问，或利用即时通信软件，通过网上“聊天”的方式进行访问。

4. 网络小组座谈

网络技术的飞速发展，使得在网上举行小组座谈会有了技术上的保证。

5. 观察

在对网上聊天内容、讨论小组或虚拟社区的信息进行研究分析时，可以以公开的身份进行观察，甚至是参与式的观察。

6. 全程跟踪方式

可以跟踪来访者浏览过的其他企业的站点，或者是来访者阅读过的有关杂志的

① Alexa 网站流量全球综合排名查询，Alexa 中国官网免费提供 Alexa 网站流量排名官方数据查询、中文网站排行榜、官方网站 ICP 备案信息查询、域名注册信息查询、网站访问量查询等服务。

② GA 工具谷歌分析，全称 Google Analytics，是谷歌推出的网站流量分析工具，是当前最强大的流量分析工具之一，用户可以免费使用。

产品广告等。

六、网络调查的应用

网络调查的适用范围很广，这已经随着互联网络应用的快速普及显示出来了，网络调查将成为21世纪应用领域最广泛的主流调查方法之一，既适合于个案调查，也适合于统计调查。对于从事专业调查的调查组织来说，可以开展营利性的网络调查业务，由面向全体用户免费开放的公众调查信息浏览服务、面向收费会员客户的调查信息数据库查询服务和面向特需客户的收费委托调查业务服务三个应用服务层次构成。

Internet作为一种特殊的媒体和信息沟通渠道，非常适合进行各种网络调查活动，网络市场调查作为需求量最大的调查业务，可以充分发挥Internet的便捷和经济特性，更好、更快地为企业的市场调查提供全面支持。

除了网络市场调查以外，还可以利用Internet进行其他一些网络调查的应用。对于政府机构和社会团体来说，可以开展非营利性的调查研究项目。政府机构和社会团体开展的网络调查工作，可以包括统计调查、市场调查、民意调查和研究项目调查等。

第二节 网络调查的类型

按照实施方式，网络调查一般可分为直接调查法和间接调查法，还可分为定性调查法和定量调查法两类。按照调查者组织调查样本的行为，网上调查可以分为主动调查法和被动调查法。主动调查法，即调查者主动组织调查样本，完成统计调查的方法。被动调查法，即调查者被动地等待调查样本造访，完成统计调查的方法，被动调查法是统计调查出现的一种新情况。按网上调查采用的技术可以分为站点法、电子邮件法、随机IP法和视讯会议法等。本节主要介绍定性调查法和定量调查法。

一、定性调查法

定性调查是指从定性的角度，对所研究的对象进行科学抽象、理论分析和概念认识，而不对研究对象进行量的测定。具体包括以下方式：

1. 小组座谈会

小组座谈会(focus group)是定性研究的重要手段。其做法是选取一组(一般为8~12人)具有代表性的消费者和客户，在一个装有单向镜或录音录像设备的房间(可以是虚拟房间)里，在主持人的组织下，就某个专题进行讨论，从而获得消费者的消费需求、心理和行为等重要特征，为进一步定量调查奠定基础。应用范围包括：消费者使用态度测试、产品测试、概念测试、媒体研究等。

2. 深度访谈法

深度访谈(in-depth interview)是一种无结构的、直接的、一对一的访问形式。访问过程中，由掌握高级访谈技巧的调查员对调查对象进行深入访问，用以揭示其对某一问题的潜在动机、态度和情感，最常应用于探测性调查。应用范围包括：详细了解复杂行为、敏感话题，或对企业高层、专家、政府官员进行访问。

3. 专家意见法

专家意见法，也称德尔菲法①(Delphi Method)，是采用函询(可以是纸质或电子函询)或现场深度访问的方式，反复征求专家意见，经过客观分析和多次征询，逐步使各种不同意见趋于一致。一般要通过几轮征询才能达到目的。

4. 投影技法

摄影技法(PTM)旨在通过一种无结构、非直接的询问方式，激励被访者把他们所关心的潜在动机、态度和情感反映给研究员。

二、定量调查法

定量调查指的是对一定数量的有代表性的样本，进行封闭式(或结构性)问卷访问，然后，对调查数据进行录入、整理和分析，并撰写调查报告的方法。影响定量调查方法的因素，主要包括抽样的精度、预算的可能性、向被访者提供的各种刺激、数据的质量要求、问卷的长度、需要被访者执行特定的任务、抽样难度、调查完成的时间要求等，具体包括以下方式。

1. 电话调查(phone survey)

电话调查主要是利用电话作为媒介，与被访者进行信息交流，从而达到资料收集的目的。调查员被集中在某个场所或专门的电话访问间，在固定的时间内进行工作，督导现场管理。电话调查适用于简单访问，一般不超过10分钟。它的优点是整个项目的访问费用较低，可以解除对陌生人的心理压力。电话调查可分为传统电话调查和计算机辅助电话调查。

(1)传统电话调查(traditional phone survey)。

传统电话调查使用的工具是普通的电话和调查问卷。经过培训的调查员，按照调查设计所规定的随机拨号的方法拨通电话，遵照问卷和培训的要求筛选被访问对

① 德尔菲法(Delphi Method)，是采用背对背的通信方式征询专家小组成员的预测意见，经过几轮征询，使专家小组的预测意见趋于集中，最后，做出符合未来发展趋势的预测结论。德尔菲法又名专家意见法或专家函询调查法，是依据系统的程序，采用匿名发表意见的方式，即团队成员之间不得互相讨论，不发生横向联系，只能与调查人员发生关系，反复填写问卷，以集结问卷填写人的共识及搜集各方意见，可用来构造团队沟通流程，应对复杂任务难题的管理技术。

象，然后，对合格的调查对象，对照问卷逐题提问，并记录答案。

(2)计算机辅助电话调查(computer aided phone survey)。

计算机辅助电话调查使用调查问卷，用电话向被调查者进行访问，整个访问过程由计算机按设定的程序进行。经过培训的调查员，头戴耳机式电话，坐在终端前，按照屏幕上提示的程序进行工作，屏幕代替了问卷、答案纸和铅笔。通过计算机拨打所要的号码，电话接通之后，调查员读出屏幕上显示出的问答题，直接将被调查者的回答录入计算机。

2. 面访调查(face to face interview)

面访调查是调查员与被访者面对面进行直接交流的调查方法，主要有：入户访问、拦截式访问和神秘顾客法。

(1)入户调查(door to door)。

调查员按抽样方案的要求，到抽中的家庭或单位中，按照事先规定的方法，选取适当的被访者，依照问卷或调查提纲，进行面对面的直接提问。条件允许的，也可以通过网络视频进行。调查的户或单位是按照随机抽样原则抽取的，入户访问的对象抽取也遵循一定的法则。入户调查是概率抽样，样本对总体的代表性可以通过抽样误差来表示。入户调查的优点是直接与被访者接触，可以观察他(她)回答问题的态度，严格的抽样方法使样本的代表性更强，能够得到较高的有效回答率，对于不符合填答要求的答案，可以在访问当时予以纠正，也可以由访问员控制跳答题或开放式问题的追问。

(2)拦截式调查(interception method)。

有两种形式：一是访问员在事先选定的地点，按一定程序和要求(如每隔几分钟拦截一位，或每隔几个行人拦截一位)选取访问对象，征得对方同意后，在现场按问卷进行简短调查；另一种是定点拦截，在商场或其他人流量密集的地区，租借好访问专用的房间，根据研究要求，可能还摆放若干供被访者观看或试用的产品，按照一定程序和要求，拦截访问对象，征得其同意后，带到专用的房间进行面访调查。拦截访问的优点在于效率高，整个项目的访问时间短，可以在访问进行时对问卷真实性及品质进行控制，也可以节省抽样环节和费用。

(3)神秘顾客法(mystery customer)。

由经过严格培训的调查员，在规定或指定的时间里扮演成顾客，对事先设计的一系列问题，逐一进行评估或评定的一种调查方式。由于被检查者或需要被评定的对象，事先无法识别或确认“神秘顾客”的身份，故该调查方式能真实、准确地反映客观存在的实际问题，并将其消费经历、感受、评价等以“顾客经历报告”的形式反馈给被调查企业。

3. 邮寄或电子邮件调查(mail or e-mail survey)

把调查问卷及相关资料邮寄或通过 e-mail 发送给被访者，由被访者根据要求填写问卷并发回。有两种具体方式：留置问卷调查和固定样本邮寄调查。应用范围包括：对时效性要求不高、样本框较齐全、调查内容较多、调查问题较敏感的项目。

(1)留置问卷调查(returned questionnaire survey)。

由调查员按面访方式找到被访者，说明调查目的和填写要求后，将问卷留置于被访者处，约定日期，登门取回填好的问卷；或附上回邮信封，由被访者直接寄回。留置调查的优点是调查问卷回收率高，受访者可以当面了解填写问卷的要求，澄清疑问，避免由于误解提问内容而产生误差，而且填写问卷时间充裕，便于思考回忆，受访者意见不受调查人员的影响。通过 e-mail 发送问卷，由受访者填写完成后发回，是一种典型的留置问卷调查方法。

(2)固定样本邮寄调查(fixed sampling survey)。

事先抽取一个地区性或全国性的样本，征得样本中家庭或个人同意后，由调查机构向该固定样本中成员定期发送调查问卷，样本中成员将问卷按要求填好后，及时发回调查机构，为防止样本老化，应定期调整更新样本。固定样本邮寄调查的优点在于空间范围大，不受调查所在地区的限制，样本数目可以很多，而费用开支少。

三、定性分析与定量分析

定性——用文字语言进行相关描述；定量——用数学语言进行描述。定性分析与定量分析是统一的、相互补充的。定性分析是定量分析的基本前提，没有定性的定量是一种盲目的、毫无价值的定量；定量分析使定性分析更加科学、准确，它可以促使定性分析得出广泛而深入的结论。

定量分析是依据统计数据建立数学模型，并用数学模型计算出分析对象的各项指标及其数值；定性分析则主要凭借分析者的直觉和经验，根据分析对象过去和现在的延续状况及最新的信息资料，对分析对象的性质、特点和发展变化规律作出判断。比较而言，前一种方法更加科学，但需要较好的数学知识，而后一种方法虽然较为粗糙，但在数据资料不够充分或分析者数学基础较为薄弱时比较适用。

不能把定性分析与定量分析绝对划分开来。事实上，现代定性分析方法同样要采用数学工具进行计算，而定量分析则必须建立在定性分析预测的基础上，二者相辅相成，定性是定量的依据，定量是定性的具体化，二者结合起来灵活运用，才能取得最佳效果。

定性调查与定量调查是相辅相成的，这不仅表现在调查内容侧重的方面有所不同，也表现在二者功能上的互补。一方面，定量调查的结果依赖于统计，通过对相对较多的个体的测量，推测由大量个体构成的总体的情况；定性调查则更多侧重于问题的选项而非变量的分布。另一方面，定性调查与定量调查通常前后相继。如问卷是定量调查的工具，但在问卷设计的过程中，为了完善问卷的内容、措辞及结构，普遍的做法是进行数次试访，显然，试访的结论不是用来推断总体的，因此试访属于定性研究。在网络环境下，依托即时通信、互动直播、无线通信、虚拟现实等技术，小组座谈、入户调查、拦截式调查、神秘顾客法等都可以在网上实现。

不同的分析方法各有其不同的特点和性能，但是都具有一个共同之处，即一般都是通过对比来分析问题和说明问题。正是通过对各种指标的比较或不同时期同一指标的对比，才反映出数量的多少、质量的优劣、效率的高低、消耗的大小或发展速度的快慢，才能为鉴别、判断提供确凿有据的信息。

第三节　网络调查的操作程序

一、网络调查的一般程序

1. 选题

社会调查：根据国家经济形势和相关方针政策，结合自己的兴趣和专业积累，按照社会调查的要素特征，选定研究问题，如城市交通、小城镇建设、农村土地流转等。选题时可以查阅文献资料，也可以咨询相关人员。

市场调查：网络是企业与顾客有效的沟通渠道，企业可以充分利用网络直接与顾客沟通，了解企业的产品和服务是否满足顾客的需求，同时，了解顾客对企业潜在的期望和改进的建议。在确定网络直接调查目标时，需要考虑的是调查对象是否上网，网民中是否存在着被调查群体，规模有多大。只有网民中的有效调查对象足够多时，网络调查才可能得出有效结论。

2. 计划

紧扣选定主题，参照相关资料，提出不同层次的问题，并确定系统的调查项目。例如，要研究小城镇建设的问题，就要提出其必要性和所需条件等问题，每个问题又包含了若干个子问题。

3. 设计指标

指标就是用一定的数量和单位来描述调查对象，如某地区的人口和人均收入等。要用各种数量指标和质量指标，从多个方面多个维度，尽可能完整地揭示调查对象的本质特征，保证其纵向和横向的可比性。

4. 拟定提纲

用提纲的形式，把以上的准备内容确定下来，对所有提出的问题和项目加以精选，按轻重缓急进行分类，使其系统化、完整化。

5. 选择调查方式和方法

(1)确定方法。

网络直接调查方法主要是问卷调查法，因此，设计网络调查问卷是网络直接调查的关键。由于因特网交互机制的特点，网络调查可以采用调查问卷分层设计。这种方式适合过滤性的调查活动，有些特定问题只限于一部分调查者，因此，可以借助层次化过滤寻找适合的回答者。

(2)选择方式。

网络直接调查时，采取较多的方法是被动调查方法，即把调查问卷放到网站，等待调查对象自行访问和接受调查。因此，吸引访问者参与调查是关键，为提高受众参与的积极性，可提供免费礼品、赠送平台积分或调查报告等。另外，必须向被调查者承诺，有关个人隐私的任何信息不会被泄露和传播。

6. 培训与准备

请有关专家对调查人员进行必要培训，包括调查态度和调查技能的培训。此外，还应该注意筹备必要的资金和物质条件，做好与被调查单位的接洽工作，争取有关单位的支持，保证调查工作的顺利开展。

7. 实施

按既定计划，实施网络调查：发放问卷、回收问卷、统计结果。

8. 分析结果

数据分析与整合是网络调查能否发挥作用的关键，要尽量排除不合格的问卷，这就需要对大量回收的问卷进行综合分析和论证。

9. 撰写报告

撰写调查报告是网络调查非常重要的一步，也是调查成果的体现。撰写调查报告，主要是在分析调查结果的基础上，对调查的数据和结论进行系统说明，对有关结论可以进行探讨性说明。

10. 总结，跟进

对本次网络调查进行全面总结，必要时，要对调查对象进行跟进，对调查总结报告中的判断进行验证，以便提高调查的可靠性。

二、网络调查的个人信息保护

1. 加强个人信息保护

被调查者提供的信息的真实性，将会直接影响到在线调查结果的准确性。要想让被调查者放心填写调查问卷、配合调查，就一定要做好个人信息的保护工作。为了尽量在人们不反感的情况下获取足够信息，网络调查应尽可能避免调查最敏感的资料，如住址、家庭电话、身份证号码等。当然，经过被调查者同意的例外。

2. 建立信息分析处理体系

信息收集到后，必须进行有效处理。最好是由专人完成信息收集与处理工作，用数据库把信息组织管理起来，以备查询。在调查过程中，经常会收到很多垃圾邮件，要及时过滤筛选。在网上查到的信息有些不是很准确，如同行业网上公开的信息很多带有水分，必须把自己当做客户去了解，才能得到比较准确的信息。所以，建立一个高效的信息分析处理系统非常重要。

第四节　网络调查的收益

一、网络调查机构的市场需求

每天都有成千上万的公司需要测试和研究它们的产品或服务，为了了解消费者对其产品或服务的评价，或是了解未来的市场需求，这些公司动辄投入数百万或更多的资金，委托专业调研机构进行市场调查。而对于帮助他们完成问卷调查的人，市场调研构公司通常会给予一定的回报。

现在很多公司都很看重调查，因为调查可以让它们做出最符合市场的产品，而且网络调查是最方便、调查面最广泛的调查方式。被调查者一般都是对主题有所了解的人，这样可以让调查更加准确，也顺便让自己的产品被潜在客户所熟知。于是，进行网络调查的专业调查机构应运而生。

二、网络调查机构的会员制

对于网络调查机构来说，会员就是它们的资本，是它们的财产，是它们收益的基础。同时，拥有大量活跃会员也是网络调查机构实力的象征。危害会员利益的行为，对网络调查机构来说是个大忌。所以，在会员注册加入之前，网络调查机构往往都会作出种种承诺，比如在个人隐私的保护、现金兑换等方面，均会有明确的规定和承诺。

会员加入网络调查机构基本上都是免费的，甚至有的加入即有现金奖励。那么，网络调查机构的收入又从哪儿来？企业之间只要存在竞争，就会有提供竞争情报服务的需求。企业为了保证情报系统的有效运转，往往需要借助于第三方机构及时获取所需情报，而以市场调查公司为代表的网络调查机构就可以提供此类情报。

三、网络调查机构的收益

1. 数据服务型

一般由具备专业调研能力的网络调查机构自主开发，也就是那些有专门的数据收集和分析部门的调查机构，如艾瑞调查网、我要调查网、调客网、新秦调查、中国调查网、第一调查网、中智库玛等，均有实力自主开发调查和分析调查结果。这些机构一般直接与企业合作，可以为企业提供情报规划、信息收集以及数据分析等服务。网络调查机构出售的是数据服务，也就是把调查分析结果等商业情报出售给有调研需求的单位，或是想了解某些市场状况的企业，以此增加营业收入。

2. 资源整合型

网络调查机构可以与一些没有会员的专业调研公司合作，一方提供人力资源，另一方提供调查项目，达到双赢。调查项目可能是国内某家公司的，也可能是国外的，比如调客网所开发的调查业务就是国外的，它们本身并没有对调查数据进行分析，仅提供人力资源。

3. 资源服务结合型

提供自助调查以增加收益，一般国内大型的网络调查机构都有这一功能，有些是免费的，有些是收费的，但是，商业性的调查一般都是收费的。其实，也就是利用会员的优势和机构提供的服务增加收益，可以看做是由前两种相结合的类型。

4. 其他类型

广告收入或者是与广告有关的项目。会员多的网络调查机构，其网站的流量通常都很大，在不影响网站美观的情况下，适当放一些广告也是一种很好的“生财之道”，可以有效增加收入，这对会员和网络调查机构都是有益处的，网络调查机构的收入越多，其实力往往会越强，会员往往也会从中受益。如中智库玛、新秦调查、中国调查网均有放置的广告。

第五节　调查资料的收集方法

从大的方面来划分，调查研究中的资料收集方法主要有两种基本类型：一是自填问卷法，二是结构访问法。自填问卷法指的是调查者将调查问卷发送给(或者邮寄给)被调查者，由被调查者自己阅读和填答，然后再由调查者收回的方法。结构访问法则是指调查者依据结构式的调查问卷，向被调查者逐一提出问题，并根据被调查者的回答在问卷上选择合适答案的方法。在这两个大的类别中，又根据具体实施方法的不同，进一步划分出不同的子类型，可以用图 1-2 说明：

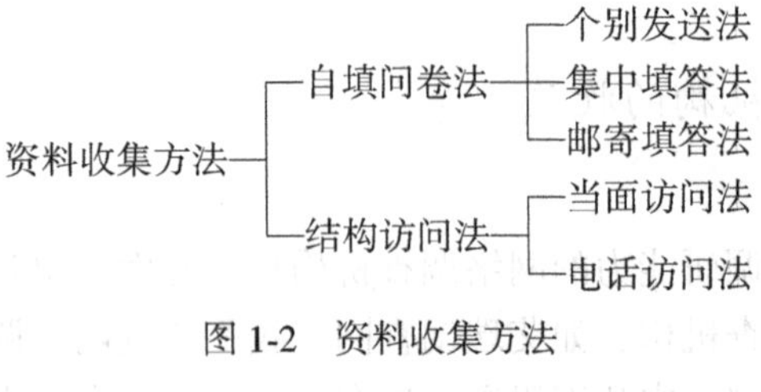

图 1-2　资料收集方法

自填问卷法的三种子类型具有某些共同的特征，而结构访问法的两种子类型有较大的差别。

一、个别发送法

个别发送法是自填问卷法这一大类中最常用的一种，具体做法：研究者将问卷制作好并成功上传后，安排调查员依据所抽取的样本，将问卷链接逐个发送给被调查者。同时，讲明调查的意义和要求，请他们合作填答，并约定提交的时间。当然，在有些情况下，如调查的内容不涉及敏感问题或上下级关系时，也可以由某种行政组织系统代为发放。

个别发送法较好地处理了调查的质量与数量之间的关系，具有明显的优势。比如，节省时间、经费和人力；调查员可以向被调查者进行解释和说明，保证比较高的回收率；调查具有一定的匿名性，可以减少调查人员所带来的某些偏差；被调查者有比较充分的时间对问卷进行阅读和思考，还可以在方便的时候进行填答等。当然，个别发送法也存在一些不足，比如调查的范围依然受到一定的限制，问卷的填答质量不能完全得到保证等。

二、集中填答法

在条件允许的情况下，也可以采取集中填答法来收集调查资料。集中填答法的具体做法：先通过某种形式将被调查者集中起来，每人发一份问卷或者一个能够填写答案的联网终端；接着，由研究者统一讲解调查的主要目的、要求和问卷的填答方法等事项；然后，请被调查者当场填答问卷；填答完毕后，统一将问卷收回。收回问卷的方式可以采用投入问卷回收箱的办法，以消除集中填答法所带来的某些心理顾虑。

集中填答法除了具备一些与个别发送法和邮寄填答法相似的优点以外，它在某些方面的优点比上述两种方法还要明显和突出：比个别发送法更节省调查时间、人力和费用；比邮寄填答法更能保证问卷填答的质量和回收率。集中填答法最主要的局限在于：许多调查研究的样本根本不可能集中，而一旦被调查者不能集中，这种方法的优点自然也就不复存在。

三、邮寄填答法

邮寄填答法是调查研究中一种比较特殊的资料收集方法。它的一般做法：研究者把问卷邮寄或者快递给被调查者，被调查者填答后，再把问卷发回调查机构或调查者。在发给被调查者问卷时，一般应该同时附上已写好回邮地址和收信人(或收传单位)，并且贴好足够邮资的信封，以便于被调查者将填答好的问卷顺利寄回。这种方法在西方一些国家中使用比较普遍，目前，在我国采用这种方法来收集调查资料的还比较少。

通过邮寄填答法收集调查资料，不仅可以省掉一大笔访问员的报酬和旅费(这意味着可以调查更多的对象），还可以不受空间距离和障碍的限制，几乎没有调查不到的地方，同时还特别省时、省力、省钱。可以说，邮寄填答法是调查研究中相当方便，而且代价也很小的资料收集方法。但是应当清楚地认识到，邮寄填答法在具有上述突出优点和与自填法所共有的缺点的同时，还具有两条特别令人头痛的弱点：需要有调查对象的地址甚至姓名；问卷的回收率难以保证。

为了尽量提高邮寄填答法的回收率和资料质量，研究者应对以下一些方面有所注意：第一，关于调查主办者身份的说明要慎重考虑，尽可能采用比较正式的、非营利性的、给人以信任感和责任感的身份。第二，问卷的封面信最好单独打印，并用一个小信封单独装封，再和问卷以及寄回用的空信封一并装入邮寄给被调查者的大信封内。第三，用跟踪信或提醒电话帮助提高回答率。

四、当面访问法

当面访问法的基本做法：研究者先选择和培训一组访问员，由这组访问员携带调查问卷到各个调查地点，按照调查方案和调查计划的要求，与所选择的被调查者进行访问和交谈，并按照问卷的格式和要求记录被调查者的各种回答。在访问中，调查员严格依据调查问卷提出问题，并严格按照问卷中问题的顺序来提问，调查员不能随意改变问题的顺序和提法，也不能随意对问题作出解释，答案的记录也完全按问卷的要求和规定进行。

当面访问的方法与自填问卷法中的个别发送法最为接近，它们都要求调查员逐个找到被调查者。不同的是，在个别发送法中，调查员只需向被调查者稍作解释，并将问卷送交给被调查者即可，至于问卷的填答工作则完全是被调查者的事；而当面访问法中，调查员则要依据问卷向被调查者进行提问，并记录被调查者的回答。

当面访问法的主要优点：调查的回答率较高；调查资料的质量较好；调查对象的适用范围广。当面访问法的主要不足：调查人员与被访者之间的互动有时会影响到调查的结果；访问调查的匿名性比较差；当面访问调查的费用高，时间长，代价大；访问法对调查人员的要求更高。

五、电话访问法

电话访问的一般做法：根据调查的目的和要求，设计并制作好电话访问的问卷表，这种问卷表与一般问卷表的较大不同是要特别便于迅速记录答案；挑选和培训访问人员；随机抽取一组电话号码作为调查样本，注意，此时应留下一组预备号码，用以在正式抽中的被访者不在家或拒绝合作时替补；在电话中，根据访问问卷的内容进行询问，同时，记录下被访者的回答，最好直接在计算机上记录调查对象的回答，以便将这些回答结果转换成数据进行统计分析。

尽管电话访问与当面访问在许多方面都比较相似，但二者之间有一点差别十分明显：当面访问中，调查员不仅可以听取被访者的回答，还可以观察到被访者的表情和动作，以判断被访者所提供的资料的正确性和真实性；而在电话调查中，调查员则必须完全依靠自己的听力和交谈来判断这一切。

电话调查的主要优点是简便易行、省时省钱，十分便于对调查员进行监督和控制，从这一点来讲，它使得电话访问的质量比当面访问更容易得到保证。电话访问的主要问题是被访者的选取及代表性方面的困难。

第六节　调查的组织与实施

由于调查研究以大规模的样本为前提，因此，整个调查资料的收集需要很好地组织和实施。概括地说，一项具体调查在资料收集阶段的组织与实施工作主要包括以下几个方面：调查员的挑选、调查员的训练、联系调查对象、对调查进展的质量监控。

一、调查员的挑选

无论是自填问卷法还是访问法，都少不了调查员的参与。换句话说，调查员往往是调查研究中资料收集工作的主要承担者。因此，挑选和培训调查员是调查研究中的一项重要任务。

1. 调查员的一般条件

一般条件是对调查员的一些基本要求，最主要的有四个方面：诚实与认真，兴趣与能力，勤奋负责，谦虚耐心。

2. 调查员的特殊条件

特殊条件主要是依据研究的主题、被访对象的特点、社区的性质来考虑的。比如从研究主题来考虑，调查有关政治、经济问题时，应选择男性调查员为主；而在调查婚姻、家庭问题时，则选择女性调查员更合适。又如从被访者的特点来考虑，当被访者主要是年轻人时，应尽量选择青年调查员；而当被访对象主要为年龄较高、资历较深、影响力较大的人时，则应选择年龄较大的调查员。总之，所选的调查员在年龄、职业、社会地位等背景条件上与被访者越接近越好。再如从社区的性质角度来考虑，所选择的调查员最好是当地的、同民族、同宗教的人，这样的调查员由于熟悉被访地区的风俗习惯、文化传统、语言特点等，往往能够顺利开展访问调查。

除了性别、年龄及地区几个方面外，教育程度也是一个十分重要的条件。一般来说，教育程度越高的调查员，理解问题、表达问题的能力通常也会更高，应用各种调查技巧的能力也更强。但这不是绝对的，比如受教育程度高但缺乏社会生活经验的调查员，往往不如那些受教育程度稍低但社会生活经验丰富的调查员。

二、调查员的培训

对调查员的培训，一般包括下列步骤和内容：

(1)研究人员要向全体调查员介绍该项调查研究的计划、内容、目的、方法，以及与调查项目有关的其他情况，以便调查员对该项工作能有整体了解。同时，还要就调查访问的步骤、要求、时间安排、工作量、报酬等具体问题进行说明。

(2)进行基本和关键调查访问技术的培训。

(3)要进行模拟调查或访问实习。

(4)要建立起相互联系、监督和管理的办法及规定，以保证正式调查工作的顺利开展，包括组织管理措施、指导监督措施、复核检查措施、总结交流制度等。

三、联系被调查者

调查的实施，要求调查员与样本中的每一位被调查者都能建立起暂时的联系。如何顺利地使调查员为调查对象所接受，是每一项调查研究都必须面临和解决的问题。结合我国的具体情况，可以考虑以下各种不同的途径：

1. 通过正式机构

研究者如果有条件取得某种政府机构或有关部门的认可，通过其从上到下的组织系统来联系和接触调查对象，调查工作往往会更加顺利。

2. 通过当地部门

并不是每个研究者都有条件或机会得到正式权威组织的认可和支持，一种替换方式是尽可能取得当地某些部门的许可和帮助。

3. 通过私人关系

正式机构和当地部门虽然都有很便利的条件，但是，一方面它们并不欢迎涉及某些特定主题和内容的调查研究；另一方面，即使调查研究的主题或内容并不敏感，但却是一个“额外的事”，因此，这些途径走不通的情况是十分正常的。在这种情况下，研究者只能设法去找各种熟人、朋友、同学、亲戚，以打通与调查对象联系的途径。

4. 直接与被调查者联系。

这是在其他方法都走不通时，所剩下的唯一途径。

四、调查的质量监控与补充调查

调查的实施阶段，除了要求调查员严格按照调查计划的要求开展调查工作外，作为调查工作管理者、指导者和质量监控者的研究人员，必须对这一阶段中各个方面的工作进行全面、及时的把握。

其主要任务包括：定期召集调查员开会，听取调查员每天的调查工作汇报；建立方便实用的管理和联系方式，及时解决调查中遇到的新情况和新问题；认真抽查和审核每天完成的调查问卷，发现疑问及时核对；及时总结阶段工作，进一步明确后续任务；适时调整调查进度安排，并根据实际情况进行调查人员的重新组织和调查任务的重新分配。在调查进行的后期，要特别注意防止调查员因疲劳、熟练、枯燥感等因素而出现厌倦情绪和马虎、随意的工作态度。此外，在调查实施进度结束前，要及时根据调查中出现的问题进行再次调查或补充调查。作为调查实施中的最后一个步骤，补充调查和访问对于完善调查资料具有特别的作用。

第七节 测量与操作化

作为一种认识社会现象的活动，调查研究必然会涉及对社会现象进行测量的问题。调查研究的资料以及调查研究成果的质量，都直接与测量的质量紧密相连，因此，社会研究者必须高度重视测量的工作。

一、测量的概念与层次

1. 什么是测量

美国学者史蒂文斯认为：测量就是依据某种法则给物体安排数字。这一定义被许多社会科学研究人员所采用。在此基础上，根据网络调查的需要，本书给出测量的含义：所谓测量，就是根据一定法则，将某种物体或现象所具有的属性或特征用数字或符号表示出来的过程。

测量的主要作用在于确定一个特定分析单位的特定属性的类别或水平。它不仅可以对事物的属性进行定量说明(即确定特定属性的水平)，同时，也能对事物的属性进行定性说明(即确定特定属性的类别)。

上述测量定义有四个必不可少的要素：测量的客体、测量的内容、测量的法则、数字或符号。测量客体，即测量的对象，是客观世界中所存在的事物或现象，是调研人员要用数字或符号来进行表达、解释和说明的对象。测量内容，即测量客体的某种属性或特征。在任何一种测量中，测量的对象是客体，测量的内容却不是客体本身，而是这一客体的特征或属性。测量法则，即用数字和符号表达事物各种属性或特征的操作规则，是具体的操作程序和区分不同特征或属性的标准。数字和符号，即用来表示测量结果的工具。比如，120cm 是测量桌子高度所得的结果，2000 元是测量人们收入的结果。在社会研究中，研究者进行测量的结果中，许多是用数字来表示的。

2. 社会现象的测量

在自然科学研究中，测量的应用十分广泛，相比之下，在社会科学研究中，对测量的应用就显得相对落后一些。形成这种状况的原因是多方面的，社会现象的特殊性和社会测量的特殊性无疑是其中十分重要的原因。

各种社会现象都是建立在人及其活动的基础之上的，对人及其社会行为的测量与对自然现象的测量有着十分不同的特点：人一方面作为测量的客体或对象，另一方面又作为测量过程的主体，给社会现象的测量带来了无法回避的主客观矛盾；社会测量的内容常常是社会中人们的行为以及由人们的行为所构成的各种社会现象，同时，人们对各种社会现象所进行测量的活动本身也是一种社会行为和社会现象，二者相互联系，也相互影响；在社会科学中，由于测量的对象十分复杂，因此，测量的量化程度比较低，可重复性也比较差。

3. 测量层次

由于社会研究中所涉及的现象具备各种不同的性质和特征，因此，对它们的测量也就具有不同的层次和标准。史蒂文斯在 1951 年创立了被广泛采用的测量层次分类法，他将测量层次分为四种，即定类测量、定序测量、定距测量和定比测量。

(1)定类测量。

定类测量也称为类别测量或定名测量，是测量层次最低的一种。定类测量在本质上是一种分类体系，即将研究对象的不同属性或特征加以区分，标以不同的名称或符号，确定其类别。定类测量的数学特征主要是等于与不等于或者属于与不属于。定类测量实质上是一种分类体系，必须注意，类别既要具有穷尽性，又要具有互斥性。即所分的类别既要相互排斥，又要包含各种可能的情况。

定类测量有两种属性：对称性和传递性。对称性是指甲对乙的关系也就是乙对甲的关系。如果甲与乙同类，则乙也一定与甲同类；反之，如果甲与乙不同类，则乙也绝不会与甲同类。传递性是指如果甲与乙同类，而乙与丙同类，那么甲一定与丙也同类。

(2)定序测量。

定序测量也称为等级测量或顺序测量。定序测量的取值，可以按照某种逻辑顺序，把研究对象排列出高低或大小，确定其等级及次序。比如按某种特征或标准，把对象区分为强度、程度或等级不同的序列。

定序测量不仅能够像定类测量一样，把不同的事物区分为不同的类别，而且还能反映事物或现象在高低、大小、先后、强弱等序列上的差异，它的数学特征是大于或小于，比定类测量的数学特征高一个层次。定序测量所得到的信息比定类测量的更多，定序测量除了具备定类测量的对称性(即区分同类与不同类)以外，还具备不对称性。这种不对称性，指甲对乙具有某种关系时，并不等于乙对甲也具有这种关系。比如，大于的关系(或小于的关系)就是不对称的，甲大于乙时，不会出现乙大于甲。但是，传递性依然成立：如果甲大于乙，乙大于丙，那么，一定有甲大于丙。

(3)定距测量。

定距测量也称为等距测量或区间测量。它不仅能够将社会现象或事物区分为不同的类别或不同的等级，而且，还可以确定它们之间不同等级的间隔距离和数量差别。在定距测量中，不仅可以说明哪一类别的等级较高，而且，还能说明这一等级比另一等级高出多少，即定距测量的结果相互之间可以进行加减运算。需要注意的是，定距测量的值虽然可以为零，但这个零却不具备数学中我们所熟悉的零的含义。

定距测量的一个例子是公元年代。我们在调查问卷中经常会询问这样一个问题："请问您是哪一年出生的?"根据回答者所给出的数字，可以推算出他们各自的年龄，年份的数字越大，表示年龄越小。数字间距与年龄间距完全相等。比如，研究对象甲 1990 年出生，乙 2001 年出生，二者的年龄差距就等于数字差距：2001-1990=21 年(岁)。

(4)定比测量。

定比测量也称为等比测量或比例测量。定比测量除了具有上述三种测量的全部性质之外，还具有一个绝对的零点(有实际意义的零点)，所以，所得到的数据既能进行加减运算，又能进行乘除运算。是否存在实际意义的零点(绝对零点)，是定比测量与定距测量的唯一区别。

上述四种测量的层次由低到高，逐渐上升。高层次测量具有低层次测量的所有功能，既可以测量低层次测量可以测量的内容，也可以测量低层次测量所无法测量的内容。高层次测量可以作为低层次测量处理。如定序测量具有定类测量的分类功能，可以作为定类测量使用；同样的，定距测量具有定序测量的排序功能与定类测量的分类功能，可以作为这两种测量使用，反之则不行。

为了进一步清楚说明这四种测量的差别，我们将它们各自的数学特性总结在表 1-3 中。

表 1-3　四种测量层次的数学特性总结

	定类测量	定序测量	定距测量	定比测量
类别区分(=、≠)	有	有	有	有
次序区分(>、<)		有	有	有
距离区分(+、-)			有	有
比例区分(×、÷)				有

二、概念的操作化

1. 概念、变量与指标

(1)概念。概念是对现象的抽象，它是一类事物的属性在人们主观上的反映。

概念的抽象性对于理论有着重要的作用，概念是命题的基础，而命题则是理论的基础。

(2)变量。所谓变量，就是指具有一个以上取值的概念，或者说就是包括一个以上范畴的概念。只有一个固定不变的值的概念，则叫做常量。

(3)指标。表示一个概念或变量的含义的一组可观察到的事物，称为这一概念或变量的一组指标。概念是抽象的，而指标则是具体的；概念是人们的主观印象，而指标则是客观存在的事物。因此，概念只能想象，而指标则可以观察和辨认。

概念、变量和指标之间，是既相互联系又有所不同的关系，概念是对事物现象的抽象；变量是具有多个取值的概念；指标是表示变量含义的具体事物；而常量是仅有一个取值的概念。

2. 操作化的含义与作用

操作化就是要把无法得到的有关社会结构、制度或过程以及人们行为、思想和特征的内在事实，用代表它们的外在事实来替换，以便于通过后者来研究前者。或者说，操作化就是将抽象的概念转化为可观察的具体指标的过程，是对那些抽象层次较高的概念进行具体测量，对所采用的程序、步骤、方法和手段的详细说明。

操作化在社会研究中有着极为重要的作用。存在于研究者头脑中的各种概念和意识，研究者用以构建其理论大厦的各种基本变量，都只有经过合适的操作化之后，才会在普通人可以看得见、摸得着的现实社会中显现出来。

操作化是具有定量取向的社会研究的关键一环。尤其是在解释性研究中，若要对任何有关社会现实的理论假设进行检验，操作化往往是不可回避的前提。只有通过操作化的过程，把思辨色彩很浓的理论概念转变、"翻译"成经验世界中人人可见的具体事实，假设检验才成为可能。可以说，操作化是社会研究由理论到实际、由抽象到具体这一过程的"瓶颈"。

3. 概念操作化的方法

对概念进行操作化处理，就是要给出概念的操作定义，这种定义是一套程序化的工具，它告诉研究者如何辨识抽象概念所指称的现实世界中的现象。从大的方面看，这种操作化过程主要包括两个方面的工作：概念澄清与界定，发展测量指标。

(1)概念澄清与界定。

比较粗糙定义的概念常常包含着大量不同的成分，以这种概念组织起来的资料往往具有某些实质性的差异，因此，在研究中需要对主要概念进行某种澄清和界定。在具体操作上，首先要弄清概念定义的范围，然后再确定一个定义。

(2)发展测量指标。

概念的澄清和界定只是解决了概念定义的内涵问题，即相当于给我们划定了概念内涵的具体范围。对于经验性的社会研究来说，还需要对其进行操作化，使其转化成能具体观察和测量的事物。接下来的任务，就是要寻找与这些内涵相对应的经验指标，这一工作更为具体，也更具有挑战性。通常的做法，一是列出概念的维度，二是建立测量指标。第一种方式是寻找和利用前人已有的指标，第二种方式是研究者要先进行一段时间的探索性研究，然后再确定合适的测量指标。

4. 指标选择的多样性

有些抽象概念往往很难甚至不可能在具体现象中找到所对应的指标，而且在许多情况下，一个操作性定义往往不能够完全代表一个概念，这也是社会研究有时受到批评和指责的原因之一。同时，对这种抽象概念进行操作化时，在具体方法和测量指标方面，常常存在多种不同的选择。即对同一个概念进行测量时，可能会产生出不同的测量指标。而一项具体社会研究的结果，又与它所采用的操作化方式及其所产生的测量指标密切相关。

☞案例

现代化的生存环境

在研究浪漫爱情时，试图检验这样一个假设：人们的生存环境越接近现代化，则他们越会看重浪漫爱情。为此，需要对“现代化的生存环境”进行操作化。在研究中，可以把这一概念操作转化为三个不同的维度和四个主要的指标，如表1-4所示：

表1-4　现代化生存环境的操作化

概　念	维　度	指　标
现代化的生存环境	时间维度	年龄
	空间维度	城乡
	社会经济地位维度	教育程度、职业地位

(1)时间维度：年龄，越年轻者其生存环境越接近现代化。

(2)空间维度：城乡，城市居民的生存环境比农村居民的生存环境更接近现代化。

(3)社会经济地位维度：教育程度和职业地位。一般情况下，教育程度越高或者职业地位越高，其生存环境越接近现代化。

当然，还可以增加其他维度和指标，比如增加“生活水平维度”以及“人均收入”“是否有电话”“是否有电脑”等指标。

三、指数与量表

1. 指数和量表的概念

对概念的复合测量可以有两种主要的方式：指数和量表。一个指数是由多个不同的回答所构成的一个简单累加的分数(因而有的书中将指数称作总加量表)。它由一组有关事物的态度或看法的陈述构成，回答者分别对这些陈述发表同意或不同意的意见，然后，按某种标准将问答者在全部陈述上的得分加起来，就得到了该回答者对这一事物态度的量化结果。在指数中，每一个具体的陈述(也称作一个项目)在对概念的测量中都具有同等地位，占有同等比重，彼此间也不存在特定的顺序结构。

☞**案例**

表 1-5　贝利生育意愿指数

序号	选　项	同意	不同意
1	结婚的主要原因之一是要生孩子	1	0
2	只生一个孩子是错误的，因为独生子女是在孤独中长大的，由于无兄弟姐妹而忧郁	1	0
3	生育孩子是一个妇女所能具有的最深刻的经历之一	1	0
4	两种性别的孩子至少都有一个比仅有一种性别的孩子好	1	0
5	没有孩子的妇女决不会感到完全的满足	1	0
6	男人直到业已正面自己成了孩子的父亲时，才算是“真正的男人”	1	0
7	由于生育控制等因素不能导致怀孕的性生活是不道德的	1	0
8	未结婚的或者结了婚而没有孩子的男人可能是同性恋者	1	0
9	妇女的首要职责是做母亲，只有在不影响其母亲职责时，才谈得上事业	1	0
10	没有孩子的夫妇实在可怜	1	0

上述表1-5这样的指数有一个潜在的假设或前提：每一个态度陈述都具有同等的效果，即它们在反映人们的态度方面是"等值的"，不同的陈述之间不存在数量的差别，即它们的"分值"都是一样的。只有在这样的假定下，我们才能说那些总得分为2的回答者具有同样程度的不主张生育的态度；同样，也只有在这样的假定中，我们才能分辨出同意其中8条陈述的回答者比同意其中2条陈述的回答者有更强烈的生育义务感。

一个量表是一种具有结构强度顺序的复合测量，即全部陈述或项目都是按一定的结构顺序来安排，以反映出所测量的概念或态度具有的各种不同的程度。例如，如果测量普通美国人的"政治参与程度"，可以建构如表1-6所示的量表。表中的五个项目相互之间存在着一种趋强的顺序，正是这种趋强的顺序，使得该表成为量表，而不是指数。

☞**案例**

表1-6　政治参与程度量表

序号	选　项	是	否
1	你进行过选民登记吗？		
2	你参加过投票吗？		
3	你为政治运动捐过款吗？		
4	你为政治运动工作过吗？		
5	你自己参加过竞选议员吗？		

2. 李克特量表

李克特量表可以说是前述指数的一种特定形式，它是由美国社会心理学家李克特于1932年在原有的指数形式的基础上改进而成的。李克特量表也由一组对某事物的态度或看法的陈述组成，与前述指数所不同的是，回答者对这些陈述的回答不是被简单地分成"同意"和"不同意"两类，而是被分成"非常同意、同意、不知道、不同意、非常不同意"五类，或者"赞成、比较赞成、无所谓、比较反对、反对"五类。由于答案类型增多，人们在态度上的差别就能更清楚地表现出来，李克特量表是社会研究中用得最多的一种量表形式。

☞案例

表 1-7　请您对下列看法发表意见

序号	选　项	非常同意	同意	无所谓	不同意	很不同意
1	婚事应该尽量办得简单一些					
2	结婚是人生大事，花再多钱也值					
3	就是有钱，婚事也不该大操大办					
4	为了不让别人看笑话，借钱也要办好					

在表 1-7 中，四条陈述所代表的态度倾向是不同的，可按下列方式计分：对赞同节俭办婚事的看法，按照“1＝非常同意、2＝同意、3＝无所谓、4＝不同意、5＝很不同意”来赋值；而对赞同婚事大操大办的看法，则按“5＝非常同意、4＝同意、3＝无所谓、2＝不同意、1＝很不同意”来赋值。这样，上例中四种看法的具体赋值情况如表 1-8 所示：

表 1-8　四种看法的赋值

	非常同意	同意	无所谓	不同意	很不同意
看法 1	1	2	3	4	5
看法 2	5	4	3	2	1
看法 3	1	2	3	4	5
看法 4	5	4	3	2	1

把每一个回答者在这一量表上的四个得分（每行一个答案所对应的码值）加起来，就构成他对婚事操办方式的态度得分。按我们上述的赋值方式，一个回答者在该量表上的得分越高，表明他的态度越倾向于婚事大操大办。

3. 鲍格达斯社会距离量表

如果研究者希望定量测量人们相互交往的程度、相互关系的程度或者某一群体所持的态度及所保持的距离，则可采用鲍格达斯社会距离量表。这种量表由在内在内容上具有某种趋强的逻辑结构的一系列陈述所构成，不同的陈述代表了人们在态度上的不同程度。例如，要测量人们对黑人的态度，可用表 1-9。

表 1-9　鲍格达斯社会距离量表

愿意	不愿意	
□	□	1. 你愿意让黑人生活在你的国家吗？
□	□	2. 你愿意让黑人生活在你所在的城市吗？
□	□	3. 你愿意让黑人住在你们那条街吗？
□	□	4. 你愿意让黑人做你们的邻居吗？
□	□	5. 你愿意与黑人成为朋友吗？
□	□	6. 你愿意让你的子女和黑人结婚吗？

表 1-9 中不同问题表示人们相互之间的距离不同，越往后，相互之间的距离越近。显然，能接受高强度内容的人必定能接受低强度内容。比如，一个愿意让他的子女与黑人结婚的人，绝不会反对前面五项内容。同样的，一个连让黑人生活在他的国家都不愿意的人，也肯定不会对后面的五项内容愿意。而那些愿意让黑人住在他那条街的人，肯定愿意黑人生活在他所在的城市和他的国家，但却不一定愿意和黑人做邻居、做朋友、做亲家。因此，用这种具有逻辑结构的量表，可以测得不同的人或不同的群体对某一群体的态度。

4. 语义差异量表

语义差异量表也称为语义分化量表，它主要用来研究概念对于不同的人所具有的不同含义。这种量表最初是美国心理学家 C. 奥斯古德等人在他们的研究中使用的。

语义差异量表的形式由处于两端的两组意义相反的形容词构成，每一对反义形容词中间分为七个等级。每一等级的分数从左至右分别为 7、6、5、4、3、2、1，也可以计为+3、+2、+1、0、−1、−2、−3。被测量的概念或事物（如某一群体、某种问题、某个国家等）放在量表的顶端。

调查时，要求被调查者根据自己的感觉，在每一对反义形容词构成的量表中的适当位置画记号，比如画 √号。研究者通过对这些记号所代表的分数的统计和计算，来研究人们对某一概念或事物的看法或态度，或者进行个人或团体之间的比较分析。

比如，要了解人们对女性角色的理解或看法，可用语义差异量表，对若干反映女性角色的概念，如母亲、妻子、姐妹、女同学、女朋友、女强人等进行测量。表 1-10 就是这种测量的一个例子。

表 1-10　语义差异量表

	3	2	1	0	-1	-2	-3	
热情	√							冷漠
主动							√	被动
大方					√			拘谨
强的							√	弱的
快的						√		慢的
美的	√							恶的

语义差异量表所采用的数值对形容词而言，要能够考察被调查者对研究对象的感觉和态度的各种要素或各种维度。

第八节　网络调查与数据整合网站

一、中国互联网络信息中心

中国互联网络信息中心(China Internet Network Information Center，CNNIC)于1997年6月3日组建，现为中央网络安全和信息化领导小组办公室(国家互联网信息办公室)直属事业单位，行使国家互联网络信息中心职责。作为中国信息社会重要的基础设施建设者、运行者和管理者，CNNIC负责国家网络基础资源的运行管理和服务，承担国家网络基础资源的技术研发并保障安全，开展互联网发展研究并提供咨询，促进全球互联网开放合作和技术交流，不断追求成为"专业·责任·服务"的世界一流互联网络信息中心。CNNIC的主要职责包括：

1. 国家网络基础资源的运行管理和服务机构

CNNIC是我国域名注册管理机构和域名根服务器运行机构。负责运行和管理国家顶级域名.cn、中文域名系统，以专业技术为全球用户提供不间断的域名注册、域名解析和WHOIS查询等服务。

CNNIC是亚太互联网络信息中心(APNIC)的国家级IP地址注册机构成员(NIR)。以CNNIC为召集单位的IP地址分配联盟，负责为我国的网络服务提供商(ISP)和网络用户提供IP地址和AS号码的分配管理服务，积极推动我国向以IPv6

为代表的下一代互联网发展过渡。

2. 国家网络基础资源的技术研发和安全中心

CNNIC 构建全球领先、服务高效、安全稳定的互联网基础资源服务平台，支撑多层次、多模式公益的互联网基础资源服务，积极寻求我国网络基础资源核心能力和自主工具的突破，从根本上提高我国网络基础资源体系的可信、安全和稳定。

3. 互联网发展研究和咨询服务力量

CNNIC 负责开展中国互联网络发展状况等多项互联网络统计调查工作，描绘中国互联网络的宏观发展状况，忠实记录其发展脉络。CNNIC 一方面将继续加强对国家和政府的政策研究支持，另一方面也会为企业、用户、研究机构提供互联网发展的公益性研究和咨询服务。

4. 互联网开放合作和技术交流平台

CNNIC 积极跟踪互联网政策和技术的最新发展，与相关国际组织以及其他国家和地区的互联网络信息中心进行业务协调与合作。承办国际重要的互联网会议与活动，构建开放、共享的研究环境和国际交流平台。促进科研成果转化和孵化，服务中国互联网事业发展。

二、中国国家调查数据库

中国国家调查数据库(Chinese National Survey Data Archive，CNSDA)是受中国国家自然科学基金重点项目资助的，由中国人民大学中国调查与数据中心(National Survey Research Center，NSRC)负责执行的经济与社会数据共享平台。

中国国家调查数据库以中国人民大学中国调查与数据中心和中国人民大学中国政府统计研究院为依托，以我国首个社会调查数据库——中国社会调查开放数据库(Chinese Social Survey Open Database，CSSOD)以及中国人民大学科学研究基金“数据高地项目”资助下的各项大型追踪项目和横断面调查项目数据为基础，全面而广泛地收集在中国所进行的各类抽样调查的原始数据及相关资料，对收集到的数据和资料，按国际标准进行清洗、处理、档案化、标准化和国际化，通过建设一个在线数据共享平台，实现科学研究数据的开放与共享，向研究者提供内容广泛全面、可获性强、易用性高、质量可靠的数据。在数据库建设的过程中，研发数据管理、存储和开发新技术，发展既适应中国特点又与国际接轨的调查数据存档协议，推动我国科学界形成数据开放共享的传统，以提高我国科研数据的生命周期和利用率，增加我国科学项目投入的产出和效益，以应对科学研究数据骤增所带来的机遇与挑战，服务于科学研究和政府决策。

三、国家信息网

为加快建设现代化服务型统计，更好服务社会，国家统计局在2008年创建的中国统计数据库的基础上，于2013年建立了新版统计数据库——国家信息网。在这里，不仅可以查询到国家统计局调查统计的各专业领域的主要指标时间序列数据，还可以按照个人需求，制作个性化统计图表；可以浏览众多承载历史的统计年鉴资料，还可以使用充满现代气息的可视化统计产品。

国家统计局数据库包含月度、季度、年度数据以及地区数据、普查数据、国际数据六类统计数据。月度数据主要有居民消费价格指数(CPI)、工业生产价格指数(PPI)、商品零售价格指数、规模以上工业生产、固定资产投资、房地产开发投资、社会消费品零售总额、对外经济贸易、交通运输、邮电通信、采购经理指数(PMI)、财政、金融等。季度数据主要有国内生产总值、农业、工业、建筑业、城镇居民收入与支出、农村居民收入与支出、固定资产价格指数、农产品生产价格指数等。年度数据包括综合、国内生产总值、人口、就业人员和工资等27个领域的数据。地区数据涵盖了全国31个省(区、市)以及部分城市的主要经济指标。普查数据包括2000年及2010年全国人口普查、2004年及2008年全国经济普查数据。国际数据提供了世界众多国家国内生产总值等主要指标的月度及年度数据。此外，数据库还提供了我国部分政府部门网站统计数据栏目的链接，可以查看各部门主要统计数据情况。

四、中国综合社会调查

中国综合社会调查(Chinese General Social Survey，CGSS)是我国最早的全国性、综合性、连续性学术调查项目，由中国人民大学中国调查与数据中心负责执行。遵照国际标准，自2003年起，每年一次对中国各省市自治区10000多户家庭进行连续性横截面调查。在CGSS年度调查的基础上，中国调查与数据中心联合全国各省市区的40多家大学及科研究机构组成了中国社会调查网络(CSSN)，开创了在中国组织大规模全国性调查的新模式。

CGSS系统全面收集社会、社区、家庭和个人多个层次的数据，总结社会变迁的趋势，探讨具有重大科学和现实意义的议题，推动国内科学研究的开放与共享，为国际比较研究提供数据资料，充当了多学科的经济与社会数据采集平台。

CGSS开创了我国大型学术调查数据开放与共享之先河。CGSS数据的用户包括世界各国经济学、社会学、人口学、政治学、管理学、新闻学、心理学、劳动人事学、地理学、历史学、人类学以及其他学科的学者、学生及其他人员，基于CGSS数据发表的学术期刊论文已经超过千篇。

中国综合社会调查(CGSS)于2006年与日本综合社会调查(JGSS)、韩国综合社会调查(KGSS)、中国台湾社会变迁调查(TSCS)发起了东亚社会调查(EASS)计划；又于2007年代表中国加入国际社会调查合作组织，充当着我国社会调查国际交流与合作的窗口。

五、中国报告大厅

中国报告大厅成立于2002年10月，它属于中安盛业投资顾问有限公司的网站。提供针对企业用户的各类信息，提供的服务有深度研究报告、市场调查、统计数据等，定位为市场研究报告、统计数据的集成商和供应商。

为了满足企业对原始数据的需求，也为了能给企业提供更为全面和客观的研究报告，中国报告大厅与国内各大数据源(包括政府机构、行业协会、图书馆、信息中心等权威机构)建立了战略合作关系。经过多年努力，中国报告大厅与国内100多家优质的研究公司建立了良好的合作关系，推出超过5万份有价值的研究报告，是一个真正的一站式服务的多用户报告平台。中国报告大厅汇聚全国各大市场研究信息生产商的研究成果，依托其独有的资源优势，为客户提供准确、及时、权威、专业的研究报告。

六、中文互联网数据研究资讯中心

中文互联网数据研究资讯中心是一个专注于互联网数据研究、互联网数据调研、IT数据分析、互联网咨询机构数据的互联网权威机构，并致力于为中国互联网研究和咨询及IT行业数据专业人员和决策者提供一个数据共享平台。

七、问卷星

上海循环信息科技有限公司旗下问卷星，是国内最早也是目前最大的在线问卷调查、考试和投票平台，自2006年上线至今用户累计发布了超过1482万份问卷，累计回收超过8.83亿份答卷，并且保持每年100%以上的增长率。用户已覆盖国内90%以上的高校和科研院所，是各行业领导企业信赖的问卷调查、考试、投票的第一品牌。

主要的网络调查网站还有调查派、第一调查网、横智网络调查、易调网 、集思网、盖洛特市场研究有限公司、数字100市场研究公司、英德知网络调查、InsightCN (51Point)、积沙调查、新秦调查 、AC尼尔森、mySurveyASIA 、我要调查网等。

八、常见调查网站及其功能对比

表 1-11 问卷调查网站排名及功能对比

功能模块	功能列表	问卷星	问卷网	通太问卷	SurveyMonkey
问卷创建	创建客户化问题	Yes	Yes	Yes	Yes
	单项选择题	Yes	Yes	Yes	Yes
	多项选择题	Yes	Yes	Yes	Yes
	问题矩阵	Yes	Yes	Yes	Yes
	评论	Yes	Yes	Yes	Yes
	问卷模板	Yes	Yes	Yes	Yes
	跳转模式/分支	Yes	Yes	Yes	Yes
	必答题	Yes	Yes	Yes	Yes
	评级	Yes	Yes	Yes	Yes
	限制访问	Yes	Yes	Yes	Yes
	抑制假票	Yes	Yes	Yes	Yes
	题库	No	No	Yes	Yes
	排名	Yes	Yes	Yes	No
	保存未完成问卷	Yes	Yes	Yes	No
	多媒体	Yes	Yes	Yes	Yes
	随机排序	Yes	No	Yes	Yes
	每行题目个数	Yes	No	Yes	Yes
	加载问卷数据	No	No	Yes	No
	加载样本数据	No	No	Yes	No
	定制设计	Yes	Yes	Yes	Yes
	受访者可以更新答案	Yes	Yes	Yes	No

续表

功能模块	功能列表	问卷星	问卷网	通太问卷	SurveyMonkey
问卷分析	图形	Yes	Yes	Yes	Yes
	条形图	Yes	Yes	Yes	Yes
	过滤	Yes	Yes	Yes	Yes
	百分比	Yes	Yes	Yes	Yes
	饼图	Yes	Yes	Yes	Yes
	交互表	Yes	Yes	Yes	Yes
	平均值	Yes	Yes	Yes	Yes
	频度表	Yes	Yes	Yes	Yes
	中值	Yes	Yes	Yes	Yes
	打印结果	Yes	Yes	Yes	Yes
	标准差	Yes	Yes	Yes	Yes
	横幅表格	Yes	Yes	Yes	Yes
	最大值	Yes	Yes	Yes	No
	最小值	Yes	Yes	Yes	No
	相关矩阵	Yes	Yes	Yes	Yes
	线形	Yes	Yes	Yes	Yes
问卷管理	在线管理	Yes	Yes	Yes	Yes
	无限的问卷	Yes	Yes	Yes	Yes
	面访	No	Yes	Yes	Yes
	纸质	Yes	Yes	Yes	Yes
	邮件	Yes	Yes	Yes	Yes
	手机	Yes	Yes	Yes	No
	微信	Yes	Yes	Yes	Yes
导入/导出	导出结果	Yes	Yes	Yes	Yes
	导出问卷	Yes	Yes	Yes	Yes
	导出样本	Yes	Yes	Yes	Yes
	导出配额	No	No	Yes	No
	导入样本	No	No	Yes	Yes
	导入配额	No	No	Yes	Yes
	导入问卷	Yes	Yes	No	No

续表

功能模块	功能列表	问卷星	问卷网	通太问卷	SurveyMonkey
帮助和支持	邮件	Yes	Yes	Yes	Yes
	教程	Yes	Yes	Yes	Yes
	用户手册或指南	Yes	Yes	Yes	Yes
	电话	Yes	Yes	Yes	Yes
	常见问题	Yes	Yes	Yes	Yes
支持环境	Windows 8	Yes	Yes	Yes	Yes
	Windows 7	Yes	Yes	Yes	Yes
	Windows 10	Yes	Yes	Yes	Yes
	Windows XP	Yes	Yes	Yes	Yes
	Mac OS	No	No	No	Yes

第二章　网络调查方案设计

第一节　网络调查方案设计概述

一、网络调查方案设计的概念

网络调查方案设计，就是根据调查研究的目的和调查对象的性质，在进行实际调查之前，对调查工作的全过程进行整体规划和安排，提出相应的调查实施方案，制订合理的工作程序和标准体系，以保证调查研究的顺利进行。

网络调查的范围可大可小，但无论是大范围调查还是小规模调查，都会涉及相互联系的各个方面和各个阶段。所谓的各个方面，是指要考虑到调查所要涉及的各个组成项目。例如，对某超市的竞争能力进行调查，就应该把该市所有超市的经营品种、质量、价格、服务和信誉等各个方面作为一个整体，对各种相互区别又密切联系的调查项目进行整体思考，避免在调查内容上出现重复和遗漏。所谓的全部过程，是指调查工作所需经历的各个阶段和环节，即调查资料的搜集、整理和分析。只有对此做好规划，才能保证网络调查工作有秩序、有步骤地顺利进行，减少调查误差，提高调查质量。

二、网络调查方案设计的重要性

网络调查是一项复杂、严肃、技术性很强的工作，为了在调查过程中统一认识、统一内容、统一方法、统一步调，圆满完成调查任务，必须事先制订出一个科学、严密、可行的工作计划和组织措施，使所有参加网络调查工作的人员都能有章可循。具体来讲，网络调查方案设计的重要性有以下三点：

(1)从认识上讲，网络调查方案设计是从定性认识过渡到定量认识的开始阶段。虽然网络调查所搜集的许多资料都是定量资料，但是应该看到，任何调查工作都是先从对调查对象的定性认识开始的，没有定性认识就不知道应该调查什么和怎样调查，也不知道要解决什么问题和如何解决问题。

(2)从工作上讲，调查方案设计起着统筹兼顾、统一协调的作用。网络调查是一项复杂的系统工程，对于大规模的网络调查来讲尤为如此。在调查中会遇到很多复杂的矛盾和问题，其中，许多问题是属于调查本身的，也有不少问题则并非是调查本身的问题，而是与调查相关的问题。只有通过设计调查方案，设置调查工作流程，才能分清主次，根据需要和可能，采用相应的调查方法，使调查工作有序进行。

(3)从实践要求上讲，调查方案设计能够适应现代社会调查发展的需要。现代的社会调查，已由单纯的搜集资料活动，发展到把调查对象作为整体来反映的调查活动，与此相适应，调查过程也应被视为是由调查方案设计、资料搜集、资料整理和资料分析构成一个完整的工作过程，调查方案设计正是这个全过程的第一步。

三、网络调查方案设计的原则

设计网络调查方案必须遵循以下四条基本原则：

1. 实用性原则

实用性是评价调查方案优劣的首要标准，设计调查方案必须着眼于实际应用，只有实用性强的调查方案才能真正成为社会调查工作的行动纲领。为了贯彻实用性原则，必须从调查课题的实际需要出发，并根据调查工作的主客观条件，慎重设计调查方案。例如，调查目标的设计在很大程度上取决于调查人员的素质，如果调查人员主要是缺乏实践经验的大学生，那么，解决实际问题方面的调查目标就不能定得太高；反之，如果调查人员主要是理论修养较差的基层工作者，在学术探讨方面的调查目标就应适当降低。又如，调查范围的大小，调查对象的多少，在很大程度上取决于调查人员的数量和调查时间的长短，调查人员多，调查时间长，调查范围就可以大一些，调查对象就可以多一些；反之，就应适当缩小调查范围，减少调查对象。总之，调查总体方案各项内容的设计，都必须从实际出发。

2. 时效性原则

设计调查方案必须充分考虑时间效果，特别是一些应用性的调查课题，往往有很强的时间性。例如，关于市场需求变化的调查，必须赶在市场需求发生重大变化之前拿出成果来，否则就会失去指导意义，起码会大大降低调查成果的社会价值。对于某些政策性课题，特别是预测性课题，更应做超前的调查和研究。如果总是落在实践的后面放“马后炮”，这类调查就失去了本来的意义。当然，强调时效性原则并不是越快越好，许多基础性课题、学术性课题，往往需要进行深入、持久、反复的调查，因此，调查工作的周期也应适当放长。但是，即使是这些类型的调查课题也应有时效观念，否则，很难适应瞬息万变的现代社会发展的客观需要。

3. 经济性原则

设计调查方案必须努力节约人力、物力、财力和时间，力争用最少的人、财、物和时间的投入，取得最大的调查效果。例如，在调查类型的选择上，能够进行抽样调查的就不做普遍调查，能够进行典型调查的就不做抽样调查。在调查方法的设计上，能够通过文献调查解决的问题，就不去做现场调查，能够通过观察、访问解决的调查课题，就不去做实验调查。在调查范围的大小、调查对象的多少、调查时间的长短及调查人员的安排等方面，也都应努力节约。

4. 弹性原则

任何调查方案都是一种事前的设想和安排，它与客观现实之间总会存在着或大或小的距离；在实际调查过程中，又常常会遇到一些意想不到的新情况、新问题。因此，设计调查方案时，对于调查工作的具体安排和要求，应有一个上下滑动的幅度，保持一定弹性。只有这种具有一定弹性的调查方案，才是真正实用的调查方案。

设计调查方案并不都是只设计一套，对于某些重大的复杂的调查课题来说，往往需要设计几套不同的调查方案，经过可行性研究与论证之后，再从中筛选出最佳方案作为调查工作的实施方案。

第二节　网络调查课题的选择

选题是调查研究的出发点和整个调查研究的关键环节，决定着整个调查研究的总方向。

一、调查课题的类型

调查课题是一项调查研究所要解答的具体问题，它是对调查目标的确定，也是对调查任务的明确化，体现了调查研究的中心和重点。按照不同的标准，调查课题可以分为不同的类型，其中，最主要的划分方法有以下两种：

1. 理论性课题与应用性课题

根据社会调查目的不同，可以将调查课题分为理论性课题和应用性课题。

(1)理论性课题。

所谓理论性课题，就是以检验和发展某些理论或假设为目的而确立的课题。简而言之，与理论发展有关的研究一般为理论性课题。虽然这种课题的成果也可能被实际应用，但其主要目标是解答社会科学或社会实践各个领域中的理论问题，以揭示社会现象的本质及其发展规律。例如，“现阶段我国城市化的基本特点及其发展趋势”就是一个理论课题。

(2)应用性课题。

应用性课题是以认识和解决现实社会问题为目的而确立的课题，其主要目标是提出解决社会实际问题的方案或对策，以满足社会实践的需要。例如，“金融危机背景下大学生就业问题的研究”就是一个应用性课题。

2. 自选性、委派性或招标性课题

根据调查课题的来源，可分为自选性、委派性及招标性课题三大类。

(1)自选性课题。

自选性课题是研究者根据自己所从事的科研、教学或实际工作的需要，或是根据自己的专业领域、研究方向或研究兴趣，结合社会的某种需要，自己选定的课题。这类课题的确定主要取决于研究者本人，因此，研究者具有很大的主动性和决定权。例如，从事儿童教育研究或实践的人员，根据自己的学术兴趣或实践需要，对独生子女家庭教育问题进行研究。

(2)委派性课题。

委派性课题指的是由有关的机构、部门、单位或个人，根据他们的某种需要，委托或指派给研究者进行调查的课题。对研究者来说，这类课题的确定不存在选择的问题，研究者只需要按照这些委托者的要求去完成即可。例如，受某机构委托，对外籍家族的社会适应性进行研究。

(3)招标性课题。

招标性课题是指基金会或某些机构，向社会或专业人员广泛征求申请者，并择优录取提供资助的课题，既有一定的指导性和规定性，又有一定的自主性和灵活性。对研究者来说，具体课题的确定有一定的自主性。

二、选择合适调查课题的重要性

选择一个恰当的调查课题，对于整个调查研究过程来说具有非常重要的意义。选择课题是调查研究的开端，课题的选择是否正确、恰当，会直接影响到调查研究的价值和成效。

1. 调查课题决定了调查的方向

调查课题就是一项调查所要达到的主要目的或要完成的主要任务，即研究者所要达到的目标，而选择课题就如同确定所要达到的目标。目标一旦确定，方向也就确定，整个调查的基本道路也就随之确定。

2. 调查课题体现着调查的水平

选择和确定调查课题是否得当，在一定程度上，反映了研究者的指导思想、社会见解、理论想象力和专业学识水平。因此，课题的选择能从总体上体现调查者的水平。在选题过程中，既需要用到研究者所掌握的专业理论知识和调查研究方法，又需要研究者具有开阔的视野、敏锐的洞察力和较强的判断能力，同时，还需要研究者具有一定的社会生活经验。调查课题的选择与确定，实际上体现了人们在当时的社会历史条件下，对社会现象与社会问题的认识水平和调查研究水平。

3. 调查课题制约着调查研究的过程

调查课题一经提出和最后确定，便决定着社会调查的方案设计，制约着社会调查的全部过程。调查课题不同，调查的内容、方法、对象和范围就不相同，调查人员的选择、调查队伍的组织、调查工作的安排也不相同。

4. 调查课题关系着调查研究的成败

提出和制定调查研究课题是否得当，是关系调查研究成败的关键，也是影响调查质量的一个很重要的因素。一个正确的选题，虽然不能保证调查工作一定成功，但却是取得调查成功的一个必要条件。一个错误的选题，不管其研究方案设计得如何周密，调查工作进行得如何认真，都会不可避免地导致失败。一个具有现实性和时代感的重大调查课题，如果调查取得成功，其调查结果就可能具有巨大的理论价值和现实意义。

三、如何论证调查课题

如前文所述，调查课题的选择直接影响调查研究的价值和成效，要选择一个好的课题，必须遵循选择调查课题的基本原则，并将其作为论证选题质量的标准。一个好的课题必须具有重要性、创造性、可行性和适合性。因此，在课题选定后，一般要按照重要性、创造性、可行性、适合性的原则与标准加以论证，以保证选择的课题有价值、有新意、可完成，并且适合调查者的个人情况。

1. 课题的重要性

课题的重要性即调查课题所具有的意义和价值，也就是一项研究课题所具有的用途。一般来说，具有重要性的课题，应该在提高对社会现象、社会过程、社会规律的认识和理解方面或者在解决社会问题、改善社会管理、提出社会政策等方面具有实用性。因此，衡量课题是否符合重要性的要求，可以从理论和实践两个方面来论证。

从理论方面，可以考察所选择的课题是否满足以下某种或几种情况：重新验证已被证明的理论的正确性；对某一理论进行补充论证；证明某一理论的适用范围；对原有理论产生怀疑，并试图证伪这个理论；对社会实践进行理论上的总结和回答。

从实践方面，可以考察所选课题是否满足以下某种或几种情况：有助于政策的制定；有助于了解事物的基本状况、存在的问题及其发展趋势；有助于制订规划或计划；有助于对工作进行总结和评价。

2. 课题的创新性

课题的创新性也可称作课题创造性或独特性，即调查课题与众不同的地方。一项调查课题是否有意义，还要看它是否能够在某些方面增加人们对现实世界的认识。如果是在同一领域、同一范围、同一层次上重复别人的研究，重提已有的结论，则不符合课题研究的创新性标准。

根据创新程度的不同，大致可以分为以下两种层次：最具创新性的问题是一种全新的、前人从没有做过的课题，也就是填补空白的研究课题；在课题研究的思路、角度，依据的理论，研究的对象、内容，采用的方法等某一方面或某几方面，有自己的新颖独到之处。

当然，选择问题时的这种与众不同要有明确的目的，要根据理论上或实践上的价值和需要进行，而不能单纯地“为不同而不同”。

3. 课题的可行性

课题的可行性即课题实现的可能性，指是否具备进行或完成调查课题的主客观条件。课题的实现常常会受到多方面情况的影响，概括起来，可分主观条件和客观条件两方面。

(1)主观条件。

主观条件是指研究者的自身条件，包括研究者在生活经历、知识结构、研究经验、组织能力、操作技术等方面的限制条件，甚至还包括研究者的性别、年龄、语言、体力等纯生理因素方面的制约因素。研究者在选择课题时，应选择有能力完成的课题。

(2)客观条件。

客观条件是指影响调查研究的各种外在环境或限制条件，如研究的时间、经费、有关文献资料、所涉及的对象、单位和部门的支持和合作、国家有关的政策法令、社会的伦理道德、被研究者的生活习俗、宗教信仰等，这些都是影响调查课题是否能够顺利进行的客观约束条件。因此，研究者在选择课题时，应该选择有条件完成的课题。

4. 课题的适合性

课题的适合性即所选择的调查课题应适合研究者的个人特点。这种个人特点，主要包括研究者对该调查课题的兴趣，研究者对与调查课题相关的社会生活领域的熟悉程度，研究者与调查对象之间的相似程度，研究者所具有的各种资源、条件与该问题的要求相符合的程度等。适合性所涉及的是研究的“最佳性”问题。

四、如何寻找调查课题

任何调查研究课题都不是人们凭空想象的产物，往往受到研究者本身的视野以及他人的观点和研究的影响。社会调查研究多以现实社会问题、社会现象和社会动向以及有关社会科学文献为课题选择的起始点。提出问题是调查研究课题选择的前提，任何调查课题的形成，都是研究“问题意识”的引申。那么，如何选择调查课题？选题的途径与方法有哪些？孕育与产生调查研究课题的土壤与温床很多，可以从以下具体的途径或来源进行思考。

1. 从现实社会或网络社区中寻找

人类生活的社会是一个复杂而庞大的系统，是一个不断变化发展着的有机体。

网络社区是现实社会在网络世界上的投影，但又与现实社会有着非常巨大的差异。在这两个庞大而变化着的社会里，社会现象丰富多彩，社会关系盘根错节，遇到的矛盾和产生的问题可以说层出不穷、无时不有、无处不在。旧的矛盾解决了，新的矛盾通常又会出现，社会本身就是在矛盾运动中发展的。因此，可以说现实社会或网络社区为人们认识社会、改造社会提供了取之不尽、用之不竭的研究课题。

2. 从个人经历中寻找

每个人都是在特定的社会环境中生活和成长的，形成了其独特的社会生活历程、生活认知和感受，以及独特的观察和认识社会的视角。个人在社会生活中的各种经历、体验、观察和感受，常常是众多合适的研究问题的最初来源。许多有价值的、有创造性的研究问题，通常都是从研究者个人的经历和经验中发现或发展的。

有时候，研究者在接受某些信息刺激之后，会突然意识到某个课题；有时候，选择某个课题是出于一时的兴趣和冲动。这些想象的存在，说明兴趣、直觉、灵感、顿悟、机遇等非逻辑因素，在科学研究中也具有重大作用。

3. 从相关文献中寻找

前人与同时代的人已经完成的社会调查研究成果，也是我们发现与提出课题的源泉。社会调查研究的文献，常常能直接给人以启发。作为研究课题的想法、火花，往往可以从学术著作、报刊文章以及学习笔记乃至谈话记录中采摘到。此外，从领导决策以及制定方针、政策的需要方面来讲，由上级下达的课题以及受他人委托的课题，也是调查研究课题的重要来源。

自然现象与社会现象，社会现象与社会现象，处于普遍的联系之中；自然科学与社会科学之间，社会科学各学科之间，都存在一定的联系。因此，在调查研究中，不仅要了解本学科的发展情况，同时，也要了解其他学科的成果，尽量从别的学科中吸取新的养料。在学科日益分化和发达的今天，注意从其他学科的文献中获得启示、提出研究课题，也显得十分重要。

五、如何将调查课题明确化

调查课题明确化是选择课题过程中一个十分重要的环节。课题明确化指的是通过对调查课题进行某种界定，给予明确的陈述，将最初比较含糊的想法变成清楚明确的调查主题，将最初比较笼统、比较宽泛的研究范围或领域变成特定领域中的特定现象或特定问题，把研究者的兴趣和关注点集中到研究领域中的某一个具体方面。要使调查课题明确化，必须通过以下两个步骤的操作：

1. 缩小问题的内容范围

缩小问题的内容范围，即把宽泛的问题转化为狭窄的问题，将一般性问题转化为特定的问题。因为一项具体的社会研究，通常只能选择问题领域中的一个方面。

例如，“社区建设问题研究”这一课题内容十分宽泛，包括组织、文化、精神文明、环境、和谐社区等众多方面的内容，调查方向不明确。按照此项原则，可以通过限制和缩小内容范围的办法，将其转化为“××市城市社区文化建设研究”等比较具体、确切的研究主题。

2. 清楚陈述调查课题

清楚陈述调查课题是课题选择中十分重要的一个步骤，它可以帮助研究者界定研究范围。调查课题的界定，要充分考虑到课题是否在研究者的能力范围之内，对课题进行陈述时，应该注意如下两点：要注意将最初比较笼统、宽泛的研究范围或领域变成特定领域中的特定现象和特定问题；要注意在陈述和明确化的过程中，尽可能运用变量的语言对调查课题进行陈述。

六、文献查阅与调查课题选择

1. 文献查阅的作用

在选择调查课题时，需要特别提到文献查阅所具有的重要作用。有经验的调查研究人员在选题时，无疑会系统地查阅相关文献。在将宽泛问题转化为狭窄问题的过程中，文献回顾具有十分重要的作用。

比如，研究者打算对“社区建设问题”进行调查研究，通过阅读有关文献，进行文献回顾，发现已有许多研究探讨了社区经济建设、政治建设、环境建设、文化建设等问题，但是，专门针对高收入人群比较集中的高档物业小区的社区建设问题研究并不多见。

据此，可以选择“高档住宅小区居民的社区服务需求与提高社区归属感的相关性研究”作为研究课题，从而在陈述问题的基础上，最终明确研究问题的核心内容，使研究者清楚地认识和把握自己所研究的问题的准确内涵与核心概念。

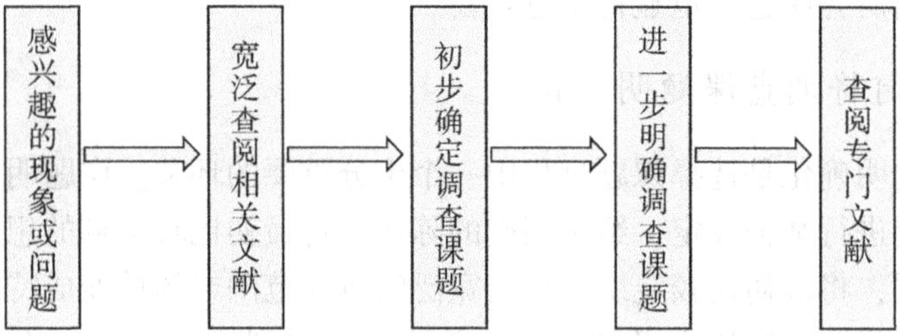

图 2-1　文献回顾与选择课题的交互作用和过程

如图 2-1 所示，这一过程表明，查阅相关文献与研究问题的选择以及研究问题的明确化都有着密切的关系。在某种程度上，查阅文献可以帮助研究者一步一步走向最终的调查课题。除了在选择调查课题方面的重要作用外，查阅文献对于一项具体的社会调查还具有以下两个方面的作用：

(1)帮助研究者熟悉和了解本领域中已有的研究成果。

通过系统的文献查阅，可以帮助研究者尽可能全面地了解本领域中的研究状况，特别是已取得的研究成果。这种了解，对于帮助研究者选择和确定自己的调查课题具有十分重要的作用。它把研究者自己的研究放到现有研究的背景中，便于其确立自己的研究在该领域中的位置，认识到自己的工作对增加人们的认识，对学科理论的发展或对实际问题的解决所具有的意义和贡献。

(2)为研究者提供一些可供参考的研究思路和方法。

通过文献查阅，可以了解到以前的研究者在探索该问题的相关领域时，所采取的各种不同的研究角度和研究策略及各种具体的研究方法。这些角度、策略和方法无论成功与否，都为研究者在自己的研究中进行调查设计、资料收集和分析提供了一种借鉴和参考的具体框架。文献查阅的结果，还可以帮助研究者发现和利用现有研究中对某些关键变量的操作化方法和测量指标。

2. 查阅文献的方法

文献查阅的过程，通常包括三项任务：一是查阅相关文献，二是查阅相关论文，三是查阅相关的统计资料和档案材料。

著作主要在图书馆查找。查找方法是通过专门的计算机检索工具，按照“书名”“作者”“主题词”“索引号”等进行检索和查询。各种统计资料、统计年鉴、资料手册、档案材料也主要在图书馆进行查找。而相关论文的查找是文献查找中最重要的内容。中文论文可以从《全国报刊资料索引》上查找。该期刊每月一本，收集了全国几千种报纸杂志上所发表的各种文章的目录，并分类排列。研究者可以从中查到相关的论文题目、作者以及发表的期刊、期号等。目前，该索引已有光盘版，在有些大学或研究机构的局域网中，研究者可以通过与局域网相连接的计算机上网查阅。此外，中国学术期刊网也建立了学术期刊论文检索系统(CNKI)，研究者可以上网进行论文的查找。

需要说明的是，这里所说的相关文献，通常并不包括各种大众传播媒介如报纸、通俗杂志中的文章或者电视、网络上的评论，即使这些文章也涉及同样的社会内容。因为，记者的工作属于另一个不同的领域。无论是他们收集资料的方式，还是他们分析资料、表达结果的方式，都与社会调查的方式大不相同，但是，他们的工作可以作为启发研究者思路的某种基础。

查找到相关文献后，还必须解决对这些文献进行选择的问题。因为，有时某一个领域中已有的文献数量很多，通过检索和查找，可能会收集到上百篇甚至好几百篇相关的论文。要阅读所有这些文献不仅不可能，实际上也没必要。所以，研究者通常必须决定：在所查找到的这些文献中，哪些是必须详细阅读的，哪些是可以大致浏览的，哪些是不用阅读的。那么，如何确定哪些是必须重点阅读的文献呢？或者说，如何判断哪些是对自己的研究最为重要的文献呢？可以考虑以下几个方面的因素：

(1)根据文献的相似性来选择。

文献中所研究的变量、所涉及的主要内容、所使用的样本类型、所依据的理论框架与自己的调查越相似越好，相似的方面越多越好。

(2)根据发表的时间来选择。

一般来说，在其他方面的情况差不多时，时间越近的研究往往会越有用。这种选择近期研究的原则来源于科学的累积性质。因为从理论上说，这些研究应该已经考虑了比其更早的研究成果。

(3)根据研究者在该领域中的学术影响力来选择。

在每一个领域中，总有一些研究者具有一定的知名度，并且，已经树立了一定的学术声望。这种声望和知名度，常常使得他们的研究比那些较不知名的研究者所进行的研究显得更为重要。但是，这种考虑实际上也存在着一定的偏见，因为，所有知名学者也都是从不知名走过来的。

对相关文献的阅读，是一项既需要时间、耐心和细致，同时，也需要敏锐和效率的工作。阅读文献时，应对如下几个方面的内容特别注意：一是每项研究的理论框架和研究背景，它们是从哪一点出发的，各自的目标是什么；二是该研究的方法，包括研究对象、研究方式、抽样设计、样本特征、资料分析方法等；三是该研究的主要结果，包括在讨论部分所提出的观点、所做的推论等。在查阅文献的时候，对某些重要内容要画上记号，并随手做一些简要的评论，这样做将十分有助于文献查阅后期的整理和总结工作。如果有时间，可以适当做做摘录，摘录的原文要注明出处和页码。

七、选择调查课题的基本步骤

一般来说，可以遵循以下步骤进行课题的选择：

1. 研究主题的选择与分析

调查研究的过程，始于研究主题的选择。研究主题是社会研究所涉及的现象领域或问题领域，研究主题相对宽泛、笼统，也更具有一般性。比如，婚姻、家庭、电子商务、网络社区、社会流动、社区建设、社会保障等。一般来说，一个研究主题中，可以包含许多不同的研究问题，这就需要对其加以分析，从而确定较为集中且切实可行的研究主题。

2. 研究问题的选择与课题的确定

研究问题是社会调查研究所要回答的具体问题，选择一个可以通过研究来进行回答的问题。课题的确定需要通过研究问题予以明确化，即通过对研究问题进行界定，缩小研究问题的内容范围，对研究问题予以明确陈述，从而把头脑中比较含糊的想法变成清楚明确的研究课题。

3. 课题的论证

一个好的课题，必须具有重要性、创造性、可行性和适合性。因此，在课题选定后，一般还要按照重要性、创造性、可行性和适合性的原则与标准加以认证，以保证选择的课题有价值、有新意及可以完成，并且，要适合个人的情况。

☞**案例**

调查课题的选择与论证

——市场经济条件下城市老年人的再婚问题

1. 选择研究主题

市场经济条件下婚姻问题研究

2. 分析研究主题

从婚姻层面上可以分为：恋爱、结婚、婚姻生活、离婚、再婚等；

从年龄层面上可以分为：老、中、青年人群；

从区域上可以划分为不同的地域，如：城市和乡村；不同地区、省市等。

3. 选择研究问题

从婚姻层面上选择再婚问题；

从年龄层面上选择老年人；

从区域上选择城市。

4. 陈述调查课题：

市场经济条件下城市老年人再婚问题的调查

八、案例课题的论证

1. 课题的重要性

近年来，城市老年人再婚现象不断增加，使得许多老年人重新拥有了生活伙伴和精神寄托，但同时也带来了赡养、继承、家庭关系等许多新的家庭问题。本课题针对老年人再婚现象增加的原因，社会舆论对老年人再婚的评价，老年人再婚为他们的家庭及其生活带来的变化以及人们如何处理老年人再婚所带来的诸多问题等内容进行调查研究。一方面，探讨老年人再婚现象的原因和特点；另一方面，探讨解决老年人再婚所带来的家庭问题的途径。该调查既具有一定的理论价值，也具有较大的实践意义。

2. 创造性论证

关于再婚问题的研究，许多学者比较关注中青年人的再婚现象及其特征，而对老年人再婚问题的研究则并不多见。然而，随着中国社会跑步进入老年社会，老年人再婚已经成为我国城市中的一种新现象。本课题拟对老年人再婚现象及相关问题进行研究，这是婚姻问题研究的一个新课题，也是伴随老年人再婚行为及其所面临的家庭问题日益增多而有必要探讨和研究的课题。

3. 可行性论证

首先，本课题组大部分成员拥有社会学背景和社会调查研究经验，课题主要参与者对婚姻问题和老年人问题拥有相当的知识基础及研究经历，能够胜任本课题的调查研究工作；其次，本课题研究获得了有关部门的经费和物资设备支持，同时，获得各街区老龄工作部门的支持，研究工作具有较成熟的实施条件。

4. 适合性论证

本课题组主要成员长期从事婚姻问题和老年人问题的研究，对老年人再婚问题的研究有着浓厚的兴趣和深厚的知识背景，在以往社会调查研究中积累了大量的研究经验，适合于本课题的调查研究工作。

第三节　网络调查方案设计的主要内容

网络调查的总体方案设计，是对调查工作各个方面和全部过程的通盘考虑，包括了整个调查工作过程的全部内容。调查总体方案是否科学、可行，是整个调查成败的关键因素。

一、确定调查目的和内容

1. 确定调查目的

又称调查目标，即社会调查所要达到的具体目的。可以从三个方面来考虑：首先是研究成果的目标，即通过社会调查要解决什么问题？解决到什么程度？只是了解一般基本情况，还是要进一步探究因果关系？是作出学术性探讨，还是要提出政策性建议？等等。其次是成果形式的目标，即调查的成果用什么形式来反映，是作口头汇报或演讲，还是要撰写调查报告或学术论文？调查资料是简要地反映到调查报告之中，还是要专门汇集成册，以供他人研究之用？再次是社会作用的目标，即这次调查究竟要起到什么样的社会作用？是供领导决策时参考，还是要影响社会的舆论？是自己作科学研究，还是与同行们进行探讨？

确定调查目的，就是要明确在调查中要解决哪些问题，通过调查要取得什么样的资料以及取得这些资料有什么用途。衡量一个调查设计方案是否科学的标准，主要就是看方案的设计是否体现了调查目的的要求，是否符合客观实际。

2. 确定调查内容

在确定了调查目的的基础上，才能确定调查内容，否则，就有可能在方案设计中列入一些无关紧要的调查项目，而漏掉一些重要的调查项目，以致达不到调查的目的。调查内容的确定必须服务于调查目的，它主要解决为达到调查目的，必须收集哪些方面的信息。一般而言，调查的内容主要有：行业性的市场环境调查、消费者行为模式调查、消费者信息接收模式调查、广告调查、产品调查、品牌的三度调查等。

二、确定调查区域、调查对象和调查单位

明确了调查目的之后，就要确定调查区域、调查对象和调查单位，这主要是为了解决在什么地方、对谁调查和由谁来具体提供资料的问题。

调查区域，即所要调查的城市的数目及名称。调查地域就是社会调查在什么地区进行，在多大的范围内进行。调查地域的选择要有利于达到调查的目的，有利于实地调查工作的进行，有利于节约人力、物力、财力和时间。一般来说，应根据调查工作的主、客观条件，先确定一个恰当的调查范围，然后，再选择具有代表性的地区进行调查，根据调查需要，尽可能使调查的地区相对集中或者相对分散。

在网络调查中，调查区域可以用 IP 地址进行划分。调查区域可根据客户的调查要求，根据各城市的代表性进行选择，也可以用抽样的方法选择。如果用抽样法选择，则必须对抽样的过程进行详细说明。

统计总体是根据调查目的所确定的调查研究事物的全体，统计总体这一概念在统计调查阶段称调查对象。调查对象就是根据调查目的和任务，确定的调查范围以及所要调查的总体，它是由在某些性质上相同的许多调查单位组成的。需要说明样本的数量、限制条件及选择原则，如果调查对象是用抽样法来选择的，则应对抽样过程进行详细说明。

调查单位指要调查的社会经济现象总体中的个体，即调查对象中的一个一个具体单位，它是网络调查中要调查登记的各个调查项目的承担者。调查单位也就是总体单位，它是调查对象的组成要素，即调查对象所包含的具体单位。填报单位也称报告单位，也是调查对象的组成要素。它是提交调查资料的单位，一般是在行政上、经济上具有一定独立性的单位，如基层企事业组织。

在确定调查对象和调查单位时，应注意以下四个问题：

(1) 由于市场现象具有复杂多变的特点，因此，在许多情况下，调查对象也是比较复杂的。必须以科学的理论为指导，严格规定调查对象的含义，并指出它与其他有关现象的界限，以免造成调查登记时，由于界限不清而发生差错。例如：以城市职工为调查对象，就应明确职工的含义，划清城市职工与非城市职工、职工与居民等概念的界限。

(2) 调查单位的确定，取决于调查的目的和对象，调查目的和对象变化了，调

查单位也要随之改变。例如：要调查城市职工本人的基本情况，这时的调查单位就不能是每一户城市职工家庭，而应是每一个城市职工。

(3)不同的调查方式会产生不同的调查单位。如果采用普查方式，调查总体内所包括的全部单位都是调查单位；如果采取重点调查方式，只有选定的少数重点单位是调查单位；如果采取典型调查方式，只有选出的有代表性的单位是调查单位；如果采取抽样调查方式，则用各种抽样方法抽出的样本单位是调查单位。

(4)调查单位与填报单位是有区别的，调查单位是调查项目的承担者，而填报单位是调查中填报调查资料的单位。

三、确定调查项目和工具

调查项目是指对调查单位所要调查的主要内容，确定调查项目，就是要明确需要向被调查者了解什么问题，调查项目一般就是调查单位的各个标志的名称。在确定调查项目时，除要考虑调查目的和调查对象的特点外，还要注意以下几个问题：

(1)确定的调查项目，既要是调查任务所需，又要能够取得答案，否则不应列入。

(2)调查项目的表达必须明确，要使答案具有确定的表示形式，如数字式、是否式或文字式等。否则，会使被调查者产生不同理解，而给出不同的答案，造成汇总时的困难。

(3)确定调查项目，应尽可能做到项目之间相互关联，使取得的资料相互对照，以便了解现象发生变化的原因、条件和后果，便于检查答案的准确性。

(4)调查项目的含义要明确、肯定，必要时可附以调查项目解释。

调查工具是指调查指标的物质载体，如调查提纲、表格、问卷、卡片等。设计的调查内容、调查指标，最后都必须通过调查工具表现出来。因此，在设计调查指标之后，就应进一步具体设计反映这些指标的调查提纲、表格、问卷和卡片等工具。

四、确定调查时间和调查期限

调查时间是指调查资料所属的时间。如果所要调查的是时期现象，就要明确规定资料所反映的是调查对象从何时起到何时止的资料；如果所要调查的是时点现象，就要明确规定统一的标准调查时点。

调查时间确定的是社会调查在什么时间开始，需多少时间完成，不同的调查课题有不同的最佳调查时间。如人口调查的最佳时间，是人口流动最少的时期；某种产品的市场调查的最佳时间，是网上交易最活跃的时间等。另外，调查的方法和规模不同，调查工作的周期也不相同。例如，实验调查法的调查周期比观察法的调查周期长得多，在一个单位进行调查所需的时间比在一个地区进行调查所需的时间少得多。因此，对于调查工作的时间应事先进行科学的选择和设计。

调查期限是指规定调查工作的开始时间和结束时间。包括从调查方案设计到提交调查报告的整个工作时间，也包括各个阶段的起始时间，其目的是使调查工作能及时开展，按时完成。为了提高信息资料的时效性，在可能的情况下，调查期限应适当缩短。

通常，一个调查项目的进度安排大致如下：

(1)总体方案论证、设计。

(2)抽样方案设计。

(3)问卷设计、测试、修改和定稿。

(4)调查员的挑选与培训。

(5)调查实施。

(6)相关数据的录入和统计分析。

(7)调查报告的撰写。

(8)有关鉴定、发布会和资料出版。

五、确定人员组织及经费预算

除了个人单独进行的调查外，任何社会调查都存在着调查人员的选择和组织问题。因此，设计的调查方案也应该包括这一方面的内容。调查任务的安排，要力求合理、平衡，符合调查任务承担者的实际能力。调查时间的安排，既要有紧张的节奏和合理的交叉，又要留有余地，以应付可能发生的意外。

任何社会调查都需要一定的经费，因此，如何筹措和使用调查经费，如何用最少的花费获得最大的调查成果，也是设计调查方案中的一个重要问题。在进行经费预算时，一般需要考虑以下方面：

(1)调查方案策划费与设计费。

(2)抽样设计费。

(3)问卷设计费。

(4)网站费用，即借助专业调查网站，需要按规定支付的相关费用。

(5)调查实施费(包括试调查费、培训费、交通费、调查员和督导员的劳务费等)。

(6)调查人员的医疗费用及人身意外的保险费用。

(7)数据整合与统计分析费用。

(8)购买日常必备消耗品的费用。

(9)给调查对象准备小额礼品的费用。

(10)调查对象的误工补助费。

(11)翻译人员的补助费。

(12)调查前后所需电脑编程设计及分析等方面的费用。

(13)调查报告撰写费。

(14)资料费、复印费、查阅资料费等其他费用。

(15)管理费、税金等。

六、确定调查资料的整理和分析方法

采用网络调查方法搜集的原始资料，大多是零散的、不系统的，只能反映事物的表象，无法深入研究事物的本质和规律性，这就要求对大量原始资料进行加工汇总，使之系统化、条理化。目前，这种资料处理工作一般由专业的计算机系统、软件或者其他工具完成，这在设计中也应予以考虑，包括采用何种操作程序以保证必要的运算速度、计算精度及其他的特殊目的等。一般的调查也可以选择在专业的调查网站上进行，这样，资料的收集、整理和汇总都会比较简单快捷。

随着经济理论的发展和计算机的运用，越来越多的现代统计分析手段可供在分析时选择，如回归分析、相关分析、聚类分析等。每种分析技术都有其自身的特点和适用性，因此，应根据调查的要求，选择最佳的分析方法并在方案中加以规定。

七、确定提交报告的方式

确定提交报告的方式，主要包括确定报告书的形式和份数，报告书的基本内容、格式，报告书中图表的量、大小等。

八、确定调查的组织计划

调查的组织计划，是指为确保调查顺利实施的具体工作计划，主要是指调查的组织领导、调查机构的设置、人员的选择和培训、调查的质量控制等。

☞案例

关于农村居民对社会热点问题关注程度的调查

一、调查背景

在我国政府对农村建设日渐关注的大背景下，根据“我校关于以各种形式开展社会实践活动的通知”的要求，结合自己的实际情况展开此项调查。

二、调查目的

为了了解农村居民对国家新政策及社会新热点的关注程度，了解农民对各种政策的执行满意度，增加自己对农村的了解，对一些农村问题进行量化和理性分析，找出解决问题的办法，同时，通过调查过程，提升自己的实践能力。

三、调查方法

1. 调查问卷直接由网上视频交流代替

农民对国家农村政策的了解程度。

农民对社会热点问题的了解程度。

农民对村委会及其他基层组织工作的了解程度。

农民平时关心的问题。

其他。

2. 直接调查

本次调查通过在网上宣传并赠送礼品的方式，吸引农民上网交流。

本次调查采用随机交谈的方式。

按照问卷进行。

可以选择较熟悉的人。

陌生人也可以通过网上随机预约后进行。

四、调查过程

调查范围：由于经济和时间问题，调查范围可以限定在自己较熟悉的农民中进行。

调查方法：主要为通过QQ或者微信进行网上视频口头问答(按照问卷设计进行)。

参与人员：可以是本人也可以是项目组成员。

五、调查结果及分析 (略)

六、结论及建议(略)

第四节　网络调查指标的设计

调查指标是网络调查的目的、指导思想和理论假设的集中体现，是整个调查方案的核心部分。因此，设计调查方案，一般应从设计调查指标开始。

调查指标是用来反映一个概念含义的一组可观察的项目，即在调查过程中，用来反映调查对象的类别、状态、规模、水平、速度等特性的项目。例如，姓名、性别、年龄、产值、利润、税收、增长速度、发展速度等，都是常用的调查指标。

一、调查指标和指标体系

调查指标按照其数字特性的不同，一般可分为四类，即定类指标、定序指标、定距指标和定比指标。

1. 定类指标

定类指标是反映调查对象的性质和类别的指标。例如，性别、职业、婚姻状况、所有制等，都是按照事物的性质或类别来区分社会现象的指标。有时，我们也用一定的数字来代表某类事物，如用“0”代表女性，用“1”代表男性，或用“1”代表农业，用“2”代表工业，用“3”代表商业等。但是，这些数字都是人们赋予某类事物的识别标志，它们丝毫不反映这些事物本身的数量状况，不能作加、减、乘，除等数学运算。

无论是用名称表示，还是用数字表示，定类指标的数学特性最低，但它却是各种定量指标的基础。定类指标可用数学符号“=”或“≠”来表示，它所能进行的数学运算极其有限，一般只能作分布频率的描述和在总体中所占比例的计算。

2. 定序指标

定序指标是反映社会现象之间的等级或顺序的指标。例如，文化程度，可分为大学、高中、初中、小学、文盲；产品质量，可分为一等、二等，三等；满意程度，可分为很满意、比较满意、一般、不满意、很不满意，等等。这些指标不仅能反映调查对象在性质或类别上的差异，而且，还能反映各类社会现象在高低、先后、大小、强弱等序列上的区别。

定序指标已具有数量系统的特征，其数学特性比定类指标高一个层次。但是，它还不能准确反映不同等级、不同序列调查对象在数量上的具体差异。定序指标可用数学符号“>”或“<”来表示，它也可以进行频率和比例等数学运算。

3. 定距指标

定距指标是反映调查对象之间的数量差别和间隔距离的指标。例如，年龄、寿命、人口、产值、产量等一切能用某种基本单位表示其数量、计算其间距的指标，都是定距指标。这类指标，不仅能反映社会现象的分类和顺序，而且，能反映社会现象的具体数量，并计算出它们之间的距离，因而，其数学特性比定序指标更高一个层次。定距指标可用具体数字来表示，可以进行加法和减法的数学运算。

4. 定比指标

定比指标是反映社会现象之间的比例或比率关系的指标。例如，出生率、死亡率、性比例、劳动力负担系数、生产发展速度、工资增长速度等，都是反映两个数值之间的比例或比率关系的定比指标。定比指标一般用百分比来表示，它不仅能进行加减运算，而且能进行乘除运算，做各种统计分析，因此，其数学特性比定距指标更高一个层次。

网络调查十分重视定量分析，因此，定序、定距、定比指标使用得越来越多，显得越来越重要。但是，这不是说定类指标不重要，恰恰相反，它是定序、定距、定比指标的基础，是各种定量分析的前提，因此，它在各种调查中使用得最普遍、最频繁。

此外，按照不同的标准，调查指标还可作一些其他的分类。例如，按照调查的内容，可分为技术指标、经济指标、社会指标等；按照调查的时间，又可分为时点指标、时期指标等；按照调查的地域，还可分为农村指标、小城镇指标、城市指标，等等。

设计调查指标，一般都是以一定的理论假设为指导的，每一个理论假设总是由若干个概念组成的，每一个概念又需要通过若干调查指标来反映定比指标，这样，就会形成一个完整的调查指标体系。这就是说，设计调查指标的过程，实际上就是由理论到概念再到指标的分解过程。

二、抽象定义与操作定义

1. 抽象定义

抽象定义是对调查指标共同本质的概括，即用文字来概括说明概念的内涵和外延，把概念所指的某类社会现象与其他现象区分开来。如："农业总产值"的抽象定义是："用货币计算的农业产品总量"；"农业净产值"的抽象定义是："农业劳动者新创造的价值"。

在网络调查中，抽象定义的作用在于揭示调查指标的内涵，概括事物的共同本质，并把它与其他对象区别开来。但是，抽象定义没有解决在调查过程中如何实际操作的问题，因此，对设计的调查指标，还必须作出明确的操作定义，即用可感知、可量度的事物、现象和方法，对抽象定义所作的界定或说明。如下例所示：

农业总产值=种植业产品总量×价格+林产品总量×价格+畜产品总量×价格+副业产品总量×价格+水产品总量×价格。

农业净产值=农业总产值-农业生产物质消耗的价值(包括农业生产过程中消耗的种子、肥料、饲料、农药、燃料等劳动对象的价值 + 农业机械、大型农具、耕畜、水利设施等农业生产固定资产的折旧费 + 农具修理费、运输费、邮电费、办公费等生产性作业和服务的费用)。

2. 操作定义

操作定义指依据抽象定义所界定的概念内涵和外延，提出一些可观测的用于度量该概念的调查指标。操作定义的设计途径主要是具体事物的数学特征及直接观测的社会现象的展现。通过操作定义，可以把概念转换成指标形式，如下所示：

人口增长 = 出生人口-死亡人口+迁入人口-迁出人口。

智力(高低)= 智力量表中几十项指标的得分相加的总分。

设计操作定义，一般可采用如下两种方法：

(1)用客观存在的具体事物来设计操作定义。

例如，在农民生活状况调查中，可以将农民分为“贫困户”“温饱户”“小康户”和“富裕户”，并用“每人年平均纯收入”这一客观存在的具体事物，给这四类农户设计操作定义，如规定每人年平均纯收入2000元以下的为“贫困户”，2000~5000元的为“温饱户”，5000~20000元的为“小康户”，20000元以上的为“富裕户”。又如，“劳动年龄人口”可用男16~60岁和女16~55岁的人口操作定义，也可用男16~65岁和女16~60岁的人口来下操作定义。

(2)用看得见、摸得着的社会现象来设计操作定义。

例如，对于“劳动态度”这一类比较抽象的问题，不仅可以用工作的数量和质量这些具体事物来下操作定义，而且，还可以用出勤率、参加义务劳动的次数和时数、技术革新的件数、提合理化建议的次数和采用率等社会现象来下操作定义。对于“纪律性”这样的问题，可用出勤率、迟到、早退的次数和时数，旷工、旷课的次数和时数，违反纪律事件的次数和后果等可感知的社会现象来下操作定义。

设计操作定义，要遵守国家相关法律法规的规定，尊重既有的研究成果和标准，符合基本常识与规范。如果确有必要的，可以另行定义，但要进行注解。

操作定义的作用：①可以使抽象概念与经验现象联系起来，使经验研究成为可能。②有助于对现象进行精确、客观的描述和比较，如比较不同人的智力水平。操作定义是用看得见、摸得着的具体事物、现象或方法来界定和说明调查指标，这就使得调查指标成为可直接感知或量度的东西，从而有利于提高调查工作的客观性。③有利于提高网络调查的统一性。在实际调查工作中，由于调查者或被调查者对调查指标理解不同，往往发生许多调查误差。有了明确的操作定义，不同的调查人员对不同的调查对象进行调查时，就可以按照统一的标准、方法和过程进行调查，从而提高调查结果的统一性。

3. 抽象定义和操作定义的区别和共同点

定义的内容：抽象定义是用概念下定义；操作定义则是用具体的事物、现象或方法下定义。

使用的方法：抽象定义所使用的是逻辑方法；操作定义所使用的则是经验方法(即可直接感知或量度的方法)。

侧重点：抽象定义着重揭示调查指标的内涵和本质；操作定义则着重界定调查指标的外延或操作方法。

这两种定义都是对同一调查指标所下的定义，抽象定义决定着操作定义的本质内容，操作定义则是抽象定义在调查过程中的实际操作方法。

☞案例

关于“妇女地位”的操作化(如表2-1所示)。

表2-1 妇女地位

序号	政治地位	经济地位	家庭地位
1	国家宪法是否明文保障男女平等	用人单位是否做到男女同工同酬	大额家用支出的决策权
2	政府对提拔女干部的政策态度	女性就业率(或失业率)	生育子女的决策权
3	人代会中对女人大代表比例的规定	女性平均月收入(或年收入)	家宴中男女主人的座次安排
4	对于女性参政议政权利的保障	白领女性的平均月收入(或年收入)	对女孩的教育投资额

三、调查指标的设计

调查指标的设计，要满足以下几个原则：科学性、完整性、互斥性、准确性、简明性和可行性。调查指标可以用以下两种方式表示：

(1)用公式表示指标。

如：人口变化=出生人数+迁入人数-死亡人数-迁出人数。

(2)用量表表示指标。

量表是一种测量工具，它试图确定主观的、有时是抽象的概念的定量化测量的程序，对事物的特性变量可以用不同的规则分配数字，因此，形成了不同测量水平的测量量表，又称为测量尺度，量表设计就是设计被访问者的主观特性的度量标准。

量表分为以下几种：类别量表以受试对象的类别方式记分，如以男女分类编码记分或者以干部、职工身份分类等。顺序量表要求评定人在若干个备选项目中按照一定标准排出等级次序。该种量表既没有相等单位，又没有绝对零度。例如，在对媒介栏目的测评中，要求按照自己对于几种备选栏目的偏爱程度排出先后顺序。等距量表在间距相等的分数点，对心理特征、了解程度等内容作出测量。等距量表有相等的单位，但没有绝对零，因此，其测量水平比等序量表提高了一步。等比量表比等距量表更进了一步，既有绝对零，又有相等单位，属于最高测量水平。

第五节　网络调查方案的可行性研究与评价

一、调查方案的可行性研究

在对复杂的社会经济现象进行调查时，所设计的调查方案通常不是唯一的，需要从多个调查方案中选取最优方案。同时，调查方案的设计也不是一次完成的，需要经过必要的可行性研究，对方案进行试点和修改。可行性研究是科学决策的必经阶段，也是科学设计调查方案的重要步骤。对调查方案进行可行性研究的方法有很多，下面主要介绍三种。

1. 逻辑分析法

逻辑分析法是检查所设计的调查方案是否符合逻辑和情理。例如，要调查某城市居民的消费结构，而设计的调查指标却是居民消费结构或职工消费结构，按此设计方案所调查出的结果无法满足调查的要求，因为居民包括城市居民和农民，城市职工只是城市居民中的一部分。显然，居民、城市居民和职工三者在内涵和外延上都存在一定的差别。又如，对于学龄前儿童，调查其文化程度；对于没有通电的山区，进行电视广告调查，这些都是有悖于情理的，也是缺乏实际意义的。逻辑分析法可以对调查方案中的调查项目设计进行可行性研究，而无法对其他方面的设计进行判断。

2. 经验判断法

经验判断法，即组织一些具有丰富调查经验的人士，对设计出的调查方案加以初步研究和判断，以说明方案的可行性。经验判断法能够节省人力和时间，在比较短的时间内作出结论。但是，这种方法也有一定的局限性，这主要是因为人的认识是有限的、有差异的，事物在不断发生变化，各种主客观因素都会对人们判断的准确性产生影响。

3. 试点调查法

试点是整个调查方案可行性研究中一个十分重要的步骤，对于大规模市场调查来讲尤为重要。试点的目的是使调查方案更加科学和完善，而不仅仅是搜集资料。从认识的全过程来说，试点是从认识到实践，再从实践到再认识，兼备了认识过程的两个阶段。因此，试点具有两个明显的特点：一是实践性，二是创新性，两者互相联系，相辅相成。试点正是通过实践把客观现象反馈到认识主体，以便起到修改、补充、丰富、完善主体认识的作用。同时，通过试点还可以为正式调查取得实践经验，并把人们对客观事物的了解推进到一个更高的阶段。

具体来说，试点的任务主要是对调查方案进行检验。调查方案的设计是否切合实际，要通过试点进行检验，检查目标制订得是否恰当，调查指标设计是否正确，哪些需要增加，哪些需要减少，哪些说明和规定需要修改和补充。试点完成后，要分门别类提出具体意见和建议，使调查方案的制订既科学合理，又能解决实际问题。

试点作为实战前的演习，可以了解调查工作安排是否合理，还存在哪些薄弱环节需要改进与提高。因此，必须通过试点取得这方面的实践经验，把分散的经验集中起来，形成做好普查工作的各项细则，成为各个阶段、各项工作应当遵循的规则。

试点调查应该注意以下几个问题：

(1)应建立一支精干有力的调查队伍。队伍成员应该包括有关负责人、调查方案设计者和调查骨干，这是搞好试点工作的组织保证。

(2)应选择适当的调查对象。要选择规模较小、代表性较强的试点单位，必要时，可采取少数单位先试点，再扩大范围，然后全面铺开的做法。

(3)要选择合适的调查网站。一般的调查建议借助专业的调查网站开展。

(4)应采取灵活的调查方式和方法。调查方式和方法可以多用几种，经过对比后，从中选择适合的方式和方法。

(5)应做好试点的总结工作，即要认真分析试点结果，找出影响调查成败的主客观原因。不仅要善于发现问题，还要善于结合实际探求解决问题的方法，充实和完善原调查方案，使其更加科学和易于操作。

逻辑分析和经验判断这两种方法简便、易行、有实效，因此，它们是对调查方案进行可行性研究的最常用的方法。但是，这两种方法也有很大的局限性。逻辑分析方法主要适用于对调查指标的设计进行可行性研究，而对其他方面的设计，则很难进行可行性分析与研究。另外，有些操作定义的设计在逻辑上是正确的，但在实际调查中却往往行不通。

经验判断的局限性就更为明显，因为人们的实践经验不同，判断能力不同，即使经验丰富、判断力强的人，也只能判断那些比较熟悉的东西，而对新事物、新情况、新问题则很难单凭过去的经验作判断。这说明仅仅使用逻辑分析和经验判断这两种方法，还不能最终说明调查方案设计的可行性。实践是检验真理的最终标准，试点调查是对调查方案设计进行可行性研究的最基本、最重要的方法。

二、调查方案的评价

对于一个调查方案的优劣，可以从不同角度加以评价：

(1)方案设计是否体现了调查的目的和要求，这一条是最基本的。

(2)方案设计是否科学、完整和适用。

(3)方案设计能否使调查质量有所提高。影响调查数据质量高低的因素是多方面的，但调查方案是否科学、可行，对最后的调查数据质量有直接影响。

(4)调查实效检验，即通过试点实践，检验调查方案的科学性。评价一项调查方案的设计是否科学、准确，最终，还是要通过调查实施的成效来体现，即必须通过调查工作的实践检验，来观察方案中哪些符合实际，哪些不符合实际，产生的原因是什么，肯定正确的做法，找出不足之处并寻求改进方法，这样就可以使今后的调查方案设计更加接近客观实际。

第六节 网络调查方案的格式与范例

一、网络调查方案的格式

1. 背景

说明此次网络调查的目的和出发点，为什么要做这个网络调查，有什么好处。

写作时间要求：调研前期设计。

2. 调查目标

(1)背景介绍的延伸与量化，介绍本次网络调查希望达到的可量化的效果。

(2)描述调查项目结束的标志。

写作时间要求：调研前期设计。

3. 思路与规划

(1)网络调查相关问题和概念的界定。

(2)调查指标体系设计。

(3)调查对象和单位。

(4)调查时间安排：工作筹备阶段；工作指标设计；调查报告完成时间。

(5)调查方法：采访法；问卷调查。

(6)描述网络调查的方法。必要时，要说明采用这种方法的好处，也就是为什么要采用这种方法。

(7)质量控制。制定质量控制规范这一点非常重要，是保证客观、科学地收集信息的前提。

(8)成员分工。

(9)工作步骤

①制作问卷，审核问卷，制作宣传资料，准备调查所需的各种备用物品。

②选择投放调查问卷的网站，按其规定办理相关手续，确定发布调查问卷的时间。

③确认回收问卷的时间，在网上明确宣布，并安排专人负责回收。

④对问卷调查的结果进行整合与分析。

⑤撰写调查报告

(10)工作人员培训。

(11)调查经费开支的预算。

写作时间要求：调研前期设计。

4. 数据和结果

列出调查中要用到的数据，如数据种类、级别及数量有多少，是随机抽样还是均匀抽样，为什么要这样取数据，是否合理。

统计量要完整，需要有对比结果(好、坏、相同)，必要的详细数据列举(badcase① 的例子，解决问题的例子等)。

数据的表述尽可能选用清晰的描述方法，比如表格或者曲线图等，使数据的表达更加形象直观，以增强其可读性。

写作时间要求：调研后期。

5. 分析和结论

根据实验结果，详细分析调查研究成果，得到清晰的结论(例如是否达到预期，目前的问题是什么，未来可能的改进点是哪些等)

写作时间要求：调研后期。

二、网络调查方案范例

大学生倦怠感的调查

一、调查主题

当代大学生倦怠感的调查

二、调查目的

正确认识和了解当代大学生的心理状况，找出造成大学生“学习倦怠”的深层次原因，并从中寻找出解决之道，为相关机构和学校提供意见和建议。

倦怠(burnout)一词源于美国，是指在工作中，个体面对长期的情绪和人际关

① badcase是一个SEO中的专业术语，是所有搜索引擎的必备技术，即对搜索结果中明显不正确的排序进行分析，看是什么排序策略导致的，并对相关匹配的参数进行修订。经过大量的坏案例记录，搜索引擎会收集很多的案例资料，如果下次遇到不合理的搜索结果，就会将这些案例的特征进行印证，如果有类似的就进行调整，当然，这需要一个很强大的搜索算法。一套搜索算法除了强壮的程序机制，还要有一组经验参数来辅助运营，这种参数设定基本要靠经验，而且，除了最终结果数据说话，并无十分明确的前期定义方法，比如外链权值多少，标题权值多少，内文加粗权值多少，点击率权值多少，这些都需要在运营中不断调整，以保证结果的可信性。

系紧张而产生的一种反应。许多研究表明，倦怠是许多职业中都存在的一种普遍现象，严重影响个体的身心健康和工作表现，并由此影响到个体所在组织的绩效。倦怠不仅出现在工作群体中，在学生群体中也存在。

学习倦怠指人在学习过程中，由于长期面对紧张的学习环境，学习生活单调，学习压力大，学习成绩长期得不到提高而产生的厌烦、倦怠反应。大学校园到底有多大一个群体产生学习倦怠？学习倦怠对当代大学生造成的影响到底有多大？如何减少它的影响？这些就组成了这次调查的主要目的。

我国高等教育事业的发展重点，已经从规模扩张转移到了质量提升，质量是高等学校的生命线。学习倦怠是反映大学生学习心理是否积极的一个重要的综合指标，了解当前大学生在这个问题上的现状，具有非常重要的现实意义。

三、调查对象

××大学在校学生

四、调查单位

类型抽样中的每一个学生

五、调查内容

通过问卷调查形式，对在校大学生倦怠感进行调查研究，了解大学生倦怠感出现的原因、现象和影响，对问卷结果的数据进行分析得出结论，以此为依据，提出有效解决大学生倦怠情绪的方法、方案。同时，通过访谈向心理专家咨询，向被调查者了解具体表现，从而完善解决方案，并提供给心理专家、学校以及相关部门作为参考。

六、调查流程

调查分为三个阶段：前期准备、中期调查、后期分析。

1. 前期准备

这一阶段分为三个部分，即问卷设计、访谈准备和人员具体分工。

(1)问卷设计。

①在调查主题和目的确定的基础上，从期刊、书籍和网络上搜集与倦怠感相关的资料，将着眼点放在造成学生产生倦怠感的原因、学生产生倦怠感的具体表现、学生产生倦怠感后对学习和生活造成的影响三个方面，以此为框架设计调查问卷的问题。

从专业差异性和年级差异性出发，调查本校至少五个学院的大一到大四年级学生的倦怠感原因、表现和影响。因此，可以对各个学院进行排序，先随机抽取其中一个学院，最后，按等距抽样法确定其余四个学院。问卷总数500份，即调查对象为500名学生，其中，每个学院分别选100名，在一个学院的每个年级分别选25名。

②确定被调查的学院各年级各班级的课程安排。

(2)网站选择与问卷投放。

选择合适的问卷投放方式，可以是一个网站，也可以选择手机APP方式。可以考虑以下几个因素：

①学生熟悉的网站或者网络社区。

②操作要尽可能简单。

③需要的下载流量要尽可能小。

④链接方便快捷。

⑤最好能用移动端完成相关操作。

按照网站的要求，完成注册、上传问卷、审核等程序。然后，通过微信推送、地面宣传等方式定点推广投票链接。

(3)访谈准备。

①根据主题和问卷，拟定访谈问题。

访谈的内容，主要涉及大学生倦怠感的来源，这一现象的显著表现，心理咨询中心对此有哪些专业的建议以及大学生们对这一问题的个人认识等。

在完成问卷调查的学生中，随机抽取12位被调查者，向他们发出邀请，参与中期的访谈。与心理咨询机构取得联系，向咨询人员介绍这次调查的主题和内容，邀请他们参与中期的访谈交流。

②向心理咨询机构(或者其他调查机构)收集有关这个主题的相关权威报道和数据、文献资料和调研成果，作为后期分析的参考。

(4)人员安排。

以学院为单位，推广调查问卷的链接，同时，做好现场或网上咨询工作。每个学院安排一个工作小组，每个小组由三人组成。××负责××学院的大一和大二学生；××负责大三和大四学生；××负责联系心理咨询中心和网站；数据处理工作由三人共同完成。

2. 中期调查

这一阶段分为两个部分，即问卷调查和访谈。

(1)问卷调查。

通过前期的准备，在晚自习时间，由各小组对指定学院有课程安排的大一和大二学生进行调查问卷的推广或现场咨询，并邀请6位被调查者参加访谈。在第二节和第三节课之间的课间休息时间，对指定学院有课程安排的大三和大四学生进行调查问卷推广和现场咨询工作，并邀请6位被调查者参加访谈。

调查结束后，按网站的流程对问卷进行整理，对500份问卷编号，并按学院、年级分类，为后期数据处理作准备。

(2)访谈。

在后期问卷数据分析的同时，针对根据调查数据整理出来的结果，完善访谈内容。邀请2位心理咨询人员和12位调查者参加访谈。

3. 后期分析

这一阶段包括数据分析、调查报告撰写两部分。

(1)数据分析。

①对问卷进行复查审核，确保每份要进行数据分析的调查问卷都是真实有效的。如果数量较大，可以进行抽查，比例一般在10%~20%。

②将已经编好号的问卷进行数据汇总，分为学院、年级和总表三份数据表，应用相关的工具软件(如Excel、SPSS等)进行数据处理，得出三份关于学院、年级、学院和年级综合的统计图表。对学院表和年级表进行比较，分析学院之间和年级之间的差异，从总表中分析原因和影响，从量化表中分析表现，从而提出设想和预测。

(2)报告撰写。

①整理访谈内容，完善结论。

②将分析结果和资料分类汇总，再与心理咨询机构进行交流，征询专家意见。

③撰写调查报告。

七、调查方式和方法

本次问卷调查采用类型抽样方法，同时，以访谈法对问卷调查进行补充。

八、数据分析方案

应用相关的工具软件(如Excel、SPSS等)对问卷结果进行数据分析，特别对问卷中第8~16题作量化分析，绘制统计图表。参照Maslach工作倦怠①量表，自编“大学生学习倦怠调查量表”。

九、调查时间

××××年××月××日—××××年××月××日

参考资料

MBI共有三个版本：服务版、教育版和通用版。服务版适用于咨询员、社会工作者、医生、警察等服务行业的工作者；教育版适用于教师、学校心理学家等教育

① Maslach工作倦怠问卷(Maslach Burnout Inventory, MBI)是由美国社会心理学家Maslach和Jaskson联合开发的，最初包含三个纬度：情绪衰竭(emotional exhaustion)、去人性化(depersonalization)和个人成就感(personal accomplishment)。职业倦怠症又称职业枯竭症，它是一种由工作单调机械无新意引发的心理枯竭现象，是上班族在工作的重压之下所体验到的身心俱疲、能量被耗尽的感觉，这和肉体的疲倦劳累是不一样的，缘自心理的疲乏。MBI在面世之后得到了最为广泛的应用和检验，已经被证明具有良好的内部一致性信度、再测信度、结构效度、构想效度等。

行业的工作者；通用版是1996年出版的，它淡化了服务者和服务对象的关系，适用于更为广泛的工作人群。相应的，维度也有所改变，分别为情绪衰竭、讥诮(玩世不恭)、职业效能。情绪衰竭指个人认为自己所有的情绪资源都已耗尽，对工作缺乏冲动，有挫折感、紧张感，甚至害怕工作，该部分包括5道题；玩世不恭指刻意与工作以及其他与工作相关的人员保持一定距离，对工作不热心、不投入，对自己工作的意义表示怀疑，该部分包括5道题；低职业效能指个体对自身持有负面评价，认为自己不能有效胜任工作，此部分包括6道题，整个问卷共16道题。后经国内研究者的修订变为15道题。

MBI-GS(通用版)量表适用16岁以上各个行业的所有人群。

一般情况(如果您方便的话请如实填写)(请在□下画√)：

1. 年龄：□ A 20~30岁 □ B 31~40岁 □ C 41岁以上
2. 性别：□ A 男 □ B 女
3. 婚姻状况：□ A 已婚 □ B 未婚 □ C 离异
4. 文化程度：□ A 中专 □ B 专科 □ C 本科 □ D 研究生
5. 工作年限：□ A 5年以下 □ B 6~10年 □ C 11~20年 □ D 21年以上

请您根据自己的感受和体会，判断表1中各选项在您所在的单位或者您身上发生的频率，并在合适的数字上画√。

表1 情绪衰竭(该维度的得分 = 所有题目的得分相加 / 5)

序号	项 目	从不	极少 一年几次或更少	偶尔 一个月一次或者更少	经常 一个月几次	频繁 每星期一次	非常频繁 一星期几次	每天
1	工作让我感觉身心俱疲	0	1	2	3	4	5	6
2	下班的时候我感觉精疲力竭	0	1	2	3	4	5	6
3	早晨起床不得不去面对一天的工作时，我感觉非常累	0	1	2	3	4	5	6
4	整天工作对我来说确实压力很大	0	1	2	3	4	5	6
5	工作让我有快要崩溃的感觉	0	1	2	3	4	5	6

请您根据自己的感受和体会，判断表2各选项在您所在的单位或者您身上发生

的频率，并在合适的数字上画√。

表 2　玩世不恭（该维度的得分 = 所有题目的得分相加 / 4）

序号	项　目	从不	极少 一年几次或更少	偶尔 一个月一次或者更少	经常 一个月几次	频繁 每星期一次	非常频繁 一星期几次	每天
1	自从开始干这份工作，我对工作越来越不感兴趣	0	1	2	3	4	5	6
2	我对工作不像以前那样热心了	0	1	2	3	4	5	6
3	我怀疑自己所做工作的意义	0	1	2	3	4	5	6
4	我对自己所做工作是否有贡献越来越不关心	0	1	2	3	4	5	6

请您根据自己的感受和体会，判断表 3 各选项在您所在的单位或者您身上发生的频率，并在合适的数字上画√。

表 3　成就感低落（该维度的得分 = 反向记分后，所有题目的得分相加 / 6）

序号	项　目	从不	极少 一年几次或更少	偶尔 一个月一次或者更少	经常 一个月几次	频繁 每星期一次	非常频繁 一星期几次	每天
1	我能有效地解决工作中出现的问题	0	1	2	3	4	5	6
2	我觉得我在为公司做有用的贡献	0	1	2	3	4	5	6
3	在我看来，我擅长于自己的工作	0	1	2	3	4	5	6
4	当完成工作上的一些事情时，我感到非常高兴	0	1	2	3	4	5	6
5	我完成了很多有价值的工作	0	1	2	3	4	5	6
6	我自信自己能有效地完成各项工作	0	1	2	3	4	5	6

得分在 50 分以下，工作状态良好；得分在 50~75 分，存在一定程度的职业倦

怠，需进行自我心理调节；得分在75~100分，建议休假，离开工作岗位一段时间进行调整；得分在100分以上，建议咨询心理医生或辞职，不工作或换个工作，也许对人生更积极。

调查问卷范例

关于在校大学生倦怠感的调查

亲爱的同学：

您好！我们是××学院××班的学生，我们正在进行一项关于在校大学生倦怠感的调查。对您所提供的信息，我们会严格保密，同时，您所提供的答案对我们的研究有很大的意义，希望得到您的支持！谢谢！

您的基本信息：年级________　性别________

学院________　专业________

（以下问题除特别注明外，均为单项选择）

1. 您一周的课时有多少？

A. 15以下　　B. 15~20　　C. 20~25

D. 25~30　　E. 30~35　　F. 35以上

2. 您觉得自己的性格是哪种？

A. 十分外向　　B. 较为外向

C. 较为内向　　D. 十分内向

3. 您的学习成绩在班级里属于哪种水平？

A. 优秀　　B. 中等偏上　　C. 中等

D. 中等偏下　　E. 较差

4. 您是否有明确的短期目标？

A. 是　　B. 否

5. 您更喜欢和哪种人比较？

A. 比自己优秀的人　　B. 跟自己差不多的人

C. 比自己差的人　　D. 不跟其他人比较

6. 你在一天中什么时候最容易倦怠？

A. 早晨　　B. 中午

C. 下午　　D. 晚上

7. 怎样的环境让您更容易产生倦怠的感觉？

A. 完全放松　　B. 盲目杂乱

C. 紧张有序　　D. 高度紧张

8. 您是否经常感到疲劳？

A. 每天　　B. 经常　　C. 偶尔

D. 极少　　E. 从不

9. 您是否会出现失眠的现象？
A. 每天　　B. 经常　　C. 偶尔
D. 极少　　E. 从不
10. 您是否感觉自己对学习力不从心？
A. 每天　　B. 经常　　C. 偶尔
D. 极少　　E. 从不
11. 对于在学习中出现的问题，您是否都无法有效解决？
A. 每天　　B. 经常　　C. 偶尔
D. 极少　　E. 从不
12. 您是否有意减少(甚至断绝)与周围人的关系？
A. 每天　　B. 经常　　C. 偶尔
D. 极少　　E. 从不
13. 对于在学习上比自己优秀的人，您的看法是？
A. 为他感到高兴　　B. 没感觉
C. 羡慕　　D. 认为他不如自己
14. 你是否很在意别人对你的评价？
A. 非常在意　　B. 经常在意　　C. 偶尔会在意
D. 极少在意　　E. 从不在意
15. 您觉得自己在学习上的情况怎样？
A. 一直稳步前进　　B. 有所进步　　C. 时进时退
D. 停滞不前　　E. 一直在退步
16. 在学习上遇到困难，您有克服的决心吗？
A. 很坚定的决心　　B. 较强的决心　　C. 决心一般
D. 很少有决心　　E. 没有决心
17. 倦怠的时候，您会采用哪种方式来缓解？(可多选)
A. 散步　　B. 听音乐　　C. 运动
D. 睡觉　　E. 看书
F. 不采取任何措施，其他________
18. 采用以上方式时，是否达到了缓解的效果？
A. 完全缓解　　B. 基本缓解
C. 没什么作用　　D. 反而加重了倦怠感
19. 在倦怠的情况下，您通常会有以下哪些表现？(可多选)
A. 心烦气躁　　B. 悲观低落　　C. 什么事都不想干
D. 仍然可以保持好的心情　　E. 其他 ________

第三章 抽 样

数理统计是用概率论的思想和方法去解决实际问题。在实际问题中出现的总的研究对象称为总体，其分布一般是未知的，所以，首先要对总体进行抽样，以获取总体的有关信息——样本，再利用这些信息对总体进行分析。

在现实生活中，有很多实际问题要用到数理统计的知识，能有效地帮助我们分析和论证，从而得到需要的信息。为了更加有效地应用这些知识，就需要在总体中选取一个最合适的样本来为我们服务。从这个方面来说，样本的选取方法成了一个至关重要的问题。只有找到一个最简洁又具有代表性的样本，才能获得隐藏在数据背后的真相。

在国家统计部门相关的网络调查中，抽样调查已经占据了很重要的地位，对于国家统计部门获取相关信息起着不可替代的作用。从调查对象的覆盖的角度来看，我们可以把相关的社会调查分为普遍调查、抽样调查、个案调查等。个案调查是很有利于定性研究的；在很多的定量研究中，抽样调查应用广泛；从调查的准确性来看，普遍调查是一种非常好的方法，但是，人们是很少利用到普遍调查。

本章主要介绍抽样调查理论以及抽样调查的几种方法，并通过案例介绍对比这几种方法。最后，对抽样调查的几种方法做了简单的总结和比较，显示了抽样调查理论在我们的生活中无处不在的强大生命力。

第一节 抽样的基本概念

一、抽样调查概述

抽样调查(sampling survey)为科学研究方法中的重要技术之一，是指在所要研究的某种特定现象的总体中，依随机原理抽取一部分作为样本(sample)，作为研究总体(population)的依据。在抽样信赖水准内，用样本研究结果推算总体的特性。抽样调查的本质特点是以部分来说明或代表总体。它是按照科学的原理和计算，从若干单位组成的事物总体中，抽取部分样本单位进行调查、观察，用所得到的调查样本的数据代表总体、推断总体。抽样调查的基本目的在于搜集信息推导结论，即通过对样本的统计值的描述来相对准确地勾画出总体的面貌，以供决策参考。

1. 抽样调查的优点

(1)利用抽样技术及几率理论，可获得精确估计值，以代表总体特征。抽样调查的误差，在调查前就可以根据调查样本数量和总体中各单位之间的差异程度进行计算，并控制在允许范围以内，调查结果的准确程度较高。

(2)调查单位少，代表性强，节省调查人力、物力、时间及经费。

2. 抽样调查的缺点

(1)所抽取样本是否具有代表性是抽样调查的关键。

(2)具有不稳定性，有所偏差，存在一定的误差率。

(3)抽样调查也存在调查的误差和偏误问题。通常误差有两种：一种是工作误差(也称登记误差或调查误差)，一种是代表性误差(也称抽样误差)。

二、抽样调查的基本概念和术语

1. 总体与样本

总体(population)通常与构成它的元素共同定义：总体是构成它的所有元素的集合，元素则是构成总体的最基本单位。简而言之，总体是我们所研究(调查)的对象的全体，即在调查研究中，调查研究对象的集合体。如调查西安市中学生的有关情况，则西安市的中学生总数便是调查研究的总体。

样本(sample)就是从总体中按一定方式抽取出的一部分元素的集合，或者说样本就是总体的一个子集。例如某公司抽出350个家庭做测试，则称这350个家庭为样本；从西安市中小学教师中抽出100名教师作调查，则称这100名教师为样本。

2. 样本量

调查问卷的样本量就是样本中所包含的单位的个数，也就是抽样个体的数量。样本量可以影响抽样误差、调查需要的时间、调查所需的费用以及调查组成员的构成。那么，样本量如何确定呢？主要考虑以下几个因素：

(1)预测值要有一定的精确度。因为抽样误差的大小会直接影响到估计值的准确程度。

(2)总体指标的变异情况。这会影响应答的准确率，从而对样本量产生影响。在计算样本的过程中，还要考虑好以下几个重要环节：为保证抽样率的准确性，必须要做好抽样推断，使之有一定的可信度；根据方差的大小来确定总体变异程度，方差大就多抽一些，方差小就少抽一些；要根据方差的大小来决定抽样的多少；要根据经费的情况确定样本的数量，这里包括调查人员的开支、调查途径的费用、调查问卷的成本等。

(3)样本量是与估计值紧紧相关的，在样本量不断增加的情况下，估计值的精确度也会有相应的提高。

在确定样本后，样本量的计算是一个很关键的问题，需要一个科学的公式，在这里就不对公式进行具体介绍了。总的来讲，要根据估计的域的多少来决定样本量的多少。总之，样本量的确定要遵循一个原则，即精度和费用的互相作用：费用一定的情况下，尽可能让精度最高；精度一定的情况下，尽可能让费用最低。

3. 抽样

所谓抽样(sampling)，指的是从组成某个总体的所有元素的集合中，按一定的方式选择或抽取一部分元素(即抽取总体的一个子集)的过程，或者说，抽样就是从总体中按一定方式选择、抽取样本的过程。

4. 抽样架构

抽样架构又称为抽样框(sampling frame)或抽样范围，指的是在进行一次直接抽样时，总体中所有抽样单位的名单。如以西安市中小学教师为抽样单位，则西安市全体中小学教师名册便是抽样架构；如果以学校班级为抽样单位，则学校的班级名册便是抽样构架。

抽样架构有三种形态。具体的抽样架构：每一个抽样单位的名字皆列成表册，可以直接按表册上所列的名字抽取样本。抽象的抽样架构：没有抽样单位的名册，只要符合调查条件就有被抽样的可能。阶段式抽样架构：采用分段抽样的过程中，依抽样阶段的不同，产生不同的抽样架构。

5. 抽样单位

抽样单位(sampling unit)就是一次直接的抽样所使用的基本单位。抽样单位与构成总体的元素有时是相同的，有时又是不同的。抽样单位是在抽样架构上排列的名单中的个别单位。例如以学校班级为抽样单位，则每一班级都是抽样单位。

6. 元素

元素(element)指接受调查的最小单位，通常指人。例如需要调查西安市中学生的有关情况，班上每一位学生即为元素。

7. 参数值

参数值(parameter)也称为总体值，它是关于总体中某一变量的综合描述或是总体中所有元素的某种特征的综合数量表现。在统计中，最常见的总体值是某一变量的平均值。

8. 统计值

统计值(statistic)也称为样本值，它是关于样本中某一变量的综合描述或者说是样本中所有元素的某种特征的综合数量表现。样本值是从样本的所有元素中计算出来的，它是相应的总体值的估计量。

9. 精确度与准确度

精确度(precision)用来衡量估计值精确的程度，如在物价统计中，如果物价上升 0.02 将影响经济决策，则精确度必须定在 0.02。准确度(validity)用来衡量总体特性与实际总体特性间的差异，两者之差异越小，代表准确度越高。

10. 抽样误差

因为抽样时样本可能会偏离总体，其间的差距称为抽样误差(sampling error)，抽样误差可以用统计方法估计。

11. 信赖水准

信赖水准(confidence level)指以样本估计数推论总体大小时，正确估计的概率有多少。信赖水准是95%，即正确估计概率为95%，调查者以此来表示其正确估计的程度。

12. 容忍误差

在抽样调查时，调查者所要求的精确度不是百分之百，而是设定总体平均数上下各多少个百分点作为误差容忍范围，称为容忍误差(tolerated error)。

三、抽样方法种类及其意义

抽样方法可分为两大类：随机抽样和非随机抽样。如图3-1所示。

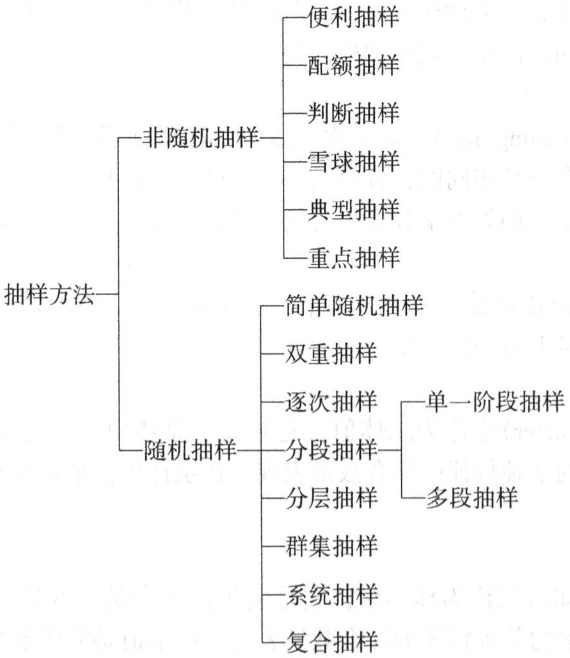

图3-1 抽样方法一览图

1. 随机抽样

随机抽样(probability sampling)又称概率抽样，即在抽样时，总体中每一个抽样单位被选为样本的几率相同。随机抽样具有健全的统计理论基础，可用几率理论加以解释，是一种客观而科学的抽样方法，在市场调查中通常都用随机抽样。

随机抽样的优点是能保证样本的代表性，避免人为的误差，而且，它可以对抽样误差进行估计，从而可以获得估计的精度。为了抽样便利，使概率抽样能够实施，通常将总体划分成互不重叠且又穷尽的若干个部分，每个部分称为一个抽样单元。

随机抽样的种类有：

(1)简单随机抽样(simple random sampling)。

简单随机抽样指总体中全部个体，完全按照均匀几率分布抽取样本，使每一个个体被抽出的几率均为已知且相等。简单随机抽样是其他各种随机抽样方法的基础。用简单随机抽样法抽取样本时，要先对总体进行编号，再利用随机数表按几率抽取。

该方法直接从基本整体中抽出子样，其前提条件是该整体至少能以标记形式来表示(例如：卡片)，并可以混合至保证使每个单元都能有相同的被抽样的机会。简单随机抽样法简单易行，至于整体的某些特征及其分布情况则不需要知道。但是，如果整体情况比较分散，彼此的差距比较大，则误差可能增大。

所有的随机抽样方法都是以票箱模型为基础的(如抽彩票)，即所有的票单(组成样本的单元)都标上号，装入票箱，封闭，然后进行抽票。一张票单在认定结果后，再放回票箱，即整体数量保持不变。用这种方法来确定调查对象，就像用掷骰子来确定对象一样(整体数量不大时可以使用)。如果将抽样的票单放在一边，可以避免出现重复。当整体数量很大时，常采用下列方法代替票箱模式，因为，在实际运用中它们速度更快，也更完善：

①乱数表抽样。例如，用两只骰子掷数，可得下列数字：13、45、65、36、22、24、31、43、61、52、55、16、23、14、25。每隔两位取一个数字，即可得到：65、24、61、16、25。从整体中抽出的这些数字就是所取得的子样。

②尾数抽样(根据最后一个数字抽样)。将整体中的每一个单元都按顺序编上号，然后，抽出尾数相同的。比如将尾数为 7 的如 7、17、27、37 等号抽出作为子样。

③字母抽样。例如，将整体中所有以“P”为姓名的第一个字母的人抽出来作为样本，但是，条件是必须在整体中所有姓的第一个字母都是均匀分布的情况下得到“P”。

采用简单随机抽样的时机：总体小、总体名册令人满意且为总体信息唯一来源；单位访问成本不受样本单位所在地远近的影响。

(2)双重抽样(double sampling)。

先对总体做一次初步抽样，搜集一些总体信息，根据所获得的信息，再做一次比较精密的抽样。通常，在对总体认识极为贫乏的情况下可用本法。第一次抽样因所需信息较少，故样本数通常较大；第二次进行比较深入的调查，样本数就会比较小。

(3)逐次抽样(sequential sampling)。

这种抽样方式开始只抽取少量样本，根据结果来决定是否接受某种假设，或应继续抽取样本，直到能够决定接受或摈弃假定为止。逐次抽样法是费用较低而且实用的一种方法。

(4)分段抽样(subsampling)。

先从一个总体中抽取 N 个单位随机样本(PUS)，再从 PUS 中抽出 M 个单位(SSU)，对 SSU 进行调查，称为二段抽样。如果继续从 SSU 中抽取更小单位进行调查，称为三段抽样。三段以上，称为多段调查。分段抽样的调查费用会比较节省，而且处理方便，应用范围很广，对有限总体或无限总体均可采用。

(5)分层抽样(stratified sampling)。

先设立目的及某种分类标准，分为若干组或若干类，此组类称为层，然后，把总体的各个个体分别编入相对层中，再在各层中，以简单抽样或系统抽样法选取适量样本的方法。

分层的基础有赖于抽样设计者的经验及判断，从理论上讲，分层的数目越多越好。因为层数越多，每层的样本单位越相似，样本估计值的精确度就会越高。但从成本上考虑，层数不宜超过 6 层。如图 3-2 所示：

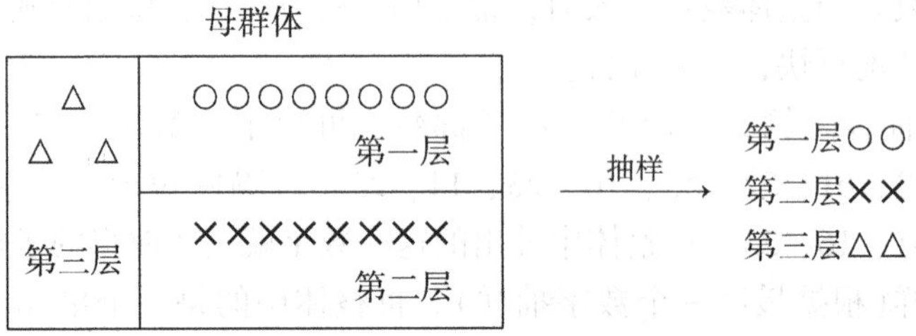

图 3-2 分层抽样图标

分层随机抽样法将混合着多种主要调查特征的综合性整体，分成不同类型的小组(层次)，要求小组成员具有尽可能一致的特征，然后，再从这些特征比较一致的小组(层次)中，用相应的简单随机抽样法抽出所需的样本。例如：以一个国家为基本整体，各省份为小组。这种抽样方法特别适用于基本整体的特征表现为非均匀性(如各省购买力不同)，它能减少因采用简单随机抽样的方法而产生的偏差。

分层方法有以下两种：

①按比例的分层抽样。每一层中样本的比例同在基本整体中各层次所占的比例

完全一样。

②不按比例的分层抽样。如果相对较小的层次(小组)对调查结果具有更为重要的意义，则可以不按各层次在基本整体中的比例来抽取样本。例如，以销售额为主要参数进行市场调查时，在分层抽取样本时，销售额大的企业就必须在样本中占有比它在所有企业中的自然比例更高的样本量。

(6)整群抽样(cluster sampling)。

本抽样法是随机选出一群为单位，不是个别单位。整群抽样的优点是简便易行，经济省事，但是，产生抽样误差的危险性很大。其过程如图3-3所示：

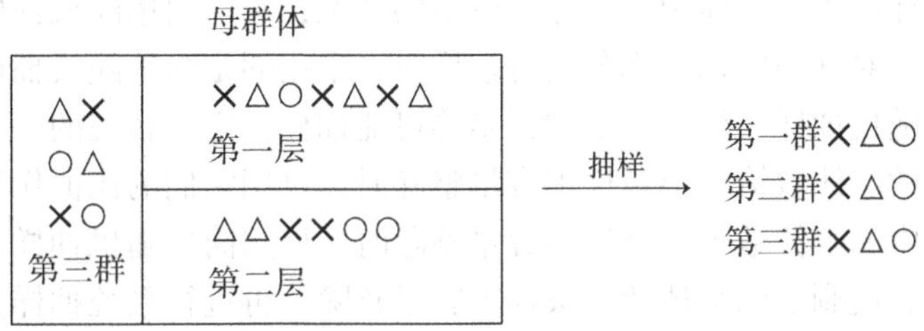

图3-3 整群抽样图标

所谓整群抽样，实际上是将整体的范围缩小。即从调查对象的整体中取出一个完整的组(多数是取自然组)，然后根据随机数，从这个缩小了的整体中，抽出一定量的样本作为抽样调查的对象。在整群抽样时，不是从整体中直接抽取样本单元，而是先从基本整体中抽取一个完整的组来作为下一步抽样的基础。例如：某城市共有12个辖区，根据某项市场调查的要求，从该城市的12个区中，随机抽出3个区作为市场调查的实施对象。按照这种抽样方法，可使一些规模较大的市场调查项目，在费用较低的情况下，获得有代表性的、可靠的调查结果。

整群抽样法的优点：无须排列出基本整体的序列(如排列卡片)，也不必先了解整体的具体结构。这种抽样方法(整群抽样)可以根据地理分布来进行，例如：按城市地图划分、按住宅区划分等。在确定和寻找调查对象时，不需要每个调查对象的地址，这样可以大大缩小调查对象的范围，降低收集这些资料的费用。

采用整群抽样法容易出现偏差，尤其是当所取出的抽样群内部特征过于一致，而与基本整体的结构特征却有明显的差别时(如：老式住房、政府官员居住区、工人集居区、名人居住区等)，就很容易使调查的结果出现偏差。

(7)系统抽样(systematic sampling)。

当总体中的个体数较多时，可将总体平均分成几个部分，从每个部分抽取一个个体，得到所需的样本，这样的抽样方法称为系统抽样，对总体的每个单位进行编号，先计算样本区隔，在 1~N/n 间随机选出一个号码作为第一个样本单位，依定距循序抽出样本。此法的优点是抽样操作简单，但其缺点是有发生抽样误差的可能。

从总体中抽取一个样本来估计总体，样本的抽取是否公平合理固然重要，样本抽取的方法是否经济可行也是十分重要的。面对容量很大的总体，抽取的样本容量显然不可太小，此时，采用简单随机抽样是不经济也不可行的，采用系统抽样更为合理可行。系统抽样以简单随机抽样为基础，将容量很大的总体分组，只需在某一个组内，用简单随机抽样方式来抽取一个个体，然后，在一定规则下能抽取出全部样本，在保证公平客观的前提下简化抽样过程。

系统抽样需要注意以下几点：

①系统抽样适用于总体中的个体数较多的情况，它与简单随机抽样的联系在于将总体均分后，对其中的每一部分进行抽样时，采用的是简单随机抽样。

②与简单随机抽样一样，系统抽样是等可能抽样，它是客观的、公平的。

③总体中的个体数恰好能被样本容量整除时，可用它们的比值作为系统抽样的间隔；当总体中的个体数不能被样本容量整除时，可用简单随机抽样，先从总体中剔除少量个体，使剩下的个体数能被样本容量整除，再进行系统抽样。

(8)复合抽样(replicated sampling)。

复合抽样是把总体分为若干层，用系统抽样法选取样本，因此，具有分层抽样及系统抽样的优点。

2. 非随机抽样

在非随机抽样(nonprobabity sampling)时，抽样单位被选为样本的几率不可知。非随机抽样法主要有四种：

(1)便利抽样(convenience sampling)。

选择样本时，只考虑便于接近或衡量的样本，如访问过路行人即为一例。

(2)配额抽样(quota sampling)。

配额抽样是最主要的抽样方法，也是使用得最频繁的方法。它以整体结构设想为基础，要求人们对基本整体的结构有明确的了解，并能根据不同的特征标记予以区分，同时，能够按照这种整体结构特征提出样本份额(不必完全知道基本整体的量)。调查人员事先得到整体结构特征配额，在这个配额内，可以由自己挑选询问对象(这一点非常重要)，并由调查人员填满所得份额。

配额法的优点是费用低、速度快、灵活性强，它的缺点是定性标志(态度、观点等)无法分配。此外，如果调查人员只找自己的熟人、朋友或容易找到的人来询问，会使调查结果产生很大的偏差。

配额抽样注意事项：选择“控制特征”，作为细分总体的标准；把总体细分为几个子总体，按比例分配各子总体的样本数；调查人员自由选择子总体中的样本个体，只要完成配额调查，即告完成，此方法调查方便，但会丧失精确度；抽样配额分配表，由调查员选定，不做任何修正。

☞案例

表 3-1　抽样配额分配表案例

收入＼年龄	34 岁以下（单位：%）	35 岁以下（单位：%）	合计（单位：%）
10000 元及以下	21	27	48
10001 元及以上	12	40	52
合计	33	67	100

（3）判断抽样（judgement sampling）。

在总体的个体极不相同且样本数很小时，根据抽样设计者的判断来选择样本个体，设计者必须掌握总体有关特征。如在编制物价指数时，有关产品项目选择及样本地区的决定，即采用判断抽样。

（4）雪球抽样（snowball sampling）。

利用随机方法或社会调查选出原始受访者，再根据原始受访者提供的信息去取得其他受访者的信息。本法用于总体很难寻找或十分稀少的情况，例如单亲家庭统计抽样。

（5）典型抽样（specific sampling）。

从基本整体的范围中选出与调查目的有特别关系的对象，把对他们的调查得出的结果作为对整体的调查结果（如：市郊典型的零售商店、典型的学生、典型的公职人员等）。这种抽样法的一个主要问题在于：什么叫典型？这种类型的特征一致化可靠吗？也就是说，在这种情况下要尽量排除抽样时的主观影响。

如果事先有一份有关对象的总体材料，或者如果基本整体可以解释为一个统一的整体，就可以轻易地构成“典型剖面”了，在此基础上，只用少量样本就能很好地代表被调查的整体。在这种情况下，使用这种抽样方法可以使调查的过程变得简单化。

（6）重点抽样（importance sampling）。

这种抽样方法只限于用在那些整体中的少量单位对调查目标具有特殊意义的调查中。即整体中的少量单位能提供被调查整体的主要信息，大多数调查对象作为无意义对象被排除掉了。

这种抽样法只适合用在一些重要又较窄的条件下：具体单元具有特别明确的重要性；相当少的单元就能清楚地说明调查所要求的目的；调查对象必须能精确地加

以划分，并且构成也不能太复杂。例如：工业产品的市场营销中，少数几个大企业就占了加工机械生产商的大多数订单。

这种抽样方法的优点是费用相当较低，而且调查结果出得也快。在整体调查特征明显不典型时，能保证抽到所有的重要单位作为样本。其缺点是由于一些较小的单位未能包括进去，所以，调查的结果存在着一定量的信息损失。同时，也无法包含调查中呈现的一些特殊的发展和趋势，结果会造成结论的偏差。除此之外，所得到的结果也已明显地带上了那些重要意义的对象的特征。

值得注意的是，在实践中往往需要几种方法组合起来运用。在不同的阶段，运用不同的抽样方法。例如：第一阶段：把一个国家分成多个省和地区；第二阶段：根据整群随机抽样法抽取城市或地区；第三阶段：用分层随机抽样法来抽取居住区；第四阶段：用预定方案随机抽样法抽取调查对象。

样本的抽取是否得当，对研究总体来说十分关键，掌握正确的抽样方法是十分重要的。抽样调查是根据数理统计理论建立起来的一种科学的统计调查方法，它虽然是非全面调查，但它的目的却在于取得反映总体情况的信息资料，因而，也可以起到全面调查的作用。抽样调查在人类活动的许多领域，特别是在社会经济领域中有着广泛的应用。

四、抽样设计的原则

1. 目的性原则

在进行抽样方案设计时，要以课题研究的总体方案和研究的目标为依据，以研究的问题为出发点，从最有利于研究资料的获取，以及最符合研究的目的等方面来考虑抽样方案和抽样方法的设计。

2. 可测性原则

抽样设计要能够从样本自身计算出有效的估计值或者抽样变动的近似值。在研究中，通常用标准误差来表示，这是统计推断必需的基础，是样本结果与未知的总体值之间客观、科学的桥梁。

3. 可行性原则

研究者所设计的抽样方案必须在实践上切实可行。它意味着研究者所设计的方案要能够预料实际抽样过程中可能出现的各种问题，并设计了处理这些问题的方案。从理论上讲，设计抽样方案和在实际中执行抽样方案是两码事，因此，可行性是抽样设计的一条重要标准。

4. 经济性原则

抽样方案的设计要与研究的支持资源相适应，这种资源主要包括研究的经费、时间和人力等。

这四条标准相互之间存在着一定的制约关系，甚至会相互冲突，因此，在实际设计中，常常存在这样的情况，即研究者很难设计出一个使上述四个原则同时达到最大值的抽样方案。在更多的情况下，实际的抽样设计就是研究者在这四条标准中进行取舍和保持平衡的过程。

第二节　抽样方案实施

一、抽样样本数量确定

1. 样本数量的决定因素

一般情况下，社会研究中样本规模的确定主要受到以下四个因素的影响：总体的规模、抽样的精确性程度、总体的异质性程度、研究者所拥有的经费和人力及时间。

(1)总体的规模。

样本规模与总体规模有关，一般情况下，总体越大时样本也要越大，这样才能保证一定的精确度。但是，当总体规模大到一定程度时，样本规模的增加与它并不保持同等的增长速度。在其他有关因素一定时，样本规模的增加速度大大低于总体规模的增加速度。换句话说，当总体规模达到一定程度时，样本规模的改变量是很小的。

(2)抽样的精确性程度。

影响样本规模确定的第二个因素，与推论的可靠性和精确性密切相关。在社会研究中，我们用置信度与置信区间两个概念来说明样本规模与抽样的可靠性及精确性之间的关系。置信度又称为置信水平，它指的是总体参数值落在样本统计值某一区间中的把握性程度。一般来说，在其他条件一定的情况下，置信度越高，即推论的把握性越大，则所要求的样本规模就越大。

上面所提的置信度的“某一区间”，叫做置信区间。它是指在一定的置信度下，样本值与总体值之间的误差范围，它所反映的是抽样的精确性程度。范围越大，精确性程度越低；范围越小，精确性程度越高。在其他条件一定的情况下，置信区间越小，即样本值与总体值之间的误差范围越小，则所要求的样本规模就越大。

(3)总体的异质性程度。

总体的异质性程度对所需样本规模的影响也十分明显。总体中成员相互之间不存在差别时，只要了解其中之一就行了，这当然是极端的情况。一般来说，要达到同样的精确性，在对同质程度高的总体进行抽样时，所需要的样本规模就可以小一些；而在对异质程度高的总体进行抽样时，所需要的样本规模就大一些。同质性越高，表明总体在各种变量上的分布越集中，波动性越小，同样规模的样本对总体的反映就越精确；而异质性程度越高，表明总体在各种变量上的分布就越分散，波动性越大，同样规模的样本对总体的反映就会越差。

(4)研究者所拥有的经费、人力和时间。

研究者所拥有的经费、人力和时间，对样本规模的大小也会产生影响。从样本的代表性、抽样的精确性考虑，样本规模当然是越大越好，但抽样所得到的样本是要用来进行调查的，样本规模越大，意味着所需要投入的人力、物力和时间会越多，可能受到的限制和障碍也就越多。因此，选择多大规模的样本要考虑的一个很重要的因素，就是研究者所拥有的经费、人力和时间。

2. 定性调查的样本量

定性调查聚焦某类细分用户群体，定性访谈的样本量是5~8人。当然，做定性研究时，找到最有代表性的用户是最重要的，数量是其次。在研究前，需要对目标用户的核心属性进行界定。常见的定性研究方法有：

(1)可用性测试。根据AC尼尔森①关于可用性测试的经典理论，6~8人便可以找到产品80%以上的可用性问题。从投入产出比来讲，6~8人对于探究产品存在的可用性问题非常廉价，也是可靠的。

(2)启发式评估。从尼尔森的启发式评估方法的研究结论看，6人就可以发现70%以上的问题。

(3)眼动研究。眼动研究属于用户视觉认知行为的研究，既可以定性研究，也可以定量研究。对于定性而言，10个样本是一个经验样本量；对于定量而言，30个样本是一个基础，也是眼动研究中一个常用样本量。

3. 定量调查的样本量

在定量调研，尤其是在线问卷调研时，如何确定回收数量？理论值：总体足够大时，1000+足够。注意如下设计条件：

(1)网络问卷往往无法进行分层抽样，只能依靠随机投放的方式，建议问卷量多一些。

(2)由于回收渠道及投放方式的问题，可能导致收集的用户样本存在偏向，因此，回收数据最好根据后台数据做配比，即同质用户1000+最好。如：CNNIC调查根据总体网民分布做配比，一般做基础研究可以参考。

调查范围总量与样本量配比：总体较大的产品，需要的有效问卷量更大。如QQ这种体量(6亿用户)的产品调研，需要上万份的样本量。

---

① AC尼尔森是全球著名的市场调研公司，荷兰VNU集团属下公司，1923年由现代市场研究行业的奠基人之一阿瑟·查尔斯·尼尔森创立，总部位于美国纽约。AC尼尔森根据客户的具体需求来定制调查方案。对于一般性的调查需求，AC尼尔森拥有一套在全球范围内得到认可的专有调查产品和方法，为客户提供有力的可比性标准化数据。在全球超过100个国家提供市场动态、消费者行为、传统和新兴媒体监测及分析。客户依靠AC尼尔森的市场研究、专有产品、分析工具及专业服务，了解竞争环境，发掘新的机遇和提升其市场及销售行动的成效和利润。

其他数量如何理解？100、300、1000 原则。100 份并不代表一定不能做统计，百分比可能不是非常准确，但相对的大小关系是准确的；而 300 份是比较靠谱(中庸)的一个样本量，往往在资源受限的条件下会选择 300；当调研渠道和资源非常优越时，1000 份是一个比较好的样本量，其结果与真实情况的误差非常小。

4. 抽样成本合理化

最佳抽样数量，应是样本数足以产生准确的资料，又不超过调查预算，如图 3-4 所示：

抽样调查之信息价值 > 抽样调查成本

图 3-4 抽样调查的成本与价值

确定样本规模也是每一项具体的社会研究所必须解决的问题之一。统计学中通常以 30 为界，把样本分为大样本(30 个个案及以上)和小样本(30 个个案以下)。之所以这样区分，是因为当样本规模大于 30 时，其平均值的分布将接近于正态分布。在这种情况下，许多统计学的公式就可以运用，也可以用样本的资料对总体进行推论。但是需要注意的是，30 个个案的样本对于社会研究来说却常常是不够的，统计学中的大样本与社会研究中的大样本并不是一回事。根据一些社会研究专家的看法，社会研究中的样本规模不能少于 100 个个案。

在 95%的置信度条件下($t=1.96$)，计算出不同抽样误差所对应的最小样本量规模，见表 3-2(为计算简便，取 $t=2$)：

表 3-2 95%置信水平下不同抽样误差所要求的样本规模

容许的抽样误差(%)	样本规模 n	容许的抽样误差(%)	样本规模 n
1.0	10000	5.5	330
1.5	4500	6.0	277
2.0	2500	6.5	237
2.5	1600	7.0	204
3.0	1100	7.5	178
3.5	816	8.0	156
4.0	625	8.5	138
4.5	494	9.0	123
5.0	400	9.5	110

二、抽样样本使用方式

抽样调查依样本使用方式可分为：

1. 重复调查(repeated survey)

重复调查指每次调查均重新抽样，使用新样本(fresh survey)进行同样的调查，这是最常用的方法之一。

2. 同样本调查(panel survey)

同样本调查利用同一样本作长期的观念调查，以集中力量于样本变化研究，又称追踪调查(logitudiual survey)。研究消费者品牌忠诚度或消费者购买行为时，多使用此方式。

3. 轮换样本调查(rotating pauel survey)

轮换样本调查每次换取部分样本，以代表总体变化。这种方式既可以维持部分样本的连续性和稳定性，又可以降低成本。

4. 分裂调查(split pauel survery)

分裂调查的一部分样本每次均采用新样本(重复调查)，另一部分均采用相同样本(同样本调查)。

三、抽样调查的程序

进行抽样调查的步骤如下：

1. 界定总体

就是在具体抽样前，首先对从中抽取样本的总体范围与界限作出明确界定。一方面，这是由抽样的目的所决定的，抽样虽然只对总体中的一部分个体实施，但其目的却是为了描述和认识总体的状况与特征，是为了发现总体中存在的规律性，因此，必须事先明确总体的范围。另一方面，界定总体也是达到良好的抽样效果的前提条件。如果不清楚明确地界定总体的范围与界限，那么，即使采用严格的抽样方法，也可能抽出总体缺乏代表性的样本。

在界定总体时，要注意以下要点：调查时，必须保持一贯性。如果针对家庭的事实进行调查，不要混杂个人意见。总体有何特征必须掌握，否则容易丧失其代表性。

2. 制作抽样框

这一步骤的任务就是依据已经明确界定的总体范围，收集总体中全部抽样单位的名单，通过对名单进行统一编号，建立起供抽样使用的抽样框。需要注意的是，当抽样是分几个阶段、在几个不同的抽样层次上进行时，则要分别建立起几个不同的抽样框。

3. 选择抽样方法

实际抽取样本的工作就是在上述几个步骤的基础上，严格按照所选定的抽样方法，从抽样框中抽取一个个抽样单位，构成样本。依据抽样方法的不同以及抽样框是否可以事先得到等因素，在实际工作时，可能先抽好样本，再直接对预先抽好的对象进行调查或研究；也可能一边抽取样本，一边开始调查或研究。

决定采用何种抽样方法需要考虑的因素：抽样调查可用资源极为有限，以非随机抽样为主；要获得不偏估计值，必须采用随机抽样，否则，可考虑非随机抽样；必须以客观方法评估抽样设计的精密度，应采用随机抽样，否则，就考虑非随机抽样；如果预期抽样误差是研究误差的主要来源，采用随机抽样，如果预期非抽样误差是研究误差的主要来源，则可考虑采用非随机抽样。

4. 评估样本

一般情况下，样本的抽出并不是抽样过程的结束。完整的抽样过程，还应包括对样本进行的评估工作。所谓样本评估，就是对样本的质量、代表性、偏差等进行初步检验和衡量，其目的是防止由于样本的偏差过大而导致失误。

评估样本的基本方法是：将可得到的反映总体中某些重要特征及其分布的资料与样本中的同类指标的资料进行对比。若二者之间的差别很小，则可认为样本的质量较高，代表性较大；反之，若二者之间的差别十分明显，那么，样本的质量和代表性就一定不会很高。

四、误差避免

1. 误差与精度

抽样调查中有两类误差，一类是由于调查中获得的原始数据不正确，抽样框有缺陷，或在调查中由于种种原因无法得到所需的全部样本数据等产生的误差，称为非抽样误差；另一类误差是由抽样引起的，即用样本估计总体所产生的误差，称为抽样误差。

(1)抽样误差。

抽样误差通常用估计量的均方误差、标准差(或方差)来表示。抽样误差越小，调查的精度就越高。精度的另一种表示方法，是给出总体目标量的置信区间，即以一定的置信度(也用概率表示，例如95%)表示总体目标量落在一定的范围内。在相同的置信度下，置信区间长度越短，精度就越高。通常来说，随机抽样的误差是可以计算的，误差的范围也是可以控制的，抽样调查速度比较快，周期相对来说比较短，精度比较高。抽样的第一个作用就是能够解决在全面调查中没有办法解决的问题，比如，产品质量的破坏性的检验，汽车相关耐碰撞的能力等。

抽样误差主要取决于总体的分布方差和抽样规模，这两个因素都可以导致抽样误差的增加或降低。当样本规模增加时，样本统计量的随机波动程度就会降低，使抽样误差也降低。在简单随机抽样中，可以通过扩大样本规模的方式来达到降低抽样误差的目的；而分层抽样则着眼于缩小总体的异质性程度或分布的方差，即将总体划分为不同的类别或层次，既使得这些不同类别或层次在样本中都有代表，又使得抽样误差中不存在层间变差成分，而只存在层内变差成分，其效果相当于降低了总体分布的方差，从而降低了样本统计量的随机波动程度，提高了用样本统计量估计总体参数的精确度。

有关抽样规模与抽样误差之间的关系，还应该注意两点：对于比较小的样本来说，样本规模上的很小的一点增加，便会带来精确性方面很明显的增加；而对于比较大的样本来说，同样增加多个个案却收效甚微。

(2)非抽样误差。

在实际进行抽样调查时，常会产生非随机因素以外的其他因素所造成的误差，影响抽样结果的精准性，称为非抽样误差。此种误差只有通过细心设计抽样过程并正确认真执行抽样方案，方可减到最低。

造成非抽样误差的原因：①未能回收问卷或填答项目不完整，遗漏数据。②测量不准：由测量方法及测量工具不良所致。其主要原因如下：设计错误：对问题的了解不够深入，导致观念及推理逻辑偏离主题，整个抽样设计错误，所测量对象并非总体真正参数；问题偏激或隐匿事实，易造成受访者不安或压力，不愿给予正面答案；更换样本：抽样访问对象与原来计划不同；调查人员的错误，误解问题或加入自己意见；方法影响答案，即调查者本身影响被调查者的状况。③数据处理错误：如程序设计错误，资料输入错误。

为弥补非抽样误差所带来的问题，通常采用如下方法：为弥补遗漏数据，采用“加权调整法”加以补偿，至于问卷没有回收、问项答不完整，可采用“设算法”弥补；利用手提微电脑进行实地访问，计算机辅助电话访问(computer-assisted telephone interviewing，CATI)；统计分析利用计算机处理抽样调查的结果，经由计算机通信网络直接传送给使用者。

2. 网络调查中的偏差

(1)偏差的来源。

进行网络调查，需要将一系列独立并行的或顺序排列的工作，包括准备、实施、后期处理(数据处理和背景说明等)等编成工作程序。整个工作过程的大部分环节将由人来完成，由于主观的评价总是不可能完全正确，或多或少会出现偏差，因而会造成结果的偏差。因此，要求调查绝对客观、百分之百的准确，是可望而不可即的。在调查中出现的偏差，大致可分为两种类型：随机偏差和系统偏差。随机偏差通常是可以预计的，而且可以用概率进行评价，而系统偏差一般是无法估计其偏差来源的。

(2)随机偏差。

通过抽样调查所获得的结果，应与整体相应的数值有联系，但通过估算得到的值，永远不会跟全面调查的实际结果完全一致。当然，从整体抽取的样本越多，随机偏差也就越小，但这样就会引起成本的上升。因此，必须在调查成本和随机偏差的范围之间进行权衡。

(3)系统偏差。

与随机偏差相反，系统偏差无严格的数学规律。尽管有可能根据各个系统偏差的情况逐个找到相应的偏差点，并能精确相加，在效果上也有可能会相互抵消，然而，它们更可能相互叠加甚至产生乘积效应，以致根本不可能用概率理论进行说明。

在网络调查中，各个阶段都可能出现系统偏差，而且它们产生的原因不同，表现形式也不一样。例如：设计阶段：有可能定错问题的对象，或对基本定义不明确；计划阶段：抽样方法不对，提出问题的方法不对(如询问表)；实施阶段：数据处理或解释时产生错误，如计数不对，计算不对，由于实施人员的缘故，使询问对象受到影响；控制阶段：预计值错误，如进行经济性控制时，忽略了重要的成本项目(如人员培训)，对询问对象的书面答复检验不当。

由于系统偏差的出现形式和产生原因多种多样，这种类型的偏差无法预计，而只能大致估计。所以，在进行调查的各个阶段，只能依靠工作人员认真细致的工作，才能将误差降到最低程度。

第四章　网络问卷调查

从20世纪90年代开始，电子商务快速发展。随着网络技术开发和用户数量增加，网上调查手段也越来越被人们看好。但是，在很大一部分人缺乏网络知识或上网条件的情况下，互联网问卷调查手段的使用仍然有较大的局限性。除了计算机产品营销商和网络商务公司(只在互联网上做生意的公司)，其他行业的互联网问卷调查还是离不开传统问卷调查方式的帮助。随着互联网知识的普及和用户的快速增加，再加上带宽增加和媒体一体化的趋势，网上问卷调查手段将发挥巨大的作用。

第一节　网络问卷调查概述

一、问卷调查的概念

问卷调查就是通过问卷的方式，围绕调查目标，按照预先设计好的、按一定顺序排列的问题展开调查，为政府、企业或委托机构及学术研究提供有价值的、真实的数据，并以此为基础，进行理论分析与研究，为决策提供支持，为研究提供依据。

调查问卷又称调查表或询问表，是以问题的形式，系统记载调查内容的一种形式。问卷可以是表格式、卡片式或簿记式。设计问卷是询问调查的关键。完美的问卷必须具备两个功能，即能将问题传达给被调查的人和使被调查者乐于回答。要完成这两个功能，问卷设计时应当遵循一定的原则和程序，运用一定的技巧。同时，还要有一定的创新性。

在实际动手设计问卷之前，应该牢记下面的几条基本原则。这些原则虽然并不直接涉及问卷设计的具体方法和技术，但在某种意义上，其重要性并不亚于具体方法的介绍。

(1)要明确问卷设计的出发点。

问卷作为调查者用来收集资料的工具，设计时自然要考虑调查者的需要。即问卷设计要紧紧围绕所研究的问题和所要测量的变量来进行，既不漏掉必需的资料，也不包含无关的资料。但是，如果只从研究者的需要来考虑，而不考虑到被调查者的实际情况，那么，所设计的问卷往往会存在一些不妥的地方。设计问卷时，不能只把注意力放在编制什么问题上，还要注意问卷调查过程中人的因素。要多为回答者着想，多从回答者的角度考虑，尽量为他们填答问卷提供方便，减少困难和麻烦。

(2)明确阻碍问卷调查的各种因素。

由于问卷调查需要被调查者的密切合作，因此在设计问卷时，必须对问卷调查过程中可能出现的阻碍因素有清楚的认识。阻碍被调查者合作的因素主要有两个方面。主观上的障碍：由于被调查者心理上和思想上对问卷产生的各种不良反应所形成的障碍；客观上的障碍：由于被调查者自身的能力、条件等方面的限制所形成的障碍。

(3)明确与问卷设计紧密相关的各种因素。

一份问卷的设计工作远远不只是列出一组问题，它还涉及许多在问卷上看不到的因素，并受这些因素的影响和制约，这些因素包括调查的目的、调查的内容、样本的性质等。

调查的目的。对于任何一项问卷设计工作来说，调查的目的就是其灵魂，因为它决定着问卷的内容和形式。

调查的内容。调查的内容也是影响问卷设计工作的一个主要因素。对于那些回答者比较熟悉的调查内容，容易引起回答者参与兴趣的调查内容，不会对被调查者产生心理压力的调查内容来说，问卷设计的工作就相对容易一些。

样本的性质。样本的性质即样本的构成情况，它对问卷设计工作同样有着较大的影响。构成调查样本的调查者是些什么样的人，他们的职业、文化程度、性别、年龄的分布状况如何，相互之间差异大小等，都是设计者应该有所了解的。

二、网络问卷调查的优点

与传统调查方式相比，网络调查在组织实施、信息采集、信息处理、调查效果等方面具有明显的优势，这些优势正是网络调查方式产生、运用和发展的内在原因。网络问卷调查的优点主要表现在以下几个方面：

1. 更高的应答率

互联网问卷调查是以方便调查对象的应答行为而设计的。调查表明，用键盘和鼠标回答问题比手工填写印刷问卷表更容易被调查对象接受，因此，往往会有更高的应答率。互联网问卷调查的匿名性，在一些敏感或隐私问题上的保密性特点，要比电话和人员访问调查形式有更高的应答率，回答的问题更多。

2. 更高的准确性

据国外某些研究人员对网络调查应答结果分析发现，无论通过电子邮件，还是在网页上进行问卷调查，网络调查应答的准确率较传统问卷方法都有明显提高，而应答错误、访问偏差、信息处理失误和样本分发问题等都有所减少。

3. 更多的乐趣

在网络上回答问题的方式更能引发参加者的兴趣，可能是因为网络调查使受访者有一种新鲜感，同时，在任何时候都方便回答问题，从而引起受访者的好感。

4. 更多的美感

网上问卷调查可设计成文字、动画、声音和影像等综合形式，以刺激受访者的感觉器官。一个成功的调查表设计，能使受访者在答题的同时得到情感上的满足，尤其是对需要视觉和声音辅助的产品进行调查时，这种方式尤其有效。

5. 更低廉的费用

使用互联网调查的好处更体现在费用上。相对于传统纸张调查表设计、印刷、发放、回收、整理等工作，网络调查在人力、物力上成本更低。另外，对调查结果的处理也可以直接在计算机上，借助专业的工具完成，省略了调查数据的录入、打印等工作。互联网问卷调查的样本量越多，平均调查成本越低。

6. 更快的回收速度

网上直接调查和电子邮件调查在回收时间上占有明显优势。传统的调查表的收发需要通过邮局邮寄或专人传递等方式，往往需要几天甚至几周才能到达调查者的手中。不仅如此，一项研究表明，电子邮件的累积回收率呈上升趋势，据统计，超过一半的电子邮件在两天内就能得到回复。

网络调查可以直接把接收到的数据下载到数据库或分析软件，这样，调查结果的平均传送时间还不到普通邮件调查方式的五分之一，这对于需要及时提供信息以辅助决策者做出快速反应尤为重要。另外，由于可以直接下载和并进行数据处理，调查者和决策者能够利用互联网在第一时间内获得最新的调查结果。

三、网络问卷调查的不足

网络问卷调查也存在一些不足之处：

1. 自荐偏差

网络问卷调查的主要缺点是自荐偏差。由于网络调查很难对样本进行验证，仅仅从愿意回答问题的网民中抽样，很容易产生调查信息偏差。如果为了提高应答率而给予一定的物质刺激，通常作答的还是那些自愿受访者，其结果仍然可能存在偏差。

2. 互联网普及程度

尽管全球互联网发展迅速，但在发展中国家网络普及和利用率仍然偏低。在中国，发达地区的网络普及率虽然得到快速发展，但是，经常上网的群体主要还是青少年。如果网上调查对象的范围过于狭窄，其调查结果的代表性就会下降。另外，就目前我国网络利用现状而言，大面积开展网上调查还存在一定困难。但是，随着国民网络知识的普及和使用率的提高，利用网络开展调查的网站和企业会越来越多，网络调查将会成为获得市场信息的主要途径。

3. 受访者的匿名性

网上调查的匿名性虽然有助于提高问卷调查的应答率，但是，由于缺乏对调查对象信息的了解，从调查者获得的信息的可靠性和准确性就有可能会下降。其次，需要对特定人群进行调查时，受访者的匿名性会影响数据的有效性。

4. 多文化因素的影响

互联网具有全球性特点，在网上进行问卷调查会受到受访者的文化背景、消费习惯、语言等各种因素的影响。就一个国家而言，地域差异、经济发展不均衡、消费水平不同等因素，也会影响调查结果。因此，大范围网络调查的问卷设计和实施会遇到更多困难。

5. 个人信息的保护措施

造成网络问卷调查应答率下降的一个重要原因，是许多人在网上不愿透露个人真实信息，害怕个人资料会被滥用。目前的商业活动中，的确有许多不负责任的企业、机构和公司将客户的资料随意泄露或卖给其他公司，导致用户收到大量的垃圾邮件，引起他们的反感。因此，调查者应向被调查者保证，他们的资料决不会被滥用，否则调查者将承担法律责任。

6. 应答的虚假性和重复性

网上问卷调查的匿名性特点，导致不能保证受访者所提供的信息都是真实的。在网上进行的调查或评选活动中，曾多次发生弄虚作假的事件。其中，有恶意歪曲事实的，也有重复投票的，使调查结果失去了应有的可信性。许多互联网问卷调查无法限制受访者的答题次数，如果同一个人重复填写问卷，所获得的信息就会失真。例如，一家电脑杂志决定在网上进行读者意向调查，由于有重复投票现象，导致调查结果无法反映客观事实，使调研工作不能继续顺利实施。

第二节 网络问卷调查方法

互联网作为一种快捷、高效的信息媒介，正在世界范围内被广泛利用和普及。无论是政府、机构、企事业单位还是个人，都已经深刻意识到互联网在搜集、发布各类信息方面的价值和巨大潜力。随着互联网技术的发展和理念的更新，网络功能得到最大限度的开发和利用。很多门户网站不仅具有发布信息的功能，其极强的交互性使网站经营者和管理者也能从用户那里得到各种有价值的信息，成为搜集市场信息的重要工具。

互联网问卷调查是指利用网络的传输和交互功能，进行问卷调查表的发送、填写、回收和处理，以搜集调查对象信息为目的的方法。互联网问卷调查主要有三种形式：电子邮件、在线实时调查和网络问卷调查。

一、电子邮件调查

电子邮件调查法是指调查者以电子信件的形式，通过互联网络，把调查问卷发送到被调查者的电子信箱内，经接收、填写、回传等过程，完成调查工作的方法。电子邮件调查是根据目标对象的情况，通过互联网的通信节点，运行相应的软件，采用“群发”功能，把调查问卷传递给调查对象，使计算机服务器充当“邮局”的角色。

采用电子邮件发送问卷调查的方法，需要拥有一定数量的客户电子邮件地址资源。有些企业在做销售时，通过填写保修卡或服务联系卡，与某些网站联手，或者有偿获得某些网站提供的地址资源即可进行调查。有一些企业利用网站为客户提供邮件地址服务。

邮件营销是指在用户事先许可的前提下，通过电子邮件的方式向目标用户传递有价值信息的一种网络营销手段。邮件营销有三个基本要素：基于用户许可、通过电子邮件传递信息、信息对用户是有价值的。三个要素缺少一个，都不能称为有效的邮件营销。

电子邮件问卷调查分为指定对象调查和随机调查两种。指定对象调查一般是对企业、公司客户或关联者的调查。其优点是回收率、结果的可靠性和有效性等相对较高；缺点是调查涉及范围较小、数量少。随机调查是对网络用户的“散发”性调查。优点是对了解市场信息、扩大调查范围有一定价值；缺点是由于对被调查者情况不了解，处理不当可能会引起被调查者的反感，导致其不愿应答或者随意填写，造成调查信息的失真。

二、在线实时调查

在线实时调查是指利用网络交互功能，在网页上发布调查问卷，并实时处理和公布结果，为调查者和访问者即时提供信息的方法。其特点是应答终端必须与互联网保持链接状态，离线应答则无效。在线调查主要有在线讨论组(BBS)、问卷调查窗等。有些网站利用用户浏览网页的时间，在页面上附加调查问卷或弹出问卷窗，让有兴趣的访问者应答，这种在线实时调查方式可采集到更随机、更广泛的市场信息。

企业经常会对现有顾客、潜在顾客和其他访问者进行在线问卷调查。顾客自己选择产品后，登录该公司网站即可获得各种服务，包括产品信息、问题解答等，很多企业借此吸引客户经常参与企业的网上活动。登录企业的网站，还可以参与有关企业产品和企业服务的小型论坛，并可以在论坛中发表自己的个人见解。用户信息的及时反馈，也为企业在制订和调整营销策略时提供依据。

在线问卷调查设计一般短小快捷，不会花费访问者很多时间，受访者用鼠标点击相应选项后，点击“提交”就可以完成答卷。如果想了解参与这个调查的投票情况，点击“查看”即可。这种方法所采集的数据通常比较随机，对快速反馈市场信息非常有效。

三、网上问卷调查

网上问卷调查是指利用互联网的传输和交互功能，在网页上发布调查问卷，吸引访问者填写然后回传，完成网上调查工作的方法。相对于在线调查，网上问卷调查表设计可以更复杂，问题量可以更多。网上问卷调查的特点：离线完成再上线发送，快速、简便、成本低、对象面广。企业即使没有用户的电子邮件地址，同样可以完成问卷调查工作。

1. 利用企业自有的网站进行调查

现代互联网技术的发展，使得网站不仅成为发布信息的媒介，也是搜集信息的工具。现在，许多企业都拥有自己的企业网站，并在销售的商品上或使用说明书中标注企业网址，使用户能通过网络了解企业的更多产品信息和各种服务。

如果企业已拥有较高的点击率和固定的访问者，就可以利用自己的网站开展各种目的的网上调查。要保证有更多用户参加网上调查，首先，要把自己的网站办得有特色，提供给用户更多的信息和服务，举办各种信息发布会和网上调查，不断提高网站的点击率；其次，利用其他门户和搜索网站，建立相关链接，让更多的网络用户有机会进入本企业网站，扩大企业的知名度。

2. 借用他人网站展开调查

如果企业自己的网站尚未建立或本企业网站的访问量不大，可利用其他知名度高、点击率高的网站进行调查。为了取得较好的调查结果，可选择信息咨询机构的专业网站、访问率高的综合网站，或者专业的网上销售网站等。另外，也可以委托专业的调查网站完成企业的网上调查工作。

第三节　网络问卷调查设计

一、网络问卷调查设计的规范

由于互联网的开放性，所以，利用互联网进行网上调查必须遵循某些规范。制定规范不仅仅是遵纪守法的概念，更主要的是如何使网络问卷调查能够得到参加调查的受访者的认可，提高应答率，获得更多信息，提高调查的有效性。网上问卷调查设计要遵守以下规范：

(1) 说明调查问卷表的问题和备选答案的选择方法。

(2) 说明信息收集的目的。

(3)说明采取何种方法保护个人隐私。

(4)说明提供或不提供信息的结果。

(5)说明滥用个人资料时用户享有的索赔权利等。

二、网络问卷调查设计的要点

网络问卷调查的开放性特点，使调查者对受访者的行为难以制约。为保证调查的效果，在制订网络问卷调查策略和计划时，要对调查主题、对象性质、范围、信息的重要程度等进行全面、细致的考虑。

1. 调查主题

如果企业选用互联网搜取市场信息，则其调查主题和内容应该与传统问卷调查有所区别。对于生产企业，其调查的主题更多的是关于产品的信息，如产品性能、效果、功能等问题的调查，以便改进和开发新产品。选择热点问题和公众感兴趣的主题，更能引起受访者的注意，有更高的应答率。

2. 问卷调查的说明

在电子邮件问卷表或网页上的调查问卷表中，要附加一个经过精心设计的说明。说明中，应包含主办者或调查者的身份、问卷调查的目的、有何奖励措施等。同时，还要包含填写调查问卷表的方法、对受访者个人信息的保护措施以及其他相关信息。

3. 调查样本

网络问卷调查不同于传统的问卷调查，回访者的数量、范围和代表性具有不可控性，而调查样本是影响调查结果有效性的关键因素。因此，要根据调查目的和信息可靠程度，确定样本的抽样方式。

随机样本法是对参与网络问卷调查的回访者特征不加限定的方法，多用于市场一般信息或客户基本特征的调查。过滤样本法是指通过样本特征限制，获得样本典型性信息的方法，例如，产品购买者的性别、收入、地理区域位置等特定信息的获取。过滤样本法也可以对通过随机样本法所获取的信息筛选、加工后获得。

三、调查问卷的人性化设计

1. 关心受访者的健康

长时间使用计算机，会使眼睛产生疲劳，影响受访者的情绪。因此，在设计调查问卷页面时，要尽量采用柔和的浅色调，不使用过于明亮的背景。

2. 调查问卷要短小简练

网络调查问卷的设计应尽可能简短、易答，以提高应答率。简练的问卷设计，既能缩短受访者的答题时间，又不会使他们感到厌倦。如果问卷内容较多，也可以把内容合理分割成若干个小表。

3. 页面设计丰富多彩

调查问卷页面设计中，栏目布局、文字大小和颜色搭配等因素，对吸引受访者的注意力和兴趣都非常重要。页面布局要疏密有致，语言使用规范且通俗易懂，重要调查栏目还可以选用其他颜色，以引起受访者的注意。

另外，要考虑客户或受访者的计算机及网络运用能力，回答问题方式简单；还要注意文件的传输速度等因素，以免打开或下载等待时间过长。

四、个人隐私保护

在网络问卷调查的过程中，问卷中个人隐私相关问题的设计和调查对象资料的保密措施相当重要。据相关网站调查，约有72%的互联网用户关心自己“个人信息”的保密问题。因此，保护被调查者的隐私，尤其是对受访者回答敏感问题的保密承诺，是受访者对网站信任程度的必备条件。访问者对网站的信任度可影响问卷调查的应答率和准确率。

五、有奖调查与无奖调查

可以采用有奖调查提高应答率，这是调查者或调查机构惯用的手法。奖励有大有小，调查者利用了受访者渴望获奖的心理，以提高调查的应答率和扩大调查范围。有奖调查包括现金、赠品和免费使用等形式。一些企业为了了解客户信息，扩大知名度，经常在网上开展有奖调查，其目的就是利用现金和赠品策略引起客户兴趣，达到调查的预期效果。要注意，在有些国家，现金和赠品方式的有奖调查可能是违法的。

与有奖调查相比，无奖调查更需要受访者具有“奉献”精神。无奖调查有时也会有较高的应答率。例如，某网站进行人口调查，直到第8次才提供现金奖励，从结果看，现金刺激并没有使参与人数急剧增加，说明无奖调查方式也被大多数受访者所接受。另外有一种无奖调查，是给受访者提供一定服务作为补偿，完成问卷调查后，受访者可以从调查者或调查机构得到某些信息，这也是另一种形式的奖励。

六、调查时限的确定

互联网的传输速度非常快，调查问卷表的发放与回收快捷便利，但是，如果某些受访者不是每天上网，或没有及时检查电子邮箱，或因其他原因延迟答卷，调查问卷表常常被搁置几天，甚至几周才被收回。因此，网络问卷调查应设置一定的时间限制，必须在限定日期前递交才有效。时间制度可以有效提高调查者的工作效率。

第四节 网络调查问卷设计

利用互联网的技术优势，通过网络问卷调查掌握市场信息和动态，为产品生产、销售提供依据是企业生存和发展必不可少的重要环节。下面介绍利用专业调查网站设计网络调查问卷的方法和步骤。

一、网络问卷调查的准备

1. 明确调查目的

不管是机构、企业还是个人，利用网络开展问卷调查，都是以获得有价值的信息为目的的。因此，调查前对整个调查目的和内容应有充分考虑。例如，针对全民健身活动所进行的调查，就要关注体育消费存在哪些特征，需要了解哪些信息，使调查者在计划制订、调查问卷表设计等方面都能有的放矢、突出重点，这样调查结果才更符合调查者的需要。在网络问卷调查表的说明部分，调查者要把调查目的告诉受访者，以得到受访者的理解和支持，获得更高的问卷应答率。

2. 制订调查计划

为获得有价值的信息，调查者必须制订一份详细、周密的网络问卷调查计划。网络问卷调查不同于传统的问卷调查，其应答的有效性、可靠性和应答率等往往会受到多种因素的影响。例如，确定调查对象的性质、规模、采用的调查方式、网络调查的可行性等。在调查方式选择上，可采用电子邮件和网络在线调查，根据调查者的现有条件和需要来选择。从目前使用情况看，网络在线调查比电子邮件更能被青年人所接受。

二、网络调查问卷的设计

调查问卷表应该包括说明部分、主体部分和功能键等。说明部分要向调查对象介绍本次调查的目的、重要性及填写调查问卷表的方法。主体部分是调查者向受访者提供的问题和备选答案。由于主体部分的设计关系到网络调查的成败，所以，在问题设计、文字使用、备选答案设计等方面都需要仔细推敲和研究。功能键的作用主要是帮助受访者在填写过程中或结束后对调查问卷表进行相关处置，如重新填写、递交、查看结果等。

1. 网络调查问卷设计的基本原则

成功的网络调查问卷设计应具备两个特征：调查问题被受访者理解和接受并取得受访者的合作，受访者按规定真实、准确、完整地填写和回复。在实际调查过程中，被调查者态度的差异，调查人员专业知识和技术水平不同，也会影响调查结果。因此，调查问卷设计应遵循一定的原则。

(1)目的性原则。

网络问卷调查的目的要明确，并在调查表中向受访者作简要说明，调查表的内容要与主题密切相关，突出调查重点。例如，对某些知名品牌的运动服装销售情况进行调查，其目的主要是了解用户的品牌意识、价格、款式以及购买者的性质、用途、产品质量等信息，以此为企业提供市场信息，调整生产和营销策略。

(2)可接受性原则。

网络问卷调查的制约性较差，问卷设计要让能被调查者接受。无论在西方还是在东方国家，涉及个人隐私的相关问题时，如个人收入、家庭生活中的敏感问题等，访问者一般不愿意或拒绝回答，导致应答率下降。因此，隐私问题应尽量不出现在调查内容中，以免引起受访者的反感。如果隐私问题是调查重点，在设计问题和文字表达的时候要反复斟酌，使大部分受访者都能接受。

(3)简明性原则。

调查内容要尽量做到简明扼要，使受访者易读、易懂，回复方式也要简短省时。调查问卷备选答案设计不宜太复杂，2~4 个左右，层次要分明，易于区别和选择。对特殊问题要有相应的注解说明，以免影响调查结果的有效性。

(4)匹配性原则。

为了使网络调查所获得的信息方便检查，便于进行数据处理、统计和分析，网络调查表的设计要规范和完整。根据调查的重要性，调查问卷表可设计成必答问题和选答问题两类，在必答题的题号前加星号，没有完成必答题的调查问卷，在提交前给予提示，要求完成后再提交，以保证问卷调查结果的完整性和有效性①。

2. 网络调查问卷设计的注意事项

(1)先易后难，先简后繁，被调查者熟悉的问题在前。问卷刚开始的几个问题的设置必须谨慎，措辞要亲切、真诚，最先几个问题要比较容易回答，不要使对方难以启齿，给接下来的访问造成困难。

(2)提出的问题要具体，避免提一般性的问题。一般性的问题对实际调查研究工作并无指导意义，例如："你认为饭堂的饭菜供应怎么样?"这样的问题就很不具体，很难达到了解被访者对饭堂饭菜供应状况总体印象的预期调查效果，应把这一类问题细化为具体询问对产品的价格、外观、卫生、服务质量等方面的印象。

(3)一个问题只能有一个问题点。一个问题如有若干问题点，不仅会使受访者难以作答，其结果的统计也会很不方便。在调查问卷中要特别注意"和""与""、"等连接性词语及符号的使用。例如："你为何不在学校饭堂吃饭而选择在校外吃饭?"这个问题包含了"你为何不在学校饭堂吃饭?""你为何选择在校外吃饭?"和

① 阿琳·芬克. 调查研究实操指导：细节与示例[M]. 齐心，译. 重庆：重庆大学出版社，2016：47-52.

“什么原因使你改在校外吃饭?”等多个问题点。防止出现这类问题的最好方法就是分离语句，使得一个语句只问一个要点。

(4)要避免带有倾向性或暗示性的问题。例如：“你是否和大多数人一样认为某饭堂的菜口味最好?”这一问题带有明显的暗示性和引导性。“大多数人认为”这种暗示结论的提问会带来两种后果：一是受访者会不假思索地同意引导问题中暗示的结论或者使受访者产生反感。既然大多数人都这样认为，那调查还有什么意义?此时，受访者往往会拒答或是给予相反的答案。所以，在问句中要避免使用类似的语句，如“普遍认为”“权威机构或人士认为”等。二是在引导性提问下，受访者对于敏感性问题(在引导性提问下)通常不敢表达自己真实的想法。因此，这种提问是调查的大忌。

(5)先一般问题，后敏感性问题；先泛指问题，后特定问题；先封闭式问题，后开放式问题。

(6)要考虑问题的相关性。同样性质的问题应该集中在一起，以利于受访者统一思考；否则，容易引起思考的混乱。同时，还要注意问题之间内在的逻辑性和分析性。

(7)提问中使用的概念要明确，要避免使用有多种解释而没有明确界定的概念，问卷中不应有蓄意考倒受访者的问题。

(8)避免提出断定性的问题。例如：“你一天用在自习上面的时间有多少?”这个问题的潜在意思就是“你一定自习”，而对于不是每天都自习的人来说，这个问题就难以回答。因此，在这个问题之前可加一个判断性问题，即“你有每天自习的习惯吗?”，如果回答“是”，可继续提问，否则就终止提问。

(9)敏感性问题不要放在问卷之首。如：关于被访者的私人资料、令人漠不关心的问题、有关访问对象的生活态度的问题等。

(10)背景资料问题安排到最后。必要的时候，为了统计和分析的需要，必须了解受访者背景资料，这类触及个人隐私的问题，最好安排到问卷的最后。

3. 网络调查问卷的设计技巧

网络调查问卷设计的质量直接影响到调查效果，因此，设计问卷时可采用以下技巧：

(1)调查问卷内附加背景资料。

调查问卷表的设计要求简单明了，如果对有些问题需要增加背景资料和信息，可采用文字、图形、影像和声音等方式，这是传统问卷调查方式所不具备的优越性，应充分利用网络调查的这一优势。对调查问题的附加解释，要便于被调查者正确理解问题的含义，这对于市场调查或民意调查结果的准确性都十分重要。

(2)特征标志的使用。

特征标志是进行分类统计的有效工具，通过对问卷设置特征标志，可以实现对所采集的信息进行分组处理和数据质量的检验控制。特征标志还兼有“过滤器”的作用，可将调查中代表性差的样本过滤，保证数据的有效性。可以用来作为特征标志的有年龄、性别、学历、职业、地区等，可根据调查目的和信息的重要程度选取有效指标作为特征标志。

(3)网络调查的应答方式设计要求简单、方便，输入信息一般以鼠标点击为主，尽量减少受访者输入大量的文字信息，以免造成受访者的厌烦情绪。这就要求在问卷设计时，对调查问卷表的内容和问题进行分析和研究，确定合理、科学的应答方式。一些必要的开放性回答，力求明确、直接，或者拆分成若干个小问题，提高问卷的应答率。

(4)问卷设计的科学性。

网络问卷设计是一项专业性很强的工作，由于互联网信息量大、更新快，访问者对网上问卷调查的应答耐心取决于其兴趣和所花费时间，科学的问卷设计能保证应答率和有效信息的获取。因此，对不熟悉问卷设计或网络知识的企业、机构和个人，如果条件允许，可聘请专业人员或代为调查或协助工作，以确保网络调查工作的顺利完成。

(5)个人隐私保护。

互联网技术的快速发展，使得信息发布、搜集和利用成为企业、机构及个人寻求发展的主要途径。但是，目前在我国，相应的法规制定明显落后于互联网的发展。网络使用者的个人信息常常被滥用，个人隐私不经同意被公开，造成受访者对网络调查、注册等现象抱有戒心，如果网络问卷调查包含很多个人信息或隐私，调查对象就可能拒绝回答。因此，在调查问卷设计时，对保护调查对象隐私信息应有承诺，除非得到受访者的许可，否则，不能公开个人隐私信息，这些条款可在调查问卷表的说明中明确表达。

三、制作网络调查问卷

1. 网络问卷调查专业网站和软件选择

随着互联网用户的迅速增长，利用网络调查获取各种信息的机构、企业和个人也在逐渐增加。网上问卷调查由问卷表、网站和软件三部分组成。网上问卷调查表一般由调查者根据调查目的设计主题和内容，而发布网上调查问卷表则需要专业网站的支持，由于涉及调查工作完成的质量，所以，选择知名度高的网站以及使用方便的专用调查软件尤为重要。

目前，在互联网上有专门提供给用户进行网上调查的网站和软件，可以通过品牌门户网站的搜索引擎寻找，如新浪、搜狐、腾讯等，还可以利用某些网站提供的信息或链接获取适合自己需要的网上问卷调查网站。

国外一些知名的专业网站也可以为调查者提供制作、发布、结果处理等网上问卷调查工作的软件，如 Perseus 发展公司制作了 Perseus Survey Solutions Express，这是一个调查问卷制作软件，可以为用户提供实时统计、电子邮件汇总统计、图形统计等功能，对调查问卷的结果进行统计分析，并提供大量的实例。Infopoll 公司制作的 Infopoll Designer 6.0 软件适合于各种水平的市场研究者使用，用较少的时间就可以设计出具有一定专业性的交互式问卷。Infopoll Designer 利用互联网技术，支持用户以鼠标点击完成所有的问题。世界一些著名公司，如康柏、美国第一银行和爱立信等都用它来进行问卷设计。

2. 网络问卷调查实务

对于大型机构和大企业来说，开展网上调查可以考虑委托专业的网站和调查公司来完成，一般费用较高。个人如果需要利用互联网获得某些信息，通常会选择免费的调查网站。目前，在互联网上为个人提供免费问卷调查服务的网站也不少，这些都是非常好的获得信息的途径。

总之，在进行网络问卷调查时，要说明调查的目的和意义，选取合理的样本。在确定调查目标的基础上，充分考虑被调查者的特征及心理特点，问卷内容不宜过多；问题简洁易懂，尽量采用鼠标点击回答方式；涉及隐私和敏感的问题时，提问的方式和语言要含蓄，以免引起被调查者反感。

自己制作网上调查问卷时，应选择合适的网站和软件，运用各种设计技巧掌握网上问卷调查的方法和过程，并获得有价值的信息。网上问卷调查要遵守国家的法律法规和相关规定，符合社会道德规范，并注意对个人信息和隐私的合理保护与处置。

四、网络调查问卷设计的步骤

设计调查问卷是为了更好地收集调查者所需要的信息，因此，在设计调查问卷的过程中，要遵循相关的专业规范与步骤。首先，要把握好调查的目的和要求，同时，要争取被试调查者的充分配合，以保证最终问卷能提供准确有效的信息资料。一般调查问卷必须通过认真仔细地设计、测试和调整，才可以大规模使用。通常，问卷设计可以分为以下步骤：

1. 根据调查目的，确定需要的信息资料

在问卷设计之前，调查人员必须明确，需要了解哪些方面的信息，这些信息中的哪些部分是必须通过问卷调查才能得到的。这样，才能较好地说明所需要调查的问题，实现调查目标。在这一步中，调查人员应该列出所要调查的项目清单。根据这样的一份项目清单，问卷设计人员就可以进行设计了。

2. 确定调查题目，搜集相关资料

根据调查目的，确定合适的调查题目。同时，搜集调查相关资料，调查问卷设计者可以通过查阅第二手资料，搜集与调查课题有关的文献资料和相关问题的问卷资料；可采用访谈法或会议讨论进行预调查，获得比较全面的与课题有关的信息资料。

3. 确定问题的内容，即问题的设计和选择

在确定了所要收集的信息资料之后，问卷设计人员应该根据所列调查项目清单，进行具体问题设计。设计人员应该根据信息资料的性质，确定提问方式、问题类型和答案选项及如何分类。对复杂信息，可以设计一组问题进行调查。问卷初步设计完成后，应对每一个问题都加以核对，以确定其对调查目的是有贡献的。仅仅是趣味性的问题，应该从调查问卷中删除，因为它会延长所需时间，使被访者不耐烦，也就是说，要确保问卷中的每一个问题都是必要的。选择问题类型时，要考虑到问答时的方便性。原则上，一个问题只涉及一个内容。

4. 决定措辞

措辞的好坏，将直接或间接地影响到调查的结果。因此，对问题的用词必须十分审慎，要力求通俗、准确、客观。所提的问题，应对被访者进行预测之后才能广泛运用。

5. 确定问题的顺序和问卷的布局

设计好各个单独的问题以后，应该按照问题的类型及难易程度安排询问顺序。引导性问题应该能够引起被访者的兴趣，回答有困难的问题或私人问题，应放在调查访问的最后，以避免被访者处于守势地位。问题的排列，要符合逻辑次序，使被访者在回答问题时有循序渐进的感觉。同时，要能引起被访者回答问题的兴趣。有关被访者的分类数据(如个人情况)的问题，适合放在问卷最后。因为，如果涉及个人的问题，容易引起被访者的警惕和抵制情绪，尤其是在电话式问卷调查中更要注意。

6. 问卷的测试与检查

调查问卷设计好后，要对问卷进行评测，提出修改意见。尤其是大规模的网络调查，要采用设计好的问卷进行小规模的事先调查，以评测其质量，及时发现问题并进行修改。在问卷用于实施调查之前，应先选一些符合抽样标准的被访者进行试调查，在实际环境中，对每一个问题进行讨论，以求发现设计上的缺失。如：是否包含了整个调查主题，是否容易造成误解，是否语意不清楚，是否抓住了重点等。根据审查预试的结果，再次修改问卷。

问卷测试在问卷设计的过程中至关重要，对于大型调查来说更是不能不做。试用问卷初稿的具体方法有两种：一种叫客观检验法，另一种叫主观评价法。

客观检验法的具体做法是上传问卷初稿，然后，采取非随机抽样方法选取一个小样本，对他们进行调查。最后，认真检查和分析试调查结果，从中发现问题和缺陷并进行修改。检查和分析的要点如下：

(1)回收率。如果回收率较低，说明问卷设计有较大问题。

(2)有效回收率，即扣除各种废卷后的回收率。它比回收率更能反映调查问卷初稿的质量，收回的废卷越多，说明回答者答完整的越少，这也就意味着问卷初稿中的问题可能较多。

(3)填写错误。填写错误有两类：一类是填答内容的错误，即答非所问。这是由于对问题含义不理解或误解造成的。对于这种情况，一定要仔细检查问题的用语是否准确、清晰，含义是否明确具体；另一类是填答方式的错误，这主要是由于问题形式过于复杂，指导语不明确等原因所致。

(4)填答不完全。填答不完全的情形主要也有两类：一是问卷中某几个问题普遍未作回答；二是从某个问题开始，后面部分的问题都未回答。对于前一种情况，要仔细检查这几个问题，分析出大部分被调查者未作回答的原因，进行改进；对于后一种情况，则要仔细检查中断部分的问题，分析出回答者卡壳的原因。

主观评价法的具体做法：上传问卷初稿，把链接分别发给该研究领域的专家、研究人员以及典型的被调查者，请他们直接阅读和分析问卷初稿，并根据他们的经验和认识对问卷进行评论，指出不妥之处。如以下问卷题目就需要进行修改：两次以上受到批评的题目；从来无人作答的题目。

7. 审批、定稿

根据上述方法找出问卷初稿中所存在的问题，逐一对问卷初稿中的问题进行认真分析和修改，无论是版面安排上的不妥，还是文字上、符号上的错误，都将直接影响到最终的调查结果。只有经过试用和修改，并对校样反复检查后，才能定稿并用于正式调查中。问卷经过修改后，要呈交项目负责人，经审批通过后才可以定稿，正式实施调查工作。

五、网络调查问卷的结构

调查问卷是调查研究中用来收集资料的主要工具，它在形式上是一份精心设计的问题表格，其用途是用来测量人们的行为、态度和社会特征。尽管在实际调查中，所用的问卷各不相同，但是，它们往往都包含这样几个部分：问卷标题、封面信、指导语、问题、答案、编码等。

1. 问卷标题

问卷标题要能够概括说明调查主题，使被访者对所要回答的问题有一个大致的了解。问卷标题要简明扼要，但又必须点明调查对象或调查主题。题目不要给被访者主观诱导，不要用模糊词语，题目中有比较级或最高级用语要用黑体或斜体标出。题目中出现“最”“不”等字眼，可以考虑用黑体字加粗，以引起被调查者注意。题目假设的场景要符合实际情况。

2. 封面信

封面信，即一封致被调查者的短信，又称问卷说明。它的作用在于向被调查者介绍和说明调查的目的、调查单位或调查者的身份、调查的大概内容、调查对象的选取方法和对结果保密的措施等，以消除被访者的紧张和顾虑。封面信的语言要简明、中肯，篇幅宜小不宜大，短短两三百字最好。封面信要力求言简意赅，文笔亲切又不太随便。

(1)要说明调查者的身份，即说明“我是谁”。除了写清单位、组织者外，最好还能附上单位的地址、电话号码和联系人的姓名等信息，以消除被调查者的疑虑，体现调查的正式性。

(2)要说明调查的大致内容，即“调查什么”。要注意的是，一方面，对调查内容的介绍不能欺骗被调查者；另一方面，对调查内容的说明，既不能含含糊糊，甚至完全不谈，也不能过于详细，使受访者感到啰唆而不耐烦。

(3)要说明调查的主要目的，即“为什么调查”。对于调查的目的，应当尽可能说明其对于整个社会，尤其是对于包括被调查者在内的社会大众的实际意义，而不能只谈“为了进行科学研究”。

(4)要说明调查对象的选取方法和对调查结果有关事项的保密措施。对于来访和调查，一般人或多或少总存在一定的戒心。为了消除被调查者的这种戒心，应该在封面信中简明扼要进行说明。

3. 指导语

指导语即用来指导被调查者填答问卷的各种解释和说明，其作用和仪器的使用说明相似。有些问卷的填答方法比较简单，填表说明很少，常常只在封面信中用一两句话说明即可；有些比较复杂的问卷的填表说明则集中在封面信之后，并标有“填表说明”的标题，其作用是对填表的方法、要求和注意事项等总的说明。还有些指导语可以根据需要分散在某些较复杂的调查问题后面，对填答要求、方式和方法进行说明。指导语一般可以写在封面信中，也可单独列出，要求会更加清楚，更能引起回答者的重视。

4. 问题及答案选项

这是问卷的主体，也是问卷设计的主要内容。调查主题内容是按照调查设计，逐步逐项列出调查的问题，是调查问卷的主要部分。这部分内容的好坏，直接影响到整个调查价值的高低。在设计问题时，考虑到被调查者填写问卷的耐心，整张问卷的题目要力争控制在20个以内。

(1)问题类型。

从形式上看，问卷题目类型一般包括可分为开放式与封闭式两大类。封闭式：给出客观选项(一般应用于单选题)；开放式：给出主观选项(一般用于多选题和笔答建议题)。

①开放式问题。

此类问题又称无结构的问答题，就是只提出问题，但不为回答者提供具体答案，由回答者根据自己的情况自由填答的问题。简言之，就是只提问题不给答案。在采用开放式问题时，被访者可以用自己的语言自由发表意见，问卷上没有已拟定的答案。被访者不需要按照问卷上已经拟定的答案进行选择，因此，被访者可以充分表达自己的看法和理由，并且，回答比较深入时，研究者往往还会获得始料未及的答案，所得资料会更加丰富生动。通常情况下，问卷上的第一个问题可以采用自由式问题，让被访者有机会尽量发表意见，这样，可以制造有利的调查气氛，缩短调查者与被访者之间的距离。

然而，开放式问题亦有其缺点。例如，因记录被访者的答案是由调查者执笔的，如果调查者按照自己的理解来记录，极有可能产生信息失真，或者超出被访者原来的意思，就有出现偏见的可能，但这些不足可运用录音机来弥补。开放式问题的第二个主要缺点是资料整理与分析资料的困难。由于各种受访者的答案可能不同，所用字眼各异，因此，在对答案分类时难免出现困难，整个过程相当耗费时间，而且，免不了夹杂整理者个人的偏见。因此，开放式问题在探索性调查研究中是很有帮助的，但在大规模的抽样调查中就弊大于利了。

②封闭式问题。

封闭式问题又称有结构的问答题。封闭式问题与开放式问题相反，它规定了一组可供选择的答案和固定的回答格式。

封闭式问题的优点包括以下几个方面：答案是标准化的，对答案进行编码和分析都比较容易。回答者易于作答，有利于提高问卷的回收率。问题的含义比较清楚。因为所提供的答案有助于理解题意，这样就可以避免回答者由于不理解题意而拒绝回答。

封闭式问题也存在一些缺点：回答者对题目未能正确理解，自己往往难以觉察。可能产生“顺序偏差”或“位置偏差”，即被调查者选择答案可能与该答案的排列位置有关。研究表明，对陈述性答案，被调查者趋向于选择第一个或最后一个答案，特别是第一个答案；而对一组数字(数量或价格)，则趋向于取中间位置的。为了减少顺序偏差，可以准备几种形式的问卷，每种形式的问卷答案排列的顺序可以都不相同。

(2)问题的形式。

①填空式。即在问题后画一短横线，让回答者直接在空白处填写。填空式一般只用于那些对回答者来说既容易回答，又容易填写，通常只需填写数字的问题。比如年龄、家庭人口、收入等。

☞案例

请问您家有几口人？________口

您的年龄多大？________周岁

您有几个孩子？________个

您每天上班在路上需要多少时间？________分钟

②是否式。即问题的答案只有是和不是（或其他肯定形式和否定形式）两种，回答者根据自己的情况选择其一。

☞**案例**

您是共青团员吗？　是 □　不是 □

您是否住在本市？　是 □　不是 □

您家有电视机吗？　有 □　没有 □

您是否赞成民主选举班长？　赞成 □　不赞成 □

③单项或多项选择式。即给出的答案至少在两个以上，回答者根据自己的情况选择其一。这是各种调查问卷中采用最多的一种问题形式。

☞**案例**

您的文化程度是（请在合适的答案号码上打√）：

①小学以下　②初中　③高中或中专　④大专以上

您的婚姻状况是（请在合适答案后的方框中打√）：

①未婚　②已婚　③离婚　④丧偶

您最喜欢看哪些类型的电视节目？（请在合适的答案后的括号里打√）

①新闻节目（　）　②电视剧（　）　③体育节目（　）

④广告节目（　）　⑤其他（请写明）（　）

④矩阵式。即一种将同一类型的若干个问题集中在一起，构成一个问题的表达方式。

☞**案例**

你觉得下列现象在你们学校是否严重？（请在每一行适当的方框内打√）

	很严重	比较严重	不太严重	不严重	不知道
①迟到	□	□	□	□	□
②早退	□	□	□	□	□
③旷课	□	□	□	□	□

这种矩阵式问题的优点是节省问卷的篇幅，同时，由于同类问题集中在一起，回答方式也相同，因此，也节省了受访者阅读和填写的时间。

⑤表格式。是矩阵式的一种变体，其形式与矩阵式十分相似。比如，与上述矩阵式问题对应的表格式问题如下所示。

☞**案例**

你觉得下列污染在你所在的城市是否严重？(请在每一行适当的格中打√)

	很严重	比较严重	不太严重	不严重	不知道
灰尘					
噪音					
污水					

表格式的问题除了具有矩阵式的特点外，还显得更为整齐、醒目。但是应当注意的是，这两种形式虽然具有简单集中的优点，也容易使人产生呆板、单调的感觉。在一份问卷中，这两种形式的问题不宜用得太多。

(3)问题的语言及提问方式。

语言是问卷设计的基本材料，要设计出含义清楚、简明易懂的问题，必须注意问题的语言。问题措辞的基本原则是简短、明确、通俗、易懂。在问卷设计中，对问题的语言表达和提问方式有下列几个常用的规则：问题的语言要尽量简单；问题的陈述要尽可能简短；问题要避免带有双重或多重含义；问题不能带有倾向性；不要用否定形式提问；不要问答者不知道的问题；不要直接询问敏感性问题。

(4)问题的顺序。

问卷中问题的前后顺序及相互间的联系，既会影响到被调查者对问题的回答结果，又会影响调查能否顺利进行。如何安排问卷中问题的次序呢？一般来说，有下列常用的规则：

类型：先封闭式问题，后开放式问题。

性质：先一般性问题，后敏感性问题。

深度：先简单的问题，后复杂的问题。

逻辑：先总括性问题，后特定性问题。

具体来说，把简单易答的问题放在前面，把复杂难答的问题放在后面；把能引起被调查者兴趣的问题放在前面，把容易引起他们紧张或产生顾虑的问题故在后面；把被调查者熟悉的问题放在前面，把他们感到生疏的问题放在后面；一般先问行为方面的问题，再问态度、意见、看法方面的问题；个人背景资料，一般放在结尾，也可以根据需要放在开头；若有开放式问题，则应放在问卷的最后面。

(5)相倚问题。

在调查问卷设计中，常常会遇到这样的情况：有些问题只适用于样本中的一部分调查对象。所谓相倚问题，指的就是在前后两个(或多个)相连的问题中，被调查者是否应当回答后一个(或后几个)问题，要由他对前一个问题的回答结果来决定，即前一个问题作为“过滤性问题”。在问卷设计中，可以采取下列两种不同形式的相倚问题。

☞案例

您有孩子吗？

　　① 有　　　　请问您有几个孩子？________个

　　② 没有

或者：

您有孩子吗？

　　① 有

　　② 没有　　　请跳过问题 12~18，直接从问题 19 回答。

(6)答案选项的设计。

由于社会调查中的大多数问卷主要由封闭式问题构成，而答案又是封闭式问题非常重要的一部分，因此，答案选项设计得好坏直接影响到调查的效果。关于答案选项的设计，除了要与所提的问题协调一致外，特别要注意使答案选项具有穷尽性和互斥性。

所谓答案选项的互斥性，指的是答案互相之间不能交叉重叠或相互包含。即对于每个回答者来说，最多只能有一个选项适合他的情况。如果一个回答者同时有属于某一个问题的两个或更多的答案，那么，这一问题的答案选项就一定不是互斥的。

在设计答案选项时，要注意以下要点：问题的各个选项要简洁，切中要点；为避免单项选择题被多选，单项选择题和多项选择题要分开；单项选择题的选项一般不超过四个，多项选择题的选项一般不超过七项。

设置问题的选项时，要注意：封闭式问题要设置“不清楚”“不知道”“没听过”等绝对否定词；题目问频率时，答案要用数字给出具体频率，不能使用“经常”“偶尔”等文字。避免做出假设前提；避免使用专业词汇；避免提一般性问题；避免使用不确切的词；避免提诱导性问题；避免存在过多计算；避免提时间久远问题；避免直问敏感问题。

5. 编码

编码是将问卷中的调查项目以及备选答案变成统一设计的代码的工作过程。如果问卷均加以编码，会便于进行数据处理和统计分析。一般情况下都是用数字代号系统，并在问卷的最右侧留出“统计编码”的位置。

在以封闭式问题为主的问卷中，为了将被调查者的回答转换成数字，便于处理和定量分析，需要对回答结果进行编码，即赋予每一个问题及答案一个数字作为代码。编码既可以在问卷设计的同时就设计好，也可以等调查完成后再进行。前者称为预编码，后者称为后编码。在实际调查中，研究者大多采用预编码，因此，预编码也就成了问卷中的一个部分。编码一般放在问卷每一页的最右边，有时，还可用一条竖线将它与问题及答案部分分开。

6. 被访者基本情况

指被访者的一些主要特征，如个人的姓名、性别、年龄、民族、工作单位等，这些是分类分析的基本控制变量。在实际调查中，要根据具体情况选定询问的内容，并非多多益善。如果在统计问卷信息时，不需要统计被访者的特征，就不必询问。这类问题一般适宜放在问卷的末尾，如果问题不是很私人，也可以考虑放在“问卷说明”后面。

7. 访问员情况

在调查问卷的最后，要求附上调查人员的姓名、调查日期、调查的起止日期等，以便于对问卷质量进行监察控制。如果被访者基本情况是放在“问卷说明”的后面，访问员情况也可以考虑和被访者的基本情况放在同一个表格中。

8. 结束语

一般采用四种表达方式：

(1)周密式。

对被访者的合作再次表示感谢，重申关于不要填漏及复核问卷的请求。这种表达方式既显示访问者首尾一贯的礼貌，又督促被访者填好未回答的问题和改正有错的答案。例如：“对于您所提供的协助，我们表示诚挚的感谢！为了保证资料的完整与翔实，请您再花一分钟，翻一下自己填过的问卷，看看是否有填错、填漏的地方。谢谢!”

(2)开放式。

在结尾安排一个开放式的问题，提出本次调查研究中的一个重要问题，以了解被访者在标准问题上无法回答的想法。例如：“您对制定关于学生学籍的政策有何建议?”

(3)响应式。

提出关于本次调查的形式与内容的感受或意见等方面的问题，征询被访者的意见。问题形式可用封闭式，也可用开放式。

(4)封闭式。

例如：您填完问卷后对我们的这次调查有什么感想？

六、问题答案的组成方式

答案的组成方式与问题的类型有关，问题类型的多样性决定了答案的组成方式也有多种。归纳起来，问题答案的组成方式主要有：

1. 是非

答案是对立的，要求受访者进行“是”与“否”、“对”与“错”或者“同意”与“不同意”的判断或表达。

2. 多选

允许受访者有多个选择。

3. 分类

按某种标准对答案进行分类，要求受访者选择。

4. 态度总价量表法

态度量表是对态度作定量测量的一种工具。态度作为一种潜在变量，无法直接被观察到，但可以通过人的语言、行为以及对外界的反应间接进行测量。态度量表是常用的且较为客观的测量态度的工具，能够测量出态度的方向和强弱程度，通过一套有关联的叙述句或项目，由个人对这些句子或项目作出反应，根据这些反应，推断个人以至团体的态度。

5. 语义分析量表法

语义分析法是运用语义区分量表来研究事物的意义的一种方法，由美国心理学家奥斯古德创立。该方法以纸笔形式进行，要求被试在若干个七点等级的语义量表上对某一事物或概念(如汽车、邻居)进行评价，以了解该事物或概念在各被评维度上的意义和强度。等级序列的两个端点通常是意义相反的形容词，如诚实与不诚实、强与弱、重要与不重要。

第五节　网络调查问卷的质量控制

为了确保调查结果的可靠性和收集的资料的真实性，在正式进行调查之前，要对问卷进行信度分析和效度分析，然后，根据分析出的结果，进行问题的第二次筛选，调整问卷的整体结构。

一、样本质量控制

通过智能化的问卷检测系统和样本关系管理活动，可以对每个受访者和调查问卷回答的真实性进行实时智能评测，随时过滤不合格的问卷并淘汰不合格的受访者，最大限度地保护调查问卷的真实性。

1. 样本来源

网络调查样本库来源主要有以下几个方面：网站合作伙伴、专业调查网站、百度搜索引擎、博客/论坛招募、会员口碑推荐以及网络拦截等形式。

2. 样本操作类型

(1)样本源头。

样本库成员一般在专业的调查网站上填写过问卷，并且，自愿接受邀请继续填写其他感兴趣的问卷。进入样本库之前，需要提供真实的样本属性，例如年龄、性别、职业、收入等，系统还将定期提示成员更新样本属性。

(2)样本淘汰机制。

每份答卷提交后，都会经过自动筛选规则的筛选和客户人工排查，不符合要求的答卷将被标记为无效答卷。如果某一成员填写的答卷被标记为无效答卷的次数超出一定比率，系统将自动移除该成员，不再允许其做答。

(3)样本填写者控制。

精确定位：通过性别、年龄、地区、职业、行业等多种样本属性，精确定位目标人群。

甄别页：通过设置甄别页，可以进一步过滤掉不符合条件的填写者。

防重复：对于任何一个样本服务的项目，同一个 IP 地址、同一台电脑、同一用户名都只能填写一次，包括被筛选为无效答卷或者被甄别页排除掉的填写者也不能再次填写。

(4)样本填写过程控制。

自动筛选规则：支持多种无效答卷筛选规则，例如，可以设置“填写所用时间太少”“陷阱题规则”等来筛选掉随意填写的答卷。

选项配额规则：对任意单选题的选项都可以设置配额，支持隐式配额和显式配额规则。

答题时间控制：支持对每一页单独设置最短答题时间或最长答题时间。

随机调整顺序：支持随机调整题目或选项的顺序。

(5)样本效果跟踪。

在项目执行过程中，调查人员可以随时查看最新答卷的详细情况，对不符合要求的答卷进行人工排查，也可以随时反馈意见。项目只有经过调查人员确认，达到订单中约定的目标后才会结束。

二、信度

1. 信度的含义

信度(reliability)即可靠性，它指的是采取同样的方法对同一对象重复进行测量时，其所得结果相一致的程度。从另一方面来说，信度就是指测量数据的可靠程度。一个好的测验必须是稳定可靠的，多次测试所获得的结果是前后一致的。例如，用直尺测量长度，其结果是稳定可靠的；用橡皮筋测长度，则是不可靠的，前后两次测量结果缺乏一致性①。

问卷的信度，就是对于问卷中所回答的问题的信任程度。在测量理论中，信度被定义为：某次测验分数的真变异数与总变异数(即实测分数)之比：$R_{xx}=S_T^2/S_x^2$。式中，r_{xx}表示测量的信度，S_T^2代表真分数的变异数(方差)，S_x^2表示实得分数的变异数(方差)。

从上式可看出：

(1)信度是指实测值和真值相差的程度，实测值是指对某物实际进行测量时所获得的值，也称实测分数(X)；真值是指被测事物的真实规模取值，也称真分数(T)。由于各种原因，实得分数常常不等于真分数，两者之差称为测量误差或误差分数(E)。从理论上看，实得分数由真分数和误差分数两部分组成，即 $X=T+E$。R_{xx}就是对一组测验数据的实测分数与真分数相差程度的最好估计。

(2)信度也指相同的测验对相同的被试者再次测量时引起的同样反应的程度。如果两次测验中，受测者所得分数或所处等级前后一致，则说明测验结果的信度较高；反之，如果两次测验结果一致性低，说明测验结果的信度较低。

信度是任何一种测量的必要条件，但不是唯一条件，只有测量值接近或等于真值，用同一工具多次测量同一特性，获得相同或相近的结果，才能认为这个测量结果是可靠的。信度对于教育测量尤其重要，只有信度高的教育测验，才能成为教育工作者有用的工具，才能为教育工作者提供可靠的信息，为教育预测和决策提供客观依据。

2. 信度的估计方法

在对问卷的信度进行估计之前，需要通过采用适当的量表(如 Likert 量表)将问卷中的各类主观或客观备选答案转化为数字形式，然后，在此基础上进行问卷评分(包括单项评分、相关题目分组评分和总评分等)。信度分析的常用具体方法有重测信度、复本信度、内部一致性信度、评分者信度、分半信度和信度系数法四种。

(1)重测信度。

重测信度(test-retest reliability)也称为再测信度，是对同一组被调查人员采用相同的调查问卷，在不同的时间点先后调查两次，两次调查结果之间的差异程度。重测信度反映了随机误差的影响。重测信度所考察的误差来源是时间的变化所带来

① 阿琳·芬克. 调查研究实操指导：细节与示例[M]. 齐心，译. 重庆：重庆大学出版社，2016：13-14.

的随机影响。在评估重测信度时，必须注意重测间隔的时间。对于人格测验，重测间隔在两周到六个月之间比较合适。

在进行重测信度的评估时，应注意以下两个重要问题：重测信度一般只反映由随机因素导致的变化，而不反映被试行为的长久变化；不同的行为受随机误差的影响不同。

重测信度有个两难的矛盾：缩短两次测试的时间间隔，被测试者较容易回忆出测试的题目；而延长两次测试的时间间隔，则被测试者较容易受外部影响而变化。

(2)复本信度。

复本信度(parallel-forms reliability)又称为等值性系数，是等值性信度(equivalence reliability)的一种，指问卷调查结果相对另一个非常相同的问卷调查结果的变异程度。对同一组被调查人员运用两份内容等价但题目不同的问卷进行调查，然后，比较两组数据的相关程度。

复本信度比重测信度工作量大，因为，同一个测量工具(调查问卷、心理量表等)要构建两个等值的复本，两个复本要包含相同数量、类型、内容、难度的题目。评估复本信度要用两个复本对同一群受试者进行测试，再估算两种复本测量分数的相关系数，相关系数越大，说明两个复本构成带来的变异越小，这与再测稳定性信度中考虑时间产生的变异不同。也就是说，相关系数反映的是测量分数的等值性程度，故复本信度又称作等值性信度。

复本信度的主要优点：能够避免重测信度的一些问题，如记忆效果、练习效应等；适用于进行长期追踪研究或调查某些干涉变量对测验成绩影响；减少了辅导或作弊的可能性。

复本信度的局限性：如果测量的行为易受练习的影响，则复本信度只能减少而不能消除这种影响；有些测验的性质会由于重复而发生改变；有些测验很难找到合适的复本。

(3)内部一致性信度。

内部一致性信度主要反映的是测验内部题目之间的信度。内部一致性信度又分为分半信度和同质性信度。

分半信度(split-half reliability)指一项调查中，调查问卷的两个题目的调查结果的变异程度。通过将测验分成两半，计算这两半测验之间的相关性而获得的信度系数。测验越长，信度系数越高。修正公式是斯皮尔曼-布朗公式。斯皮尔曼-布朗公式为校正分半信度的经验公式($r_{tt}=2r_{hh}/(1+r_{hh})$)，一般来说，如果将测试分为均匀两半的话，分半系数 r_{tt} 为0.5。它的假设是两半测验分数的变异数相等。当假设不成立时，可以采用弗朗那根(Flanagan)公式或卢伦(Kulon)公式之一，直接求得测验的信度系数。

同质性信度是指测验内部的各个题目在多大程度上考察了同一内容。同质性信度低时，即使各个测试题看起来似乎是测量同一特质，但测验实际上是异质的，即测验测量了不只一种特质。同质性分析与项目分析中的内部一致性分析相类似。同质性信度的计算可以用库德-理查逊公式，也可以用克伦巴赫 α 系数。对于一些复杂的、异质的心理学变量，采用单一的同质性测验是不行的，因而常常采用若干个相对异质的分测验。

(4)评分者信度。

评分者信度是指不同评分者对同样对象进行评定时的一致性。最简单的估计方法就是随机抽取若干份答卷，由两个独立的评分者打分，再求每份答卷两个评判分数的相关系数。这种相关系数的计算可以用积差相关方法，也可以采用斯皮尔曼等级相关方法。

3. 提高测验信度的方法

(1)影响测验信度的误差，归纳起来主要有以下几种：

①抽样误差。

简单来说，就是在抽样过程中，由于被试者间的差异所造成的误差。被试者之间的差异，可以用全距和方差大小来表示。全距是指某一心理量的最大值与最小值之差。全距大，说明被试者之间差异大；全距小，说明被试之间差异小。被试者之间在某一心理量上参差不齐，差别悬殊，则该心理量的方差大；反之，方差小。对于方差小的样本，被试者之间在某一心理特征上相差较小，则前后两次测验结果的一致性较低，即降低了信度。因为，被试者之间的差别越小，其同质性越高，被试的分数只要发生小的变化，其名次就可能改变，从而降低信度。

②随机误差。

由于各种偶然因素的影响而产生的误差，表现为用同一方法多次测量同一对象时，结果不一致。随机误差是由许多因素造成的，如量标的质量、测量的程序、被试者的身心状态、测量的环境等。

(2)根据影响测验信度的因素，可以从以下几方面来提高测验的信度：一是从测验本身考虑，如测验的长度、难度、区分度、速度、程序、环境条件与计分方法等；二是从被试者自身考虑，如被试者在被测心理特征上的差异大小，参加测验的动机水平，对测验的态度和积极性等。提高测验信度的具体方法主要有如下几种：

①适当延长测验的长度。

测验的长度，主要指量表所包含的题目多少。对一个测验来说，测验的题目越少，得分越容易受偶然因素的影响，故测验的信度越低；反之，如果测验题目较多，即测验长度延长，扩大了被试者的得分范围，可在一定程度上排除偶然因素的影响，提高测验信度。但是，测验信度的增加并不能等比例提高信度系数。

当信度系数较小时，延长测验长度，信度系数增加较大；当信度系数已经较大时，延长测验长度，对信度系数的影响较小。而且，在延长测验长度时，还需考虑其他因素的影响，如被试者在回答问题时，是否疲倦或产生厌烦情绪，是否节省时间、物力和财力，测题是否符合测验目的等。

②测验的难度要适中。

难度即测验的难易程度，当测验难度太大时，被试者得分普遍太低，呈负偏态分布；当测验难度太小时，被试者得分普遍较高，呈正偏态分布。太难或太易的测验都使被试者得分差异减小，实得分数方差减小，从而降低测验信度。

③测验的内容尽量同质。

性质相同的测验内容，对被试者也要求相同的能力、知识和技能；而内容不同质的测验，则要求被试者有不同的能力、知识和技能。因此，为了提高测验信度，测验内容应尽量同质。

④测验的时间要充分。

对某一测验而言，应保证绝大多数被试者能够在规定时间内完成测验；否则，如果被试者不能从容回答所有问题，就不能反映被试者的真实水平。

⑤测验的程序要统一。

测验的题目、指导语、回答问题的方式、分收试卷的方法、测验时间等，都要统一。

⑥评分要客观。

评分是否客观，对测验信度有直接影响。对于客观性题目，评分标准明确，评分容易做到客观；但对于主观性题目，受评分者影响较大，不易做到客观。为了尽可能客观评分，应制定明确而易掌握的评分标准，尽量做到一卷多评，或一人只评一题等。

三、效度

1. 效度的含义

效度（validity）是指测量的有效程度或测量的正确性，即一个测验能够测量出所要测量特性的程度。简言之，就是测量结果的有效性，或某项测量活动能够测量到测量者所希望了解的特性的程度。效度与测量题目相关，同一种测量工具在某些测量中具有高效度，但在另一些测量中却效度不高。例如：一把信度很高的尺子在测量身高时具有很好的效度，但在测量血压时效度显然不佳。

对效度的定义可作如下理解：

(1)任何一种测验只是对一定目的来说才是有效的。

(2)测验的效度是对测量结果而言的，即一种测量工具只有经过实际测量，才能根据测量结果判断它的效度。

(3)测验的效度是相对的而非绝对的。测验是根据行为样本，对所要测量的心理特性作间接推断，只能达到某种程度的准确性，而没有全有、全无的差别。

效度是指一个测验的准确性、有用性。效度是科学的测量工具所必须具备的重要条件。在社会测量中，对作为测量工具的问卷或量表的效度要求较高。鉴别效度须明确测量的目的与范围，考虑所要测量的内容并分析其性质与特征，检查测量的内容是否与测量的目的相符，进而判断测量结果是否反映了所要测量的特质的程度。

效度高的测验，信度必定高；但信度高的测验，效度则未必高。对一个测验来说，效度比信度更为重要，测验首先要保证能如实测量出所要测量的东西，否则，这种测量将是没有意义的。在教育测量中，效度问题尤其重要，首先，教育测量的对象大多是精神现象，只能对被测者的外部表现进行测量，以间接了解其心理活动特点或知识技能水平；其次，学生的心理活动特征与其外部表现之间，仅有相关关系而没有严格的函数关系，外部行为有时并不能准确地反映某种心理状态；再次，教育测量对象是有主观能动性的人，人能够有意识地调节自己的外部行为，掩盖自己的内心活动，这就更增加了教育测量的难度。

2. 效度的类型与估计

(1)内容效度(content validity)。

内容效度指测验目的代表所欲测量的内容和引起预期反应所达到的程度，即测量工具的内容是否能够代表所欲测量的行为领域，量表内容是否具有代表性。例如，对于以考查学习成绩为目的的测验，“所欲测量的内容”是指教学大纲所规定的全部教材，“预期反应”是指学生学习这些教材所产生的行为变化，如对教材的记忆、理解和应用。例如，一位老师给学生做一个数学测验，该测验的题目如果涵盖了教学所欲达成的目标及教材的重要内容，就可以说该测验有内容效度。

在编制测验时，内容效度是一个相当复杂的问题，例如教师编制学绩测验，其目的是了解学生在某一学科或专题上对知识的掌握情况。如果条件允许，应该对大纲规定的所有内容进行全面考试，这显然是行不通的，只能从这一范围的总体内容中选取有代表性的题目(样本)组成测验内容，根据测验分数推论学生对该范围总体知识的掌握情况。如果测验题目较好地代表了这个知识范围，则推论是有效的，即测验的内容效度高；若选题有偏差，则推论是无效的，即测验的内容效度低。从另一方面看，测验题目所引起的被试反应(是一个样本)，若能代表其对本学科或专题的全部行为反应，也说明该测验是有效的；反之，则是无效的。因此，一个测验要有较高的内容效度，应具备如下两个条件：一是要有定义好的内容范围；二是测验题目的取样要有代表性(对所界定的内容范围而言)。

估计内容效度的方法包括：

①由专家进行逻辑分析：请有关专家对测验题目与原来的内容范围是否符合进行分析，作出判断，看测验题目是否较好地代表了原来的内容。

②统计分析：克伦巴赫（Cronbach）认为，内容效度可以进行数量估计，方法

是从同一教学内容总体中抽取两套测试题，分别对同一组被试者进行测验，两种测验的相关系数可用来估计内容效度。若相关系数大，则内容效度高；若相关系数小，则两个测验中至少有一个内容效度低。

另外，有经验的任课教师对本学科测验的内容效度有较好的判断。当然，若能与有关专家配合会更好。

(2)效标关联效度。

效标关联效度是以经验性的方法，研究测验分数与一些外在效标之间的关系，故又可称为经验效度(empirical validity)或统计效度(statistical validity)。其测量方法包括：

①命中率。

当测验用作取舍决策时，常使用命中率这一指标。因为这类测验效度高不高，就是看其取舍是否与实际一致。命中率包括总命中率、正命中率和负命中率。总命中率是指根据测验选出的人当中工作合格的人数，以及根据测验淘汰的人当中工作不合格的人数之和与总人数之比。若总命中率高，则说明测验的效度高，在区别合格与不合格方面是有效的。正命中率是在指测验选出的人中，合格者所占的比例。负命中率是指在测验淘汰的人中，不合格者所占的比例。

有些测验只关心被选者中合格者有多少，而不关心被淘汰者中是否有合格者，对于验证这类测验效度就应该用正命中率。如果测验关心的是尽可能将合格的人筛选出来，那验证这类测验效度时就应该用负命中率。

②显著差异法。

该方法是根据效标测量将被试者分为两个极端组(如：好与坏，高与低)，然后，检验这两组测验分数是否具有统计学上的差异显著性。若这两组被试者的测验分数差异显著，则说明该测验有较高的效度。

③相关法。

相关法就是计算测验分数与效标测量的相关系数。

(3)结构效度（construct validity）。

结构效度又称构想效度，指测验能够测量到的理论上的结构或特质的程度，是测验对某一理论概念或心理特质的程度。即某测验对所要测量的结构或心理特质实际测量的程度。心理测验都是建立在心理学理论基础上的，例如比纳-西蒙智力量表的制订，心理学家比纳(Binet)首先详细研究了智力的结构，他认为智力行为是一种连锁性的过程，包括判断、推理、解决问题等。他根据这一理论编制的智力测验表，确实能够测量出被试者的判断、推理和解决问题的能力，可以认为他所编制的测验具有结构效度。

通常情况下，学科测验主要看内容效度，心理测验主要看结构效度。判断内容效度相对容易，有教学大纲作依据；判断结构效度难度更大，因为理论结构和心理特质不易把握。因此，要制订有关结构效度的测验，首先要建立理论结构，例如智力测验中，先要确定关于智力的一套理论，如智力的概念、结构、与环境的关系、与年龄的关系、与性别的关系等，在理论的基础上，提出若干假设并编制测题。

结构效度分为聚合效度(convergent validity)和辨别效度(discriminant validity)两类。聚合效度：如果某一测量工具的测量分值与测量相同结构或特质的其他测量工具的分值有高的相关度时，则可以说明聚合效度高；辨别效度：如果某一测量工具的测量分值与测量不同结构的其他测量工具的分值有低的相关度时，即辨别效度高。

确定结构效度的方法：

①对测验题目进行分析：主要是通过分析测验的内容，被试者对题目的反应，测验题目的同质性以及分测验之间的关系来判断测验的构想效度。

②计算与同类权威测验的相关程度：某一个新测验如果与同类的大家公认有效的已有测验在测验结果上相关很高，说明这两个测验测的是相同特质，即新测验也有较高的结构效度。

③因素分析：通过因素分析找到影响测验分数的共同因素，在测验分数的总变异中来自有关因素的比例，可以作为构想效度的指标。

因素分析法是目前研究结构效度最常用的一种实证方法。根据使用目的，因素分析可分为探索性因素分析(exploratory factor analysis，EFA)与验证性因素分析(confirmatory factor analysis，CFA)。简单地说，探索性因素分析所要达到的目的是建立量表或问卷的结构效度，而验证性因素分析则是要检验此结构效度的真实性。

(4)预测效度(predictive validity)。

预测效度又称实证效度，是指一个测验对个体将来的行为或获得的成就进行预测时的准确性。一个测验预测得越准确，预测效度越高。被预测的行为或成绩是检验预测效度的标准，简称效标(criterion)，即衡量测验有效性的参照标准。效标是估计预测效度的主要依据，应具备如下一些条件：

有效性：即效标测量本身必须有效。

可靠性：效标测量要具有较高的信度。

客观性：在效标测量时要防止受评定者主观印象和成见的影响，要防止效标污染，即由于主试知道某个人原来的测验成绩，因此，影响了效标测量中对这个人的评定分数。

实用性：效标测量应该简单省时，经济实用。一般常用学业成就、等级评定、临床诊断、实际的工作表现作为效标。例如，一个智力测验其预测效度既可用被试者的学业成就作效标，也可用熟悉的班主任对其进行等级评定作效标。

估计预测效度的主要方法如下：

①相关法。

相关法即求某测验分数与效标测量之间的相关性，所得结果即效标系数。当测验分数与效标测量分数都是连续变量时，用积差相关公式求相关系数。当测验分数是连续变量，而效标测量分数是二分变量时，可用二列相关公式计算效度系数。

②区分法。

区分法即看原先测验的分数是否可以区分由效标测量所划分的团体。例如，某工厂通过测验录用了一批工人，过一段时间后，根据工作成绩将其分为称职和不称职两种，然后，回过头来检查他们的测验分数，运用 t 检验①看看两组在测验上的平均分数是否有显著差异。若有显著差异，说明测验是有效的；若差异不显著，说明测验是无效的。

③功利率。

为了测定测验的功效，还可以对使用测验所花掉的费用与得到的利益进行比较，看其利弊大小，这种效度指标叫功利率。可用下列公式计算：

$$U=B(Ns)-C(Nu)-S$$

U 代表功利率，B 表示录用一个合格的工人所产生的平均利润，C 表示录用一个不合格的工人所造成的损失，Ns 和 Nu 分别代表所录用的人中成功和不成功的人数，S 代表整个选人程序的费用。

计算功利率说明，如果一个测验简单易做，适合于团体施测，即使效度低些，也会有人采用；反之，如果测验复杂，只能个别施测，费时费力，则只有效度极高，能带来极大好处时，人们才会使用它。

3. 提高测验效度的方法

(1)控制系统误差：系统误差是影响测验效度的主要因素。它主要包括仪器不准、题目和指导语有暗示性、答案安排不当(被试者可以猜测)等，控制这些因素可以降低系统误差，提高效度。

(2)精心编制测题和测验量表：首先，测题内容要适合测验目的，如知识性测题就不能全面反映被试者的智力水平，它主要测量其知识水平；其次，测题要清楚明了，用语要让被试者理解，排列由易到难；第三，测题的难度和区分度要合适。

---

① t 检验是用 t 分布理论来推论差异发生的概率，从而比较两个平均数的差异是否显著。t 检验是戈斯特为了观测酿酒质量而发明的，戈斯特在位于都柏林的健力士酿酒厂担任统计学家，基于 Claude Guinness 聘用从牛津大学和剑桥大学出来的最好的毕业生，以将生物化学及统计学应用到健力士工业程序的创新政策。戈斯特于 1908 年在 *Biometrika* 上公布 t 检验，但因公司认为其为商业机密而被迫使用笔名。

(3)严格按照测验程序进行测量，防止测量误差：要严格按照测验手册进行测量，不作过多解释，按标准评分，两次测验间隔要适当。

(4)样本容量要适当：样本容量一般不应低于30。当样本容量增大时，样本对总体的代表性提高，样本大，被试的内部差异增大，使效度提高。另外，抽样方法也很重要，一般用随机抽样，当群体很大时可分层抽样，样本容量扩大时其代表性才随之增大。

(5)正确处理好信度与效度的关系：信度是效度的必要条件，但信度高的测验，效度不一定高；而效度高的测验，信度却比较高。但是，既要有高效度，又要有高信度是不容易做到的。最大可靠度(信度)要求测验项目之间有高度的组间相关，最大预测有效度却要求低度的组间相关；最大可靠度(信度)要求项目等同的难度，最大预测有效度却要求项目的难度有所区别。中等程度的组间相关，通常可产生良好的效度，并且产生满意的信度。

(6)适当增加测验的长度：增加测验长度可提高测验的信度，也可以提高效度，但增加测验长度对信度的影响大于对效度的影响。

四、信度和效度检验

1. 信度检验

采用Cronbach' α 系数、个别项目信度、潜在变量的组合信度(composite reliability，CR)进行信度检验，其中，运用SPSS中的analyze—scale—reliability analysis命令，并选择statistics中的scale if item deleted来计算Cronbach' α 系数，利用LISREL8.7进行验证性因子分析来计算个别项目信度和组合信度。验证性因子分析的运算结果经整理如下表4-1所示：

表4-1　第三轮问卷信度检验

	编号	校正的项总计相关性	对应指标删除后的Cronbach' α 系数	部分量表Cronbach' α 系数	整体量表Cronbach' α 系数	个别项目信度	组合信度	
诚信环境	C1	**0.365**	**0.752**	0.750	0939	**0.31**	0.75	0.96
	C2	0.408	0.735			**0.33**		
	C3	0.498	0.712			0.63		
	C4	0.628	0.674			0.80		
	C5	0.575	0.690			0.77		
	C6	0.479	0.717			0.59		

续表

	编号	校正的项总计相关性	对应指标删除后的Cronbach' α 系数	部分量表Cronbach' α 系数	整体量表Cronbach' α 系数	个别项目信度	组合信度
企业素质	E1	0.504	0.834	0.845		0.59	0.85
	E2	0.539	0.831			0.57	
	E3	0.584	0.827			0.62	
	E4	0.608	0.824			0.60	
	E5	0.498	0.835			0.55	
	E6	0.565	0.828			0.64	
	E7	0.526	0.832			0.62	
	E8	0.561	0.829			0.64	
	E9	0.567	0.828			0.62	
	E10	0.470	0.837			0.56	
投标诚信	B1	0.554	0.794	0.817		0.63	0.83
	B2	0.579	0.791			0.66	
	B3	0.432	0.810			**0.44**	
	B4	**0.409**	**0.821**			**0.42**	
	B5	0.499	0.801			0.53	
	B6	0.616	0.785			0.71	
	B7	0.656	0.780			0.76	
	B8	0.598	0.787			0.71	
履约诚信	P1	0.435	0.862	0.862		**0.46**	0.86
	P2	0.516	0.854			0.56	
	P3	0.563	0.850			0.57	
	P4	0.558	0.850			0.64	
	P5	0.634	0.844			0.71	
	P6	0.634	0.844			0.69	
	P7	0.609	0.846			0.63	
	P8	0.558	0.850			0.61	
	P9	0.617	0.845			0.69	
	P10	0.619	0.845			0.67	

续表

	编号	校正的项总计相关性	对应指标删除后的Cronbach' α 系数	部分量表Cronbach' α 系数	整体量表Cronbach' α 系数	个别项目信度	组合信度	
社会诚信	S1	0. 548	0. 813			0. 65		
	S2	0. 609	0. 801			0. 74		
	S3	0. 586	0. 805	0. 830		0. 66	0. 83	
	S4	0. 661	0. 789			0. 69		
	S5	0. 615	0. 799			0. 62		
	S6	0. 584	0. 806			0. 62		

从表中关于 Cronbach' α 系数的三栏中可以看出：C1、B4 对应的“校正的项总计相关性”(corrected item-total correlation)偏低(相对于该部分量表中的其他指标对应值而言)，且删除 C1、B4 有利于分别提升该部分量表的总体信度，故应将 C1、B4 两个指标删除。

同时，“个别项目信度”一栏中 C1、C2、B3、B4、P1 这 5 个指标的因子负荷均小于 0. 5，根据社会科学研究特点，这 5 个指标也应删除，且删除后有利于提高整个因素的一致性；而另外 35 个指标的因子负荷均大于 0. 5，满足信度要求。

除此之外，诚信环境、企业素质、投标诚信、履约诚信、社会诚信等各个量表以及整体的 Cronbach' α 系数分别为 0. 750、0. 845、0. 817、0. 862、0. 830、0. 939，属于很可信的区间范围；且对应的组合信度分别为 0. 75、0. 85、0. 83、0. 86、0. 83、0. 96，均大于 0. 5，满足信度要求。

2. 效度检验

在信度检验删除 5 个指标的基础上，首先，对有效样本数据进行 KMO 抽样适当性检验和巴特利特(Bartlett)球形检验，检验结果显示 KMO 值为 0. 5，巴特利特球形检验的 $x2$ 值为 250. 278(自由度为 105)，达到显著水平($P=0.000<0.001$)。一般认为，当 KMO 值大于 0. 5 时，即可进行因子分析，而本次 KMO 的检验值为 0. 5，说明本调查问卷的样本数据基本适合进行因子分析。

其次，采用主成分分析法，进行 varimax 方差正交旋转，最终提取特征值大于 1 的因子 4 个，7 个共同因子累计解释的变异量为 60. 74%，正交旋转后得到的因子负荷矩阵如表 4-2 所示：

表 4-2　旋转后因子负荷矩阵

	共同因子						
	1	2	3	4	5	6	7
施工安全	**0.682**	0.095	0.283	0.110	0.118	0.053	0.188
合同工期	**0.672**	0.192	-0.066	0.160	0.194	0.099	0.097
工程质量保证	**0.672**	0.251	0.307	0.165	0.018	0.000	0.009
保修义务履行情况	**0.649**	0.195	0.127	0.109	0.109	0.279	0.025
设备到位情况	**0.564**	0.113	0.065	0.007	0.192	0.110	0.402
工程索赔	**0.522**	0.337	0.013	0.161	0.170	0.238	-0.097
工人工资支付	**0.484**	0.365	0.233	0.161	0.023	0.270	0.060
缔约过失行为	0.207	**0.739**	0.164	0.158	0.161	0.154	0.016
中标放弃	0.164	**0.715**	0.107	0.223	0.176	0.132	-0.006
参与串标围标	0.228	**0.677**	0.232	0.143	-0.016	0.200	0.042
低于成本价投标	0.100	**0.594**	0.003	0.025	0.181	0.067	0.268
转包违法分包	0.421	**0.551**	0.204	0.049	-0.028	0.183	0.082
资质真实性	0.224	**0.464**	0.333	0.296	0.037	0.113	0.143
政府诚信水平	0.122	0.155	**0.784**	0.138	0.138	0.032	0.118
诚信法律环境	0.077	0.287	**0.736**	0.165	0.157	0.064	-0.066
诚信文化环境	0.102	0.035	**0.681**	-0.068	0.182	0.175	0.047
征信体系建设水平	0.164	0.094	**0.663**	0.182	-0.063	0.163	-0.002
职工素质	0.379	0.100	0.389	0.181	0.275	-0.098	0.304
工程业绩	0.062	0.213	0.010	**0.681**	0.100	-0.003	0.263
建设单位评价	0.317	0.060	0.240	**0.647**	0.137	0.239	-0.066
守法诚信评价	0.225	0.354	0.320	**0.522**	-0.043	0.336	0.078
资质等级	0.018	0.153	0.049	**0.501**	0.343	-0.046	0.363
监理单位评价	0.386	0.009	0.128	**0.446**	0.351	0.351	-0.014
项目部情况	0.285	0.346	0.170	**0.419**	-0.057	-0.033	0.360
资格审查材料真实性	0.363	0.226	0.341	0.394	0.113	0.090	0.115
管理素质	0.279	0.262	0.358	0.390	0.070	-0.037	0.384
总资产收益率	0.133	0.131	0.100	0.101	**0.767**	0.099	0.117

续表

	共同因子						
	1	2	3	4	5	6	7
资产负债率	0.182	0.192	0.249	0.066	**0.702**	0.166	0.071
企业净资产	0.177	-0.004	0.045	0.119	**0.662**	0.061	0.392
银行信用等级	0.118	0.238	0.289	0.409	**0.425**	0.184	-0.012
法院评价	0.106	0.227	0.066	0.117	0.086	**0.805**	0.067
纳税评价	0.105	0.224	0.191	0.184	0.142	**0.736**	0.057
劳动保障评价	0.354	0.124	0.150	-0.099	0.137	**0.710**	0.193
机械设备	0.086	0.035	-0.019	0.096	0.430	0.054	0.754
技术创新	0.095	0.120	0.066	0.178	0.051	0.212	0.737

根据因子分析中对因子负荷的要求，由于“职工素质”“资格审查材料真实性”“管理素质”三个指标的因子负荷均小于0.4，故这三个指标应删除；而第七个因素只包含“机械设备”“技术创新”两个指标，所涵盖的指标太少，将之删除较为适宜。此时，剩下的30个指标在所属因子下的因子负荷均大于0.4，且在非所属因子下的因子负荷均小于0.4，所以，第三轮问卷的聚敛效度和区分效度均满足相关要求，第三轮问卷通过效度检验。

最后，根据各个共同因子所涵盖的指标，将共同因子依次命名为“投标诚信(BI)”“履约诚信(PI)”“行业评价(Construction E)”“银行诚信(BaI)”“诚信环境(IE)”“社会评价(Social E)”。

检验信度步骤：analyze—scale—reliability—data reduction—fator，然后，看Cronbach' α 系数。一般来说 Cronbach' α 系数在0.65以上是可接受的最小信度值。

3. 检验效度步骤

因子分析前，首先进行KMO检验和巴特利特球形检验，KMO检验系数>0.5，P 值(巴特利特球形检验的 $x2$ 统计值的显著性概率)<0.05时，问卷才有结构效度，才能进行因子分析。因子分析主要是你自己做了一份调查问卷，你要考量这份问卷调查得到的数据信度和效度如何，能不能对你想要调查的东西起到代表性作用。

在SPSS里面，analyze—factor就是因子分析，在左下角第一个框descriptives里面勾选最下面的KMO and Bartlett's test of sphericity，就会出来结果，看表格的第一行为KMO值，最后一行SIG为球形检验的 P 值，小于0.05即可。在做因子分析时，是否输出KMO结果，与原始数据没有关系，它只是作为判定原始数据是否适合做因子分析的依据。做因子分析时，要想输出KMO结果，要在复选框做相应的选择(在默认状态是没有这个结果输出的)。具体的操作过程：analyze—date reduction—factor—descriptives—选中：KMO and Bartletti's test of sphericity—continue。

首先，必须要做KMO和Bartlett球形检验，如果这两个检验合格，说明数据是适合做因子分析的。提取因子后，看主因子解释总变异的百分比和各因子的因子载荷，一般若主因子解释总变异大于60%，因子载荷大于0.6，说明结构效度很好。如果题目没有规定，就选特征值大于1的，如果题目事先要提取几个因子，那么在操作的时候，用SPSS进行因子分析的选项里有一个地方可以注明，因子载荷(rotated compoment matrpx)在输出的结果中直接可以看到，一定要是旋转后的因子载荷。

除此之外，可以用因子分析里descriptives中的KMO和巴特利特球形检验，KMO的值如果大于0.5，则说明因子分析的效度还可以，可以进行因子分析；另外，如果巴特利特球形检验的$P<0.001$，说明因子的相关系数矩阵非单位矩阵，能够提取最少的因子同时又能解释大部分的方差，即效度可以。

☞案例

留学生教育服务质量调查问卷

尊敬的先生/女士：

您好！

这是一份学术性论文的问卷，目的在于了解留学生对于陕西高校提供的教育服务质量的满意程度以及留学感知。本问卷调查采用不记名方式，您所填答的内容数据仅供学术之用，绝不对外公开，因此，请您放心并仔细填答每一道题目。

非常感谢您热心的协助与支持！

填写说明：请在符合您的答案选项上打"√"或在题后填写相应内容。

一、基本资料

1. 您的性别：　A. 男　　B. 女

2. 学生类别：　A. 博士研究生　　B. 硕士研究生
　　C. 本科生　　D. 专科生
　　E. 进修生

3. 您来留学的主要目的是什么？(可以选多个答案)

A. 提高汉语听说读写能力　　B. 接受高质量的高等教育
C. 将来找好一点的工作　　D. 得到HSK高级证书
E. 了解中国　　F. 其他
G. 没有特别的目的

4. 影响您选择留学目的地的主要因素有哪些？(可以选多个答案)

A. 师资力量，优秀的教学质量　　B. 学校良好的声誉与知名度

C. 留学费用(学费、生活费等)　　D. 优美的校园环境，先进的设施

E. 优质的后勤保障服务　　F. 所在城市的治安、卫生、文化环境

G. 学校对学生的关心与理解　　H. 高效、有序的行政管理能力

I. 独特的课程内容　　J. 与其他留学生、中国学生相互学习

5. 留学之前，您主要从哪些渠道获得陕西高校的信息？(可以选多个答案)

A. 陕西各个学校的网站　　B. 中国教育官方网站

C. 咨询国内使馆的教育官员　　D. 向其他来过陕西的朋友咨询

E. 教育展　　F. 咨询中介机构

G. 国内学校对陕西高校的宣传　　H. 其他渠道

6. 您所学的专业：________。

7. 你们的专业课教师在课堂上是否使用你们的母语跟你们交流？

A. 经常　　B. 偶尔　　C. 从不

8. 你们所学的专业课程是否使用了双语(中文及你们的母语)教材？

A. 是　　B. 否

9. 您认为专业课教学是否有必要使用双语教材？

A. 非常有必要　B. 有必要　　C. 无所谓

二、教育服务满意度调查

填写说明：以下题目，与您对所在留学高校的教育服务满意程度有关。您可能同意或者不同意，请在每道题后勾一个数字，以表示您赞成的程度。5 代表您“完全同意”，1 代表您“完全不同意”，其他数字代表 5 和 1 之间的不同程度。

完全同意　5　4　3　2　1　完全不同意

←……………………………………………………→

1. 我国国内对我所在的这所学校评价很高　5 4 3 2 1

2. 学校入学手续简便　5 4 3 2 1

3. 学校拥有充足的现代化教学设施　5 4 3 2 1

4. 图书信息、网络资源获取便利　5 4 3 2 1

5. 学校的饮食、住宿、运动、娱乐等设施齐全、方便　5 4 3 2 1

6. 教师具有良好的专业知识与教学能力　5 4 3 2 1

7. 学校教师在上课过程中能够用通俗易懂的语言来讲解课文和回答问题　5 4 3 2 1

8. 学校安排的课程连贯、完整，并符合我的学习需要　5 4 3 2 1

9. 学校的教师和管理人员衣着干净、整洁　5 4 3 2 1

10. 教师和工作人员对于所承诺的服务，都能及时完成　5 4 3 2 1
11. 学校教师和管理人员很乐意回答我的问题，并帮助我解决困难　5 4 3 2 1
12. 学校中各场所的工作人员在服务过程中一直很礼貌　5 4 3 2 1
13. 学校工作人员能够专业、熟练地处理事情　5 4 3 2 1
14. 学校所提供的服务总能让我信赖　5 4 3 2 1
15. 学校协调具有不同文化背景的留学生关系　5 4 3 2 1
16. 学校总能够理解我们的需要　5 4 3 2 1
17. 学校教职工很关注我的成长和进步　5 4 3 2 1
18. 学校为我们提供了符合我们特点的服务(如符合我们口味的饭菜)　5 4 3 2 1
19. 学校专门设立了为我们解决困难的机构(如医疗机构、心理咨询机构等)　5 4 3 2 1
20. 校园文化活动对我的学习、生活有很大的影响　5 4 3 2 1
21. 我经常参与学校大型的校园文化活动　5 4 3 2 1
22. 我学到了许多新的专业知识　5 4 3 2 1
23. 留学经历对我就业或发展很有帮助　5 4 3 2 1
24. 陕西的教育服务质量很高　5 4 3 2 1
25. 我会向其他人宣传和推荐陕西的高校　5 4 3 2 1
26. 如果重新选择，我还会选择陕西作为留学地点　5 4 3 2 1

对您的支持与帮助再次表示衷心的感谢！

☞案例

调查问卷专家效度评价表

尊敬的专家，您好！首先，感谢您的大力支持！设计此问卷的目的，是为了了解陕西高校在留学生所在国家的社会声誉以及陕西高校在提供教育服务过程中所存在的问题，为促进陕西高校进一步与国外高校进行合作提供支持。问卷分为两部分，第一部分旨在了解影响留学生来陕西高校留学的内、外部因素以及他们在留学过程中对于专业课教学的感知，第二部分旨在了解留学生对于陕西高校教育服务质量的满意程度。问卷中第二部分教育服务满意度调查量表是由教育管理、情感投入、师资力量、场地设施、后勤服务、活动参与6个维度构成。为了保证调查内容的有效性，特恳请您对此问卷做效度检验。最后，诚挚地感谢您的热情帮助与支持！

我们的信息：

联系电话：×××

e-mail：×××

联系人：×××

一、您的基本情况

您的姓名：________。

您的性别：　□男　　□女

您的职称：　□教授　　□副教授　　□其他

二、问卷的内容效度检验

本问卷的内容效度评价分五个等级，即非常适合、比较合适、基本合适、不合适、非常不合适。请您在相应的栏中打“√”。

评价内容：□非常适合 □比较合适 □基本合适 □不合适 □非常不合适

问卷内容的总体评价：________。

三、您认为本问卷有哪些地方需要改进？

第六节　网络调查问卷发布

现在有很多支持问卷设计的网站或网络工具，这些问卷调查网站的特点是方便、快捷，而且，均提供免费使用的权限(免费版的功能会有所限制，但一些小范围的调查还是可以满足的)，可供初学者体验与应用。当然，如果需要更专业的调查统计功能，还提供收费的功能可供选用。具备调查功能的网站很多，比如OQSS、知己知彼网、调查派、问卷星等。下面以“问卷星”调查系统为例讲解。

(1)百度找到问卷星网站。

(2)连接网站后注册。

(3)填写注册信息。

(4)注册完成后，登录注册时填写的邮箱完成激活。

(5)登录后开始设计新问卷(图4-1)。

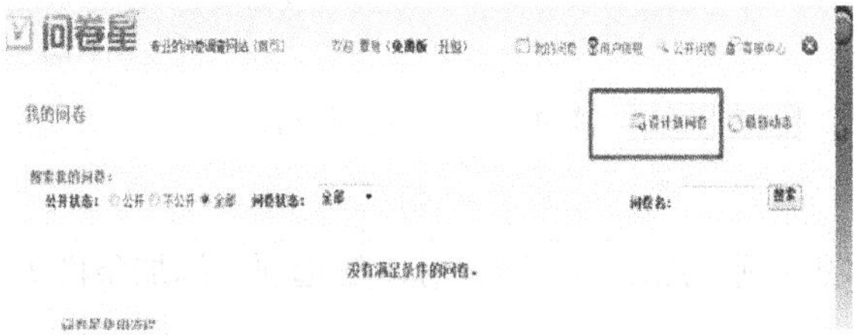

图4-1　问卷设计

（6）如果不用模板，直接点击空白模板（图 4-2）。

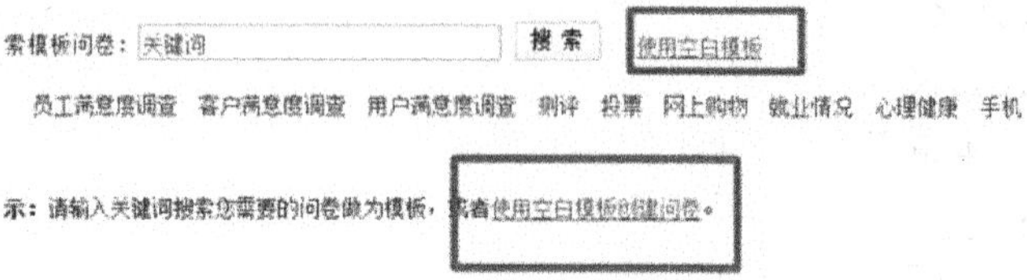

图 4-2　模板选择

（7）填写问卷的标题并点"下一步"（图 4-3）。

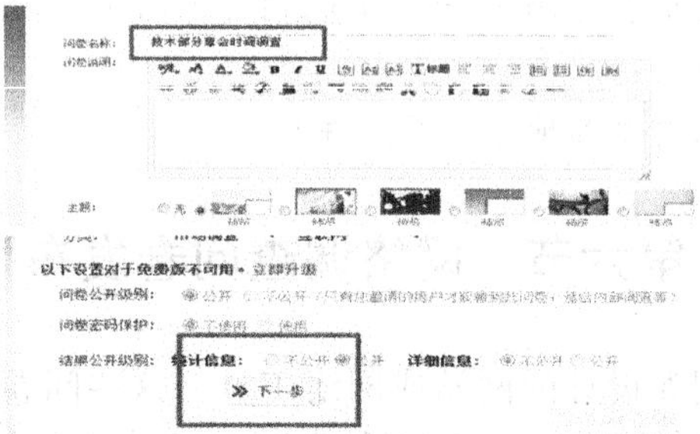

图 4-3　问卷题目设置

（8）编辑题目（图 4-4）。

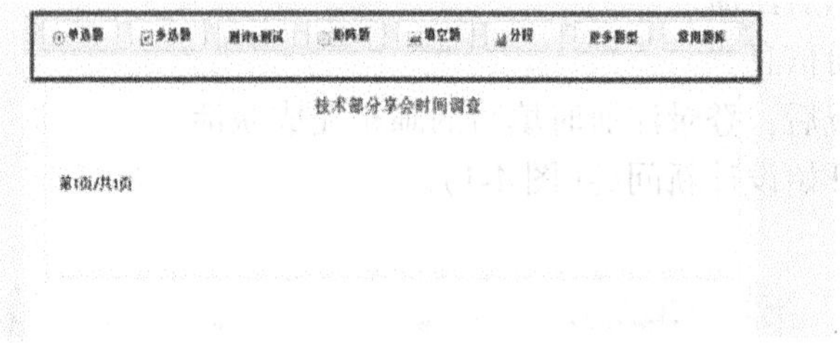

图 4-4　问卷题目设置

（9）以多选择题为例，点击多选题，可以加选项、添加条件等。填写前（图 4-5）：

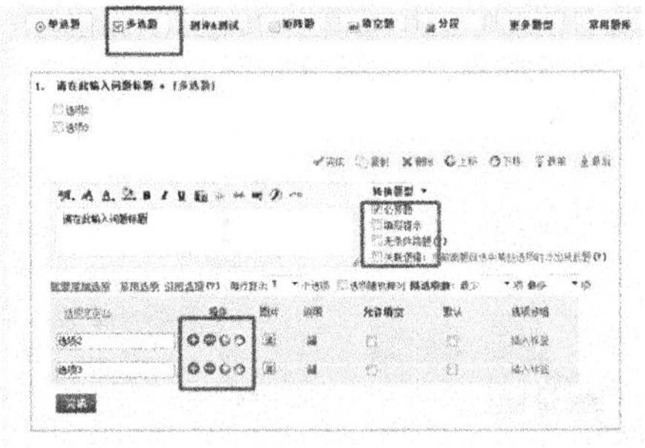

图 4-5　问题设置

填写后(图 4-6)：

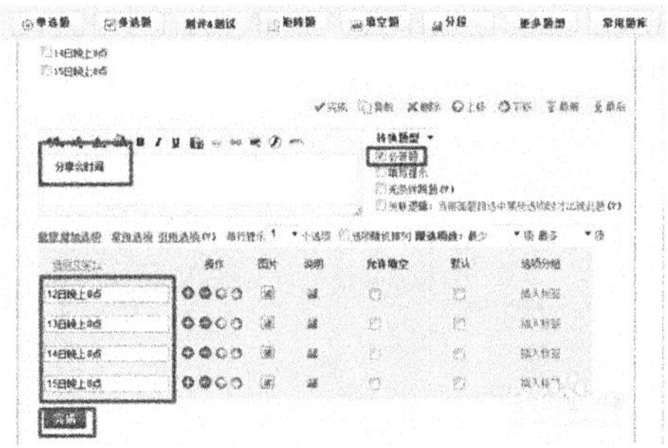

图 4-6　问题设置

(10)以填空题为例，填写前(图 4-7)：

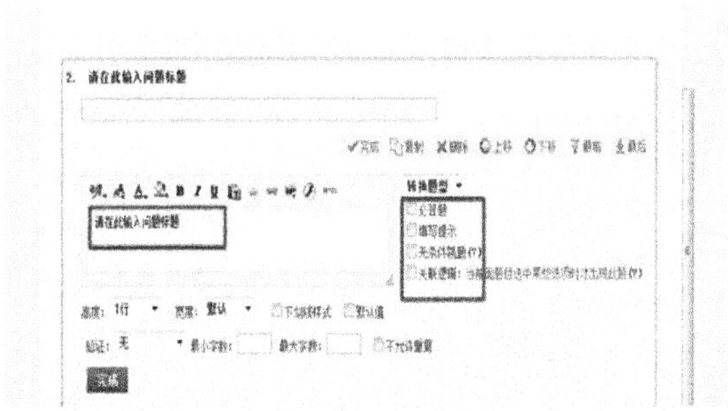

图 4-7　问题编辑

填写后(图 4-8)：

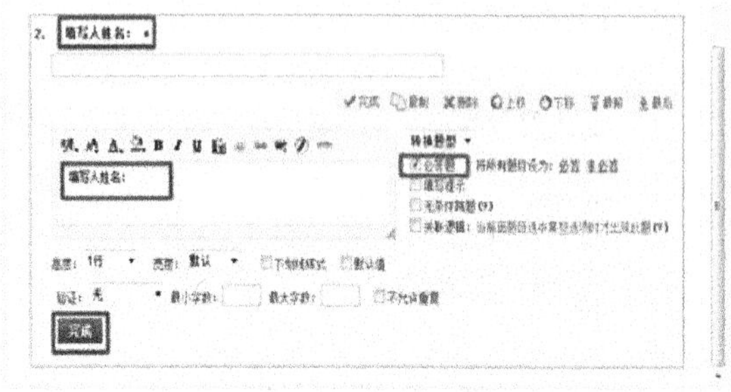

图 4-8　问题编辑

(11)编辑完成后，看看有没有错，检查后点击“完成编辑”(图 4-9)。

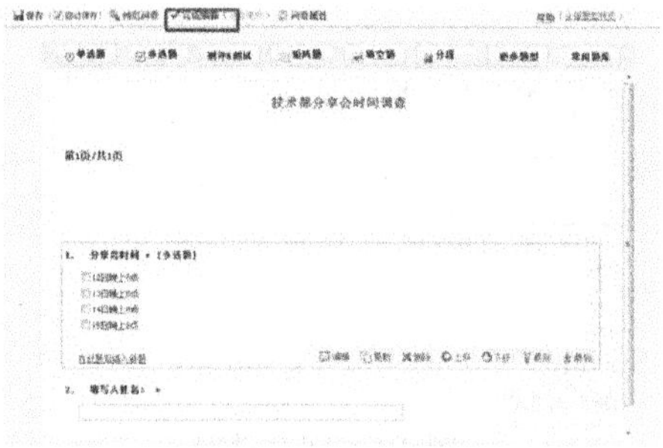

图 4-9　问题编辑

(12)点击“完成编辑”，出现开始发布问卷(图 4-10)。

图 4-10　问题编辑完成

(13)点击“立即发布问卷”，出现发布成功(图 4-11、图 4-12)。

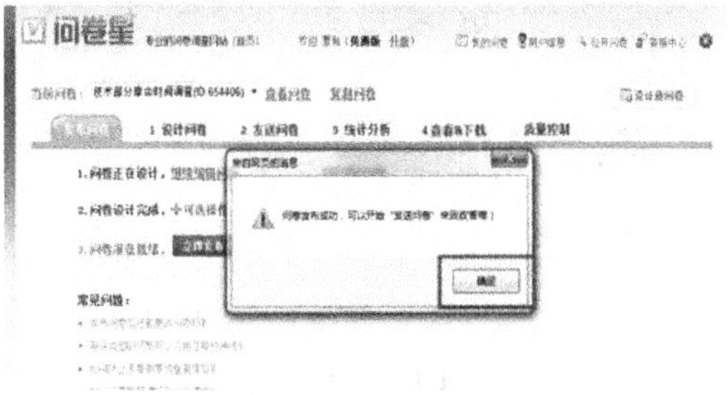

图 4-11　发布问卷

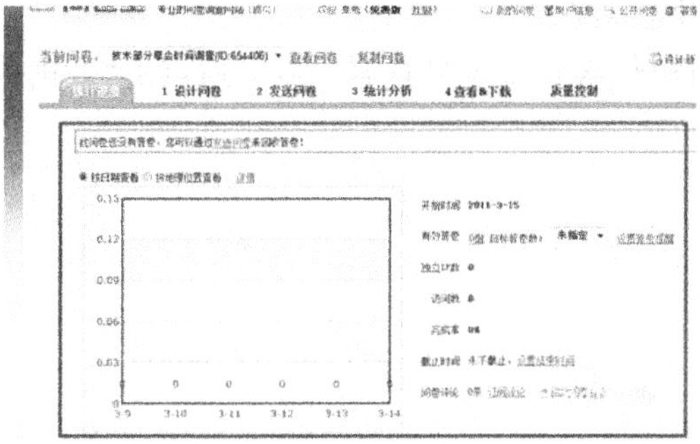

图 4-12　发布问卷

(14)把链接发送给需要填写的人，点击发送问卷下的“问卷链接”(图 4-13)。

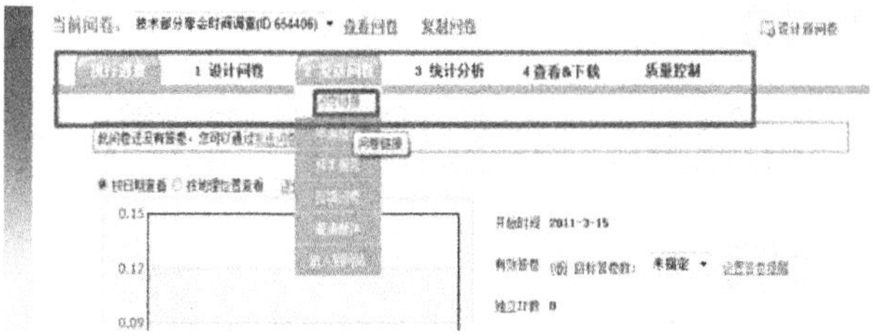

图 4-13　问卷链接

然后出现(图 4-14)：

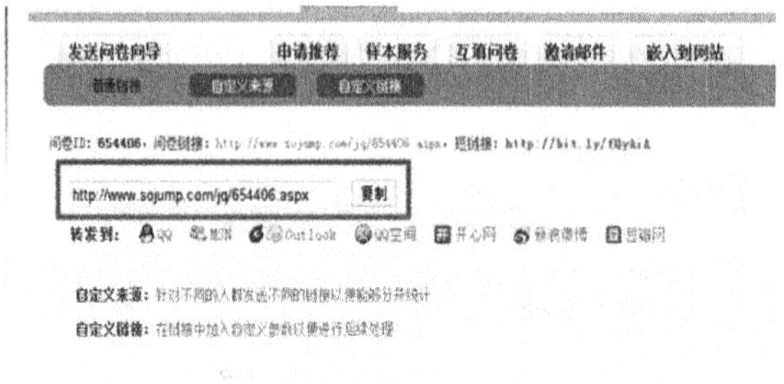

图 4-14　问卷链接

(15)把链接以 QQ 或邮箱的形式发给需要填写问卷的人。

(16)查看问卷填写情况。

发布问卷后，可以再次登录账号查看，登录后点击“我的问卷”(图 4-15)。

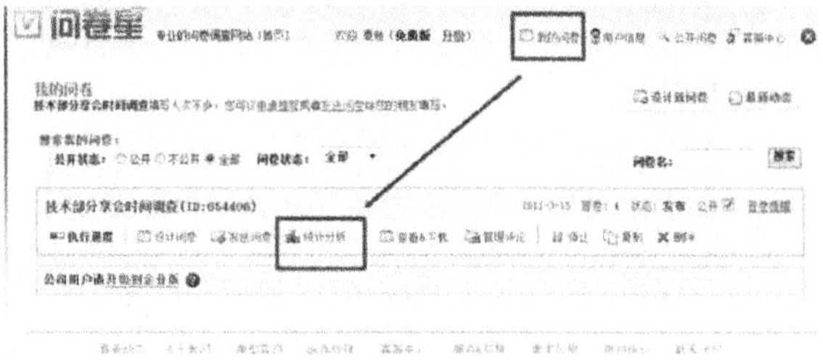

图 4-15　问卷统计

再点击”统计分析”，然后会出现(图 4-16)：

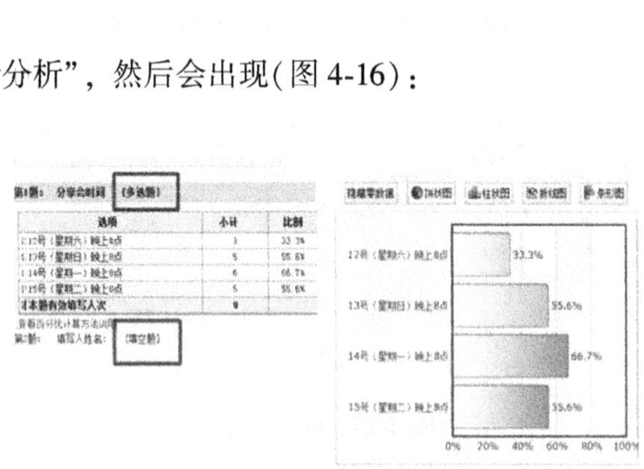

图 4-16　问卷统计

第五章　定量资料整理

通过调查收集到数据资料后，接下来的任务就是要对这些资料进行统计分析。在这一章中，我们将按定量资料分析的程序，对原始数据的整理、录入以及单变量分析、双变量统计表格的制作做简要的介绍。

第一节　资料的整理

一、资料审核

资料的审核是资料处理的第一步工作。它是指研究者对所收集到的原始资料(主要是问卷)进行初步审阅，校正错填及误填的答案，剔除乱填、空白和严重缺答的废卷。其目的是使原始资料具有较好的准确性、完整性和真实性，为后续资料整理与统计分析工作打下良好的基础。资料审核工作主要包含两方面的内容：一是检查出问卷资料中的问题，二是重新向被调查者核实相关情况。

二、资料编码

编码就是给每个问题及答案编一个数字作为它的代码。从资料处理的角度看，编码就是用阿拉伯数字来代替问卷中每一个问题的回答，或者说是将问卷中的答案转换成数字的过程。如表 5-1 所示。

☞案例

表 5-1　某问卷中前几个问题的答案和编码范例

		转换成的数字(编码)
A1	您的性别：　①男√　②女	1
A2	您的年龄：_28_周岁	28
A3	您的文化程度：	
	①小学及以下　②初中　③高中及中专√　④大专以上	3
A4	您的婚姻状况	
	①未婚　②已婚√　③离婚　④丧偶　⑤其他	2

表格式问题的答案进行转换时，还要特别注意它的方向性，如表5-2所示对婚事花费态度的调查。

☞案例

表5-2　对婚事花费态度的调查

	非常同意	同意	无所谓	不同意	很不同意
1. 婚事应该尽量办得简单一些		√			
2. 结婚是人生大事，应该办得隆重热闹，花再多钱也值得				√	
3. 就是有钱，婚事也不应该大操大办	√				

对于赞同节俭办婚事的看法，按1=非常同意、2=同意、3=无所谓、4=不同意、5=很不同意来赋值；而对赞同婚事大操大办的看法，则按5=非常同意、4=同意、3=无所谓、2=不同意、1=很不同意来赋值。这样，上例三种看法的赋值情况如表5-3所示。

☞案例

表5-3　三种看法的赋值

	非常同意	同意	无所谓	不同意	很不同意
看法1	1	2	3	4	5
看法2	5	4	3	2	1
看法3	1	2	3	4	5

所以，对于这个回答者的答案，我们应该将其转换为：2、2、1。每一个回答者在这一量表上的三个得分(每行一个答案所对应的码值)加起来，就构成他对婚事操办方式的态度得分。按上述赋值方式，则一个回答者在该量表上的得分越高，表明他的态度越倾向于婚事大操大办。

在对问卷中的问题进行编码时，要给不同的问题分配合适的栏码，即指定该问题的编码值在整个数据文件中所处的位置。这种栏码有时在问卷设计时就写在问卷上(每页的右边，用一条竖线与问题及答案隔开)，但也有很多情况下，在问卷收回后编码时再指定。栏码的指定方法是从问卷的第一个项目或问题开始，先根据每一个项目或问题答案数码的位数，确定该项目或问题所占有的宽度，再根据顺序确定其在整个数据排列中所处的位置，从头依次往后排列。表5-4就是指定栏码的一个例子。

☞案例

表 5-4　编码制订

	宽度	栏码
A1　你的性别：①男　②女	1	1
A2　你的年龄：________周岁	2	2-3
A3　你的文化程度：	1	4
①小学及以下　②初中　③高中及中专　④大专以上		
A4　你的婚姻状况		
①未婚　②已婚　③离婚　④丧偶　⑤其他	1	5

第一个问题的答案代码只有 1 和 2，是一位数，故宽度为 1。因是第一个问题，故序号为 1。第二个问题是“年龄”，一般情况下，人们的年龄不会超过 100 岁，是 2 位数，宽度为 2，接上题序号，给定栏码 2-3 号，第三、第四个问题的答案均为一位数，按顺序分别给予 4 号和 5 号。需要说明的是，在给年龄、工资收入、时间、人数等定距变量分配栏码时，一定要根据实际情况，确定合适的宽度。

三、数据录入

因为各种原因，纸质版的调查问卷还在经常使用，所以，需要专门介绍数据录入的有关问题。数据录入的方式主要有两种：一是直接将问卷上编好码的数据输入计算机；另一种是先将问卷上编好码的数据转录到专门的登录表上，然后，再将登录表上的数据输入计算机。登录表的横栏为问题及变量名，都有给定的栏码，纵栏为个案记录，表 5-5 就是登录表的一部分。

表 5-5　数据登录表(部分)

	城区	个案号	A1	A2	A3	A4	A5	A6	A7	…
个案 1	1	2~5	6	7~8	9	10	11	12	14	
个案 2	2	0387	2	38	3	2	2	1	1	
个案 3	4	0441	2	41	2	3	4	1	0	
个案 4	3	1024	1	50	2	5	2	2	1	
个案 5	6	0036	1	28	3	7	1	0	0	
…	…	…	…	…	…	…	…	…	…	

四、数据清理

1. 有效范围清理

对于问卷中的任何一个变量，它的有效编码值往往都有某种范围，而当数据中的数字超出了这一范围时，那这个数字一定就是错误的。比如，如果在数据文件的"性别"这一变量栏中，出现了数字 5 或者 7、8 等，马上可以判定这是错误的编码值。因为根据编码手册中的规定，"性别"这一变量的值应该是 1＝男、2＝女或者 0＝无回答。凡是超出这三者范围的其他编码值肯定是错误的。要检查出所有不符合要求的编码值，可以借助专业工具，如 SPSS 软件。

用 SPSS 软件(或其他软件)执行一条统计各变量频数分布的命令，计算机很快就能给出表 5-6 所示的结果：

表 5-6 各变量频数分布统计表

A5					Valid	Cum
Value Label		Value	Frequency	Percent	Percent	Percent
		1	316	31. 4	31. 5	31. 5
		2	428	42. 5	42. 6	74. 1
		3	121	12. 0	12. 1	86. 2
		4	128	12. 7	12. 7	98. 9
		7	9	0. 9	0. 9	99. 8
		7	2	0. 2	0. 2	100. 0
		0	3	0. 3	Missing	
			……	……	……	
		Total	1007	100. 0	100. 0	
Valid Cases	1004	Missing Cases	3			

2. 逻辑一致性清理

逻辑一致性清理则是从另一种角度查找数据中所存在的问题，比有效范围清理要复杂。其基本思路是依据问卷中的问题相互之间所存在的某种内在的逻辑联系，检查前后数据之间逻辑的合理性。

要查找和清理有上述错误的个案，需要在 SPSS 软件中执行条件选择命令(IF)。比如，先用 IF 命令，将所有回答"没有孩子"的个案挑出来，单独做频数统计；再按前述有效范围清理的方法，找到那些在"孩子的年龄"变量上编码值不为零的个案。同样的，先用 IF 命令将未婚者挑出来，单独做频数统计；然后，找到那些在变量子女数或者子女年龄上出现有非零编码值的个案。根据这些个案的编号，找来原始问卷进行核对，纠正错误。逻辑一致性清理，还可以采取 SPSS 中构成新变量的命令(即 compute 命令)来进行，可参考有关 SPSS 统计分析的相关著作。

3. 数据质量抽查

尽管采取了上述两种方法对数据进行清理，但仍会有一些错误的数据无法筛查出来。人们往往采用随机抽样的方法，从样本的全部个案中抽取一部分个案，进行这种形式的校对工作。然后用这一部分个案校对的结果，来估计和评价全部数据的质量。

第二节　统计表的制作

一、统计表的构成与制作

1. 统计表的构成

统计表的结构通常都由表号、总标题、横行标题、纵栏标题、数字、注释和资料来源等要素组成。统计表的序号位于表顶端的左角，其作用是便于指示和查找。总标题是表的名称，简要说明表中资料的内容，指明资料的时间与空间范围等。横行标题是横行的名称，对于频数统计表来说，一般用来统计所要说明的主题；而对于交互分类统计表来说，表示其中一个变量的类别。数字是统计表的实质性内容，是对调查资料进行统计汇总、整理和计算的结果体现。注释或资料来源是对表中资料的一种说明。

☞**案例**

表号 ↓　　总标题 ↓

表 5-7　2015 年全国城乡人口及其比重

	人口数（亿）	比重（%）
城镇	7.7116	56.10
乡村	6.0346	43.90
合计	13.7462	100.0

← 纵栏标题

横行标题 →

← 数字

资料来源：中国人口和就业统计年鉴 2016 .北京：中国统计出版社，2017. 01

↑ 注释和资料来源

2. 统计表的制作

统计表的制作原则：科学、规范、简明、实用、美观。具体地说，在制作统计表时，应注意以下几个方面：首先，表的标题要简短明了，要能确切说明表中数据的内容，使读者一目了然。其次，表的纵栏标题与横行标题要准确反映变量取值的含义，其排列顺序也应具有一定的逻辑性。再次，表中的数据资料必须注明计量单位。最后，对于一般的频数分布表，应列出合计栏，以便于获得整体情况的资料。

☞**案例**

表 5-8 2015 年全国城乡人口及其比重

	人口数(亿)	比重(%)
市镇	7.7116	56.10
乡村	6.0346	43.90
合计	13.7462	100.0

二、单变量统计表

单变量统计表的制作，用下述表 5-9 的例子说明。在一个企业进行的调查，对调查对象年龄进行描述。在被调查者中，青年人和中年人占了绝大多数，约占总体的 95.6%；其中，又以 30～39 岁的人最多，其人数比率接近一半；40～49 岁和 18～29 岁的被调查者人数比率接近，占 25%左右；而调查对象在 50 岁以上的人非常少，这说明本单位职工的年龄结构比较合理。

表 5-9 调查对象的年龄构成 $N=431$

	频数(人)	有效百分比(%)
18～29 岁	106	24.6
30～39 岁	193	44.8
40～49 岁	113	26.2
50～59 岁	18	4.2
60 岁及以上	1	0.2

三、双变量统计表

双变量统计表又称交互分类表，也称列联表。它的形式要求主要有如下几点：

(1)每个表的顶端要有表号和标题。

(2)表格中的线条一定要规范、简洁。

(3)表中的百分比符号有两种简便处理的方法：一种是在表顶端的右角，即标题的右侧标上一个“(%)”符号(表5-10)，它表示此表中的数字都是百分比；另一种方式是在表中每一纵栏数字的头上(也就是上方变量的每个取值下面)写上一个“%”，这样，就可以省去在表中每一个数字后都标上一个“%”的麻烦。

(4)在表的下端用括号标出每一纵栏所对应的频数，以指示每一栏百分比所具有的基础(个案的多少)，同时，也可供读者据此计算每一类别中的个案数目。

(5)表内百分比通常保留一位小数，整数形式的百分比，仍要在小数点后面写出0。

(6)对于交互分类的两个变量的安排，通常是将自变量或被看做自变量的或用来做解释的变量放在上层，而将因变量或被看做因变量的或被解释的变量放在表的左侧。表中百分比的方向，一般情况下是按自变量的方向，即纵栏方向。

(7)交互分类的两个变量的变量值应有所限制，特别是不能同时具有多个变量值。

☞案例

对某企业进行关于改制的调查，自变量：年龄，因变量：“改制是大势所趋”观念。

经过分析，可以看出年龄与职工对“改制是大势所趋”观念的认知相关。18~29岁的人中，有90.4%的人赞成这个观点；30~39岁的人有72.2%的人赞成；40~49岁的人有66%的人赞成；50岁及以上的被调查者，由于人数较少，不作分析。可见，随着年龄的增加，对此观念持正确认知的人数比例呈下降趋势。具体情况如表5-10所示：

表5-10 年龄与“本厂的改制是大势所趋”观念的认知(%) $N=404$

	18~29岁	30~39岁	40~49岁	50~59岁	60岁及以上
非常赞成	45.2	36.1	24.0	31.3	100.0
比较赞成	45.2	36.1	42.0	50.0	0.0
不太赞成	1.9	5.5	2.0	0.0	0.0
不赞成	2.9	4.4	5.0	0.0	0.0
说不清	4.8	18.0	27.0	18.8	0.0
$\lambda=0.04$ $X^2=30.843$ $df=16$ $P<0.05$					

第六章　网络调查研究的补充手段

网络调查研究有着其独有的优势，也存在着其不足之处。在必要的时候，在通过网络调查得到一手数据后，需要采用实验研究、文献研究、实地研究等补充手段，以获取更全面、更客观、更真实的资料，对调查研究的推导结论进行一定程度的验证，以提升研究结论的准确性和科学性。

第一节　实验研究

一、实验的概念与逻辑

1. 实验及其基本要素

实验是一种经过精心设计，在高度控制的条件下，通过操纵某些因素，研究变量之间因果关系的方法。实验的基本目标是确定两个变量之间是否具有因果关系。

一般来说，在实验过程中，研究通过引入(或操纵)一个变量(即自变量)，以观察和分析它对另一个变量(即因变量)所产生的效果。从方法论上看，实验是定量研究的一种特定类型，它比其他几种社会研究方式更加基于实证主义的背景和原理。尤其是在检验变量之间的因果关系方面，实验研究具有最强大的力量，这是因为判断因果关系的三个条件在实验研究的方式中，可以得到最为充分的满足。

作为一种特定的研究方式，实验有着三对基本要素：自变量与因变量、前测与后测、实验组与控制组。

(1)自变量与因变量。

自变量是引起其他变量变化的变量，也称因变量，因变量也称结果变量。在实验研究中，自变量又称实验刺激，因变量则往往是研究所测量的变量。实验研究的中心目标是探讨变量之间的因果关系，其基本内容是考察自变量对因变量的影响，即考察实验刺激对因变量的影响。

(2)前测与后测。

在一项实验设计中，通常需要对因变量(或结果变量)进行前后两次相同的测量。第一次在给予实验刺激之前，称为前测。第二次则在给予实验刺激之后，称为后测。

(3)实验组与控制组。

实验组是实验过程中接受实验刺激的那一组对象。即使是在最简单的实验设计中，也至少会有一个实验组。控制组也称为对照组，是各方面与实验组都相同，但在实验过程中并不给予实验刺激的一组对象。控制组的作用是向调查者显示，如果不接受实验刺激那样的处理，实验组将会发生什么。

2. 实验的逻辑

如果根据某种理论命题得到两个变量之间存在因果联系的假设，或者根据经验事实和主观判断，推测现象 X 是造成现象 Y 的原因，即：$X \rightarrow Y$。为了证明这一假设，首先要观察 Y 的变化情况。即先测量在没有受到 X 的影响之前，Y 的情况如何；然后，通过操纵某些条件，引入被看做自变量和原因的实验刺激，即引入 X，再对引入 X 以后 Y 的情况进行测量，并比较前后两次测量的结果。如果前后两次的情况发生变化，则可以初步认为 X 是导致 Y 变化的原因，即有 $X \rightarrow Y$。这可以说是实验研究的最基本的分析逻辑(见图 6-1)。

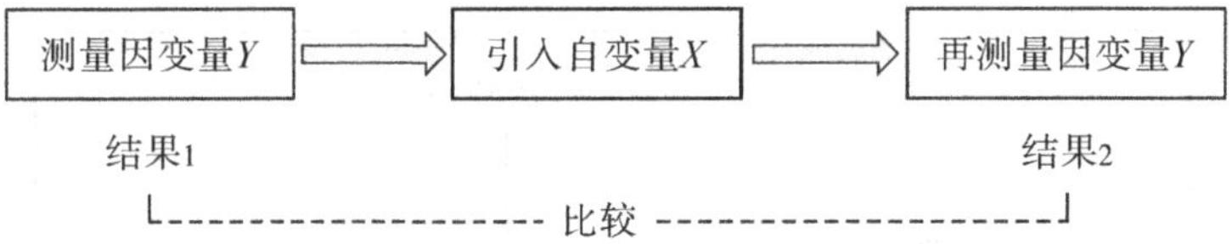

图 6-1　实验研究的分析逻辑

这是一种最简化的情形，同时，也是一种最理想的情况。实际调查研究中，研究者的分析逻辑自然要比这复杂得多。

除了了解实验研究的基本逻辑外，还应该注意到进行一项具体实验所必须满足的几个基本条件：

(1)必须建立变量之间因果关系的假设。

(2)自变量必须能够很好地被“孤立”。

(3)自变量(实验刺激)必须是可以改变的，也是容易操纵的。

(4)实验程序和操作必须能够重复进行。

(5)必须具有高度的控制条件和能力。

3. 影响实验正确性的因素

实验研究的方式，在建立变量之间的因果关系方面优于其他几种研究方式，但这一主要优点，却是以其在必备条件、操作程序、环境控制等方面的各种限制为代价的。在实际社会研究中，除了霍桑效应①那样的带有方法论意义的影响因素外，实验的正确性还受到某些特定因素的影响。其中，比较突出的问题有以下几个方面：

(1)重大事件的影响。

大多数实验设计都需要进行前测和后测，并且，常常是对实验对象在实验刺激前后的态度、观念、价值和行为进行测量。而前测和后测之间，又往往会相隔相当长一段时间，短则一周、半月，长则半年、一年甚至更长。因此，出现在前测、后测结果上的差异，除了实验刺激所造成的影响外，还有可能受到发生在这一段时间中的某些重大事件的影响。

(2)实验对象的发育所造成的影响。

实验对象的发育，指的是在实验的前测和后测之间的成长、成熟及其所带来的变化。这种变化对实验结果也会造成一定的影响，在一些特定的实验中，这种影响还会相当大。从形式上看，实验对象发育的影响与重大事件的影响有比较大的不同。如果把重大事件的影响看做是一种外部影响，那么，这种实验对象的发育就被看做一种内部的影响，即实验对象自身变化所造成的影响。如图 6-2 所示。

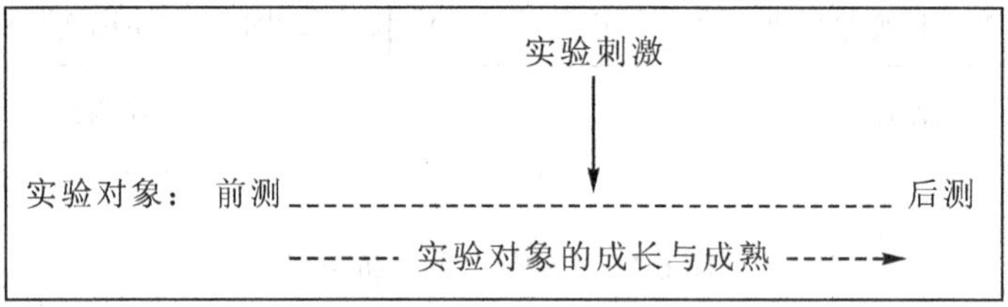

图 6-2　实验对象的发育造成的影响

(3)前、后测环境不一致的影响。

实验对象发育的影响，也可以看成是进行前测与进行后测时，实验对象的不同(发生改变)所带来的影响。实际上，除了实验对象的不同外，进行前测和后测时所处的环境也常常是不同的。即使用的是一份同样的问卷，在同样的地点，由同样的研究人员参与，有时也会造成前、后两次测量在某些方面、某些细节、某些条件

① 霍桑效应(Hawthorne Effect)或称霍索恩效应，由以哈佛大学心理专家乔治·埃尔顿·梅奥(George Elton Mayo)教授为首的研究小组提出。"霍桑"一词是美国西部电气公司坐落在芝加哥的一间工厂的名称，是一座进行实验研究的工厂。实验最开始研究的是工作条件与生产效率之间的关系，包括外部环境影响条件(如照明强度、湿度)以及心理影响因素(如休息间隔、团队压力、工作时间、管理者的领导力)。霍桑效应就是当人们在意识到自己正在被关注或者观察的时候，会刻意去改变一些行为或者是言语表达的效应。

上出现差别，从而给实验对象带来不同的影响。

(4)初试—复试效应的影响。

实验中的前测和后测还具有一个突出的特点，它们的形式、内容完全一样，这是实验方法的基本逻辑所要求的。然而，也正是由于实验方法的这一特点，容易产生初试—复试的影响问题。

(5)实验对象选择和缺损的影响。

实验对象作为实验不可缺少的一个部分，也可能产生出一些影响实验正确性的因素。这种情况首先存在于实验对象的选择上，其次与实验对象有关，影响到实验正确性的另一个因素是实验对象的缺损问题。

二、实验的程序与类型

1. 实验研究的程序

实验研究的方式与其他社会研究方式一样，遵循社会研究从选题开始到得出研究结论的基本逻辑过程。只是由于实验研究在对象选择、研究设计、变量测量、资料收集等方面的独特性，因此，在具体的研究程序和步骤上有所不同。

表 6-1 进行一项实验的步骤

①从一个有关因果关系的简单明白的假设开始；
②根据实际条件决定一种合适的实验设计用来检验假设；
③决定如何引入实验刺激或如何创造一种引入自变量的背景；
④制订一种有效的和可信的因变量的测量；
⑤建立实验背景，并对实验刺激和因变量测量进行实验；
⑥选取合适的实验对象或个案；
⑦随机指派实验对象到不同的组，并对他们进行详细指导；
⑧对所有组中的个案进行因变量的前测；
⑨对实验组进行实验刺激；
⑩对所有组中的个案进行因变量的后测；
⑪告诉实验对象有关实验的真实目的和原因，询问他们的实际感受，在某些方面被欺骗时，这种说明就更为重要。

并不是每一项实验都完全包含如表 6-1 中所示的所有步骤，这些步骤的前后顺序也不一定完全严格地固定不变，但它仍然较好地勾勒出大多数实验研究的实际过程。

2. 寻找两组相同的对象

根据实验研究的分析逻辑的要求，必须有两组各方面都一样的对象。在实际研究中，研究者为了创造出两组相同的对象，往往采用两种方法：匹配、随机指派。

(1)匹配。

匹配指的是依据各种标准或特征，找出两个完全相同或几乎完全相同的实验对象进行配对，并将其中一个对象分到实验组，而将另一个对象分到控制组的方法。在心理学的实验中，这种方法比较常见。这种方法也有其局限性，从某种意义上讲，匹配的方法是基本无用的，因为其目标是两组对象在所有方面都相同，然而，在实际生活中无法做到这一点。困难来自三个方面：

一是现实中往往没有足够的对象可供选择。随着需要相同变量数目的逐渐增加，现实中符合条件的对象数目会急剧减少。从实践的角度来看，研究者将在这方面遇到难以克服的困难。

二是研究者只能在那些他们已经意识到的对因变量可能有影响的变量上进行匹配，而在实际社会生活中，还有更多没有被研究者意识到的因素，它们也可能对因变量有影响，这些没有被研究者意识到的变量，显然不会被研究者用来对对象进行匹配。

三是人们的有些特征在实践上很难测量，或者说很难操作化为具体的、可观测的指标。比如人们的“动机”“性格”等。如果不能很好地测量“动机”，就无法在“动机”这一变量上对研究对象进行匹配。

当然，匹配方法在实际研究中仍具有一定的作用，研究者还是可以在有限的条件下，针对那些与主要问题密切相关的变量进行匹配，而暂时忽略和放弃其他一些与所研究的问题联系相对不太紧密的变量。在这样做的时候应该注意，研究的结论应限于一定的范围，下结论时要留有充分的余地。

(2)随机指派。

随机指派是研究者用来解决实验中两组对象相同性问题的另一种办法。随机指派的逻辑和程序十分简单，即完全按照随机抽样的原理和方法，把实验对象随机分配到实验组和控制组中。具体的操作方法有如下三种：用抛硬币的方式来决定每一个具体的对象是放到实验组还是控制组；简单地按单双号来决定每一个对象是进入实验组还是控制组；按照排列的顺序或实际抽取实验对象时的先后顺序决定。

按照上述三种方法分配的结果，每个组在各个方面都会比较相似，这样，就得到了两个在所有变量上都几乎完全一样的小组。或者说，这两个小组的对象在所有变量(包括尚未认识到的和无法测量的变量)上的分布几乎都是相同的，这是随机指派最为重要的作用。可以说，随机指派可以创造几乎完全相同的两组对象。之所以说“几乎完全相同”，是因为随机指派仍然存在误差，特别是当对象的数量比较小时，这种误差可能还会很大。所以，在可能的情况下，实验对象应达到一定的数量。

(3)配对方法与随机指派方法的比较。

配对方法的实质是尽可能使实验组和控制组中的成员相互之间在许多重要的背景因素、个人特征因素上完全一致；而随机化方法的实质则是依据与随机抽样完全一样的原理，用概率论来控制各种干扰变量的出现。不难理解，当根据随机化的方法，从一个总体中选出两个群体时，各种干扰变量会以同样的方式对两个群体产生影响。根据概率论，此时所选出的两个群体基本上是两个完全相同的群体。所以，使用后者所进行的实验在准确性和精确性上将超过前者。通过概率论，可以使那些偶然因素像熟知因素一样被把握，匹配法中的那些由于不熟知而不能控制的因素，也就可以有效把握了。

3. 对自变量的操纵

当研究者能够决定实验对象将经历什么或将接受什么处理和安排时，他就能够操纵自变量了。比如，如果研究者能够决定实验组的学生在新的学期中将接受新的教学法，就可以说这个研究者能够操纵自变量——“新的教学法”。

实验中，对自变量的操纵，常常体现在如何恰当地“制造出”这个自变量。然而，许多对社会研究者来说十分感兴趣的变量，通常都不能够被操纵。比如，社会研究者通常要探讨学生的性别、年龄、家庭背景或个性特征等因素，是否会影响他们的择业倾向。而学生的这些特征却是研究者无法操纵的，即研究者无法使某个学生的这些特征发生改变，因此，往往无法用实验来研究这种关系。与实验相反，调查正好适合这种研究。

除此以外，社会研究者还会由于政治、伦理的原因或限制，不能操纵一些变量。例如，我们不能为了研究人的社会化过程，而把一部分儿童同社会隔离开来，即制造出“缺乏社会接触”这一自变量，用以比较这些儿童的成长与那些正常生活在社会中的儿童的成长之间的差别。

4. 实验的分类

(1)实验室实验与实地实验。

严格的实验研究通常在实验室内进行，当然，实验也可以在现实社会生活中进行。前者称为实验室实验，后者称为实地实验。在心理学、社会心理学中，实验室实验的例子更多。

在实验室实验中，实验背景和变量都相对容易控制，实验环境可以较好地“封闭”，实验者能够比较清楚确切地观察到自变量对因变量的影响，这是实验室实验的主要优点。但实验室实验在实验内容上局限性比较大，即许多社会研究者感兴趣的内容，常常无法在小小的实验室中人工制造出来。与此相联系的另一个缺点是，实验室实验的结果在推广性、普遍性和概括性上往往会比较差。

而实地实验中，研究者可以在真实的社会生活背景中，观察到人们自然的反应。但同时，研究者却又常常难以对众多可能影响因变量的实验背景和实验条件进行控制，难以孤立出自变量的独立影响。能做的工作仅仅是观察发生了什么事情，即仅仅是对无法控制的现象所产生的可能的影响进行测量。

(2)标准实验与准实验。

实验设计必须具有一些必备的条件，比如随机指派实验对象，以形成两个或多个相同的组、前测与后测、实验环境的封闭、实验刺激的控制和操纵等。这样的实验，通常称作标准实验。

对于社会研究者来说，进行类似于自然科学中或者心理学中常见的诸如实验室实验那样的十分严格、完备的标准实验的可能性不大。社会研究的对象和内容，常常在许多方面限制了这种严格实验设计在现实社会中的应用。比如，有时不能完全控制自变量，有时仅仅只能进行后测，有时又不能将被试者随机分配到不同的实验条件中，等等。总之，社会研究常常无法对实验环境进行高度的控制。上述各种缺乏实验设计中一个或多个"条件"或"部分"的实验，就被称作"准实验设计"。从变量分析的角度来看，准实验设计可以说是处在以相关分析为特征的调查研究与以因果分析为特征的实验研究之间的。

准实验设计有以下几种常见类型：

①具有不等同组的仅有后测的设计。实验组与控制组之间并不具有相同性或相似性，即两组不等同；同时，对实验刺激缺乏控制。如图 6-3 所示：

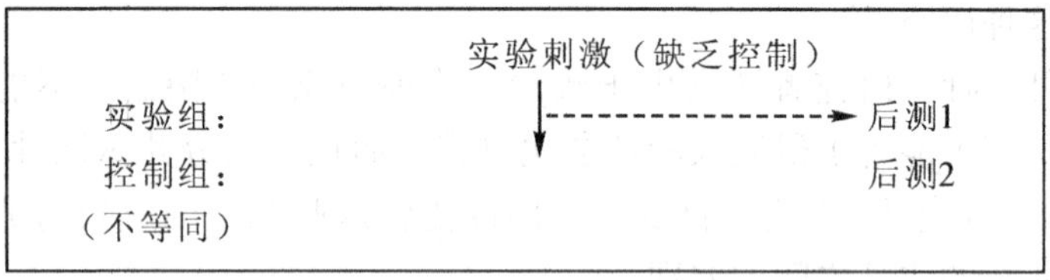

图 6-3　不等同组的仅有后测的设计

②有前测和后测的单组设计。这种设计仅有一个实验组，有前测和后测，也有实验刺激，但是没有控制组。如图 6-4 所示：

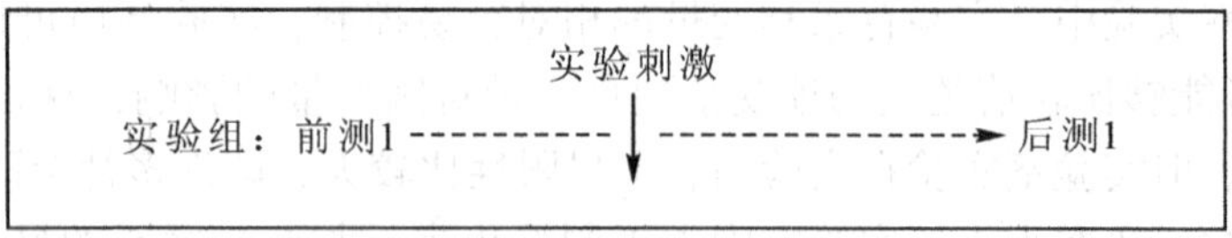

图 6-4　有前测、后测的单组设计

③仅有后测的单组设计。这种设计比单组设计的组成部分更少，只有实验刺激和对实验组的后测，这是最简单的准实验设计。如图 6-5 所示：

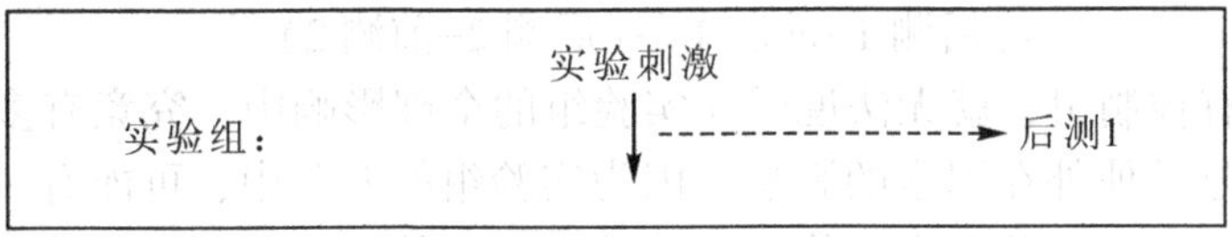

图 6-5 仅有后测的单组设计

（3）双盲实验。

所谓双盲实验，指的是在一项实验中，实验刺激对于实验对象和参与实验的观察人员来说都是未知的。究竟是实验组还是控制组被给予了实验刺激，参与实验的双方（指实验对象和实验人员）都不知道，实验刺激是由实验人员和实验对象以外的第三者任意分派和给定的。

当实验者知道哪些对象是实验组成员、哪些对象是控制组成员时，他们对研究结果和结论的期待也可能影响到实验的进行，影响到行为的测量，影响到对结果的解释，因此，必须排除这种期待的影响。正是基于这种考虑，在更严格的实验设计中，往往会考虑采用双盲实验的方法。

三、基本实验设计

1. 经典实验设计

经典实验设计也称为古典实验设计，是最基本、最标准的实验设计。由于经典实验设计中包含了实验设计的全部要素，即实验组、控制组、前测、后测、自变量（实验刺激）、因变量以及随机指派，有时也称它为“双组前后测模式”。

经典实验设计的实施步骤：

（1）随机指派实验对象到实验组和控制组。

（2）对两个组的对象同时进行第一次测量，即前测。

（3）对实验组给予实验刺激，但不对控制组实施这种刺激。

（4）对两个组的对象同时进行第二次测量，即后测。

（5）比较和分析两个组前后两次测量结果之间的差别，得出实验刺激的影响。如图 6-6 所示。

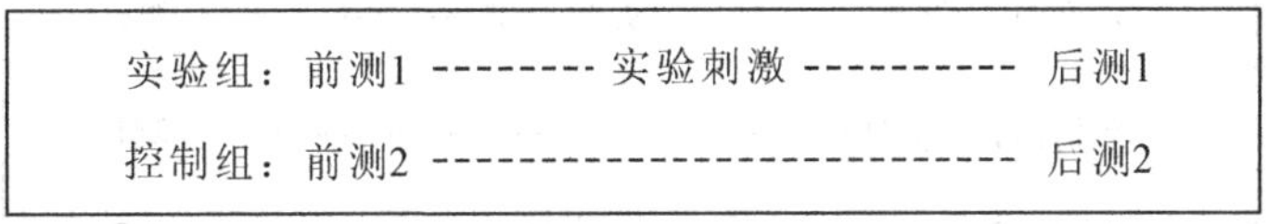

图 6-6 经典实验设计的实施步骤

实验刺激的影响=实验组的差分 - 控制组的差分

=(后测 1-前测 1)-(后测 2-前测 2)

如果没有控制组，就无法说明在实验组的全部影响中，究竟有多少是真正的原因，多少是其他外在因素的影响。因为实验组的差分中，可能有一部分是实验刺激的影响，还有一部分则可能是其他外在因素的影响，而这种外在因素的影响究竟有多大，无法确认。加上控制组后，控制组差分所代表的就是这种外在因素的影响。

因为控制组并没有给予实验刺激，这样，用实验组差分减去控制组差分，实际上即等于从总的影响中减去外在因素的影响，所剩下的自然就是实验刺激，即自变量的影响。

如果实验组差分(的绝对值)比控制组差分(的绝对值)大，则说明实验刺激对因变量有影响；如果实验组差分与控制组差分相等，则实验刺激的影响为零，即自变量对因变量不起任何作用；如果实验组差分比控制组差分小，说明实验刺激对因变量的影响是负向的。

2. 复杂实验设计

(1)索罗门三组设计。

前测作为一种刺激，对实验对象有一定影响。这一点可以通过控制组差分发现，就算不给予实验刺激，第二次测量时，实验对象的偏见也会略有下降。这也正是需要控制组的一个原因，它可以帮助研究者排除包含在实验组总的差分中的前测的影响。但是，除了前测的影响外，前测和实验刺激之间还会产生某种“交互作用效应”，即二者的交互作用所产生的另一种外加的影响。因此，还必须设法排除这种影响，以得出实验刺激真正的效果。

索罗门三组设计正是针对这一问题的一种实验设计。它是在经典实验设计的基础上，再增加一个控制组(即控制组 2)后形成的。这个控制组没有前测，只有实验刺激和后测。因此，这个组中因变量的任何变化只能归因于实验刺激。但是，要实际计算实验刺激的影响，还需要一个条件，即控制组 2 的前测得分。根据上面所述，可以用实验组与控制组 1 的前测平均数来代替。有了控制组 2，还能计算出前测与实验刺激交互作用所形成的影响。如图 6-7 所示。

实验组：前测e -------- 实验刺激 ---------- 后测e

控制组1：前测1 --------------------------- 后测1

控制组2：　　　　　　　实验刺激 ---------- 后测2

图 6-7　索罗门三组设计

(2)索罗门四组设计。

三组设计已考虑了多种因素的影响，但仍存在缺陷。因为除了前测、实验刺激以及二者的交互作用这些出现在实验内部结构中的因素外，还存在实验外部因素的影响。正是为了进一步从实验组总的差分中排除掉这种外部因素的影响，索罗门设计了更为复杂的四组实验设计。这种设计在三组设计的基础上，再增加一个控制组，该控制组既无前测也无实验刺激，只有一个后测。如图 6-8 所示。

实验组：前测e	-------- 实验刺激 ----------		后测e
控制组1：前测1	--------------------------		后测1
控制组2：	实验刺激 ----------		后测2
控制组3：			后测3

图 6-8　索罗门四组设计

由于控制组 3 既无前测也无实验刺激，所以，在控制组 3 中所发现的任何变化，就只能是实验以外的因素影响的结果。

从理论上说，这种四组设计应该是最为理想的实验设计，它具有很多优点，离研究希望达到的目标最近。但是，这种理想的设计实际上包含着许多潜在的假定和前提：假定可以找到足够的实验对象，假定实验环境等其他条件保持不变……这些假定和前提在实践中往往会被逐一打破：寻找实验对象的困难，缺少足够的实验场所或实验设备，实验的时间不够，实验的经费有限等，这些都可能使得研究者放弃或退却。

第二节　文献研究

一、文献与文献研究

1. 文献的类型和来源

所谓文献，其原意主要指包含各种信息的书面材料或文字材料。随着社会的发展，信息传播的载体也越来越多样化，因此，可以将文献定义为包含研究者希望加以研究的现象的任何信息形式。

根据文献具体形式和来源的不同，可以将其分为个人文献、官方文献及大众传播媒介三个大类；也可以分为原始文献(也称初级文献或第一手文献)和二次文献

(也称次级文献或第二手文献)两大类；还可以划分成现时性的文献和回顾性的文献；或者分为文字文献、画面文献、声音文献，等等。如表 6-2 所示。

表 6-2 按两个标准划分的文献类型

	初级文献	次级文献
现时性的	作者在当时编辑的 例如：法庭记录 议事录 人口普查 报纸的报告 契约、录音、信件、电影 **"我正在写的"**	从初级文献中转述的 例如：根据助手工作写成的研究报告 用实际文献的历史研究 用普查资料的统计研究 对其他人的回答的研究 **"他当时写的"**
回顾性的	作者在事件后编辑的 例如：私人日记、自传 参观某一学院后的报告 **"我事后写的"**	从初级回顾中转述的 例如：利用日记或自传的研究报告 **"他事后写的"**

(1)日记、回忆录和自传。

这三者都是当事人亲自写的第一手文献。人们记日记的原因多种多样，对于大多数普通人来说，记日记主要是把每天所发生的有意义的事记录下来，将来回忆过去的时光时，往事又会历历在目。日记属于个人隐私的范围，不经主人允许，其他人不能随意翻阅，所以，这也给利用日记进行研究带来很大困难，日记这一文献资料的利用所受的局限很大。

回忆录和自传既有相似的地方，又有一定的区别。回忆录往往是作者对于自己在某一时期中的一些特殊经历的描述，在这一描述中，作者本人不是中心人物；自传是对作者从小到大直至目前的生活历史，按时间顺序给出的连续性记述，传记作者是记述中唯一的中心人物。回忆录对于研究过去发生的某一事件或运动以及社会变迁来说有较高的价值。而利用自传来进行社会学研究的最杰出的例子，也许就是美国社会学家托马斯和兹纳涅斯基所做的关于波兰农民的研究了。当然，这种做法的科学性也受到人们的质疑。有的人提出，即使是在当今社会中，究竟有多少受过教育的 27 岁的青年能写出长达三百多页的生活历史？

(2)信件。

信件也常常作为一种描述事件或者人们对某种事物的个人感情的资料。利用信件来进行社会研究的做法，同样受到不少人的指责，对于特定的社会学目的来说，现在几乎没有什么类型的通信可以很容易地被利用，也没有什么类型的通信对社会研究有价值。他们指出，即使信件对研究是可用的，也存在很大的局限性。首先，写信的人通常并不能构成普通人口总体的代表。另外，人们在信件中对于事件的描述往往是经过不正常的压缩的，并且，往往是从特定角度来描述的。

(3)报刊。

这是文献研究中用得较多的资料来源之一。从报刊的版面、封面、标题，直到刊登的文章、消息、报告等，都可以是人们进行社会研究，尤其是采用内容分析方法进行研究时所用的材料。报纸中的新闻报道，常常成为人们分析某一事件或运动的依据。但是，有一点应该注意：报纸上的报道文章所记载的，通常并不是事物的全部。

(4)官方统计资料。

这是文献研究中另一个重要的资料来源。无论是全国人口普查资料，还是由国家统计部门、各级政府部门、各级专业机构编制的月统计报表、年统计图表、年统计报告等，都是社会学者研究社会的极有价值的资料。

(5)历史文献。

在某种意义上，要从文献中划出“历史”的文献这一部分是不可能的，因为所有的文献资料实际上都是历史的，即都是关于过去的。但是，在实际研究中，人们还是根据若干特征，把这一类文献与其他文献区分开来。一般来说，历史文献往往是指那些在形成的时间上距目前较远，并且，文献的作者以及所记述的事件和运动的当事人都已去世的资料。

2. 文献研究及其类型

文献研究是一种通过收集和分析现存的，以文字、数字、符号、画面等信息形式出现的文献资料，来探讨和分析各种社会行为、社会关系及其他社会现象的研究方式。根据研究的具体方法和所用文献类型不同，可以将文献研究划分为若干不同的类型。其中，社会研究者最常用的有内容分析、二次分析和现存统计资料分析三种方法。

3. 文献研究的特点

(1)文献研究的优点。

无反应性。文献研究不会打扰研究对象，也不会对这些研究对象发生影响。

费用低，省钱省时。尽管进行一项文献分析的费用依所分析的文献的类型、文献散布的广度、获取文献方式的难易程度等方面的差别而有所不同，但是一般来说，比进行一项大规模调查、一项严格的实验或一项深入的实地研究所需要的费用要少得多。

可以研究那些无法接触的研究对象。

适于作纵贯分析。由于调查、实验、观察等方法所研究的都是现时的情景，因此，往往难于用来进行纵贯研究或趋势研究。文献研究在这方面则有着它特别的优势：随着时间的流逝，各个不同历史时期的社会现象和社会生活，或多或少总会以各种不同的文献形式记录和描述下来。

保险系数相对比较大。在内容分析中，弥补过失比起其他研究来容易得多，只需要对所用的资料重新进行编码或统计处理，而不用一切都从头开始。

(2)文献研究的缺点。

许多文献的质量往往难以保证。无论是个人的日记、信件，还是报纸上的各种报道文章乃至官方的统计资料，都常常隐含着由个人的偏见、作者的主观意图以及形成文献过程中的客观限制所形成的各种偏误，从而影响到文献资料的准确性、全面性和客观性，影响到文献资料的质量。

有的资料是不易获得的。由于许多文献都不是公开的和可以随意获得的，因此，对于某些待定的社会研究来说，往往很难得到足够的文献资料。

许多文献资料由于缺乏标准化的形式，因而难于编码和分析。有些文献比如报纸杂志，经常以一种标准的形式出现，因此，编码和分析起来就比较容易。既可以进行纵贯的对比研究，也可以同其他报纸杂志进行横向的对比研究。但是，其他许多文献特别是个人文献，却不具有这种标准的形式，它们的撰写目的不同，内容或对象不同，长度、语言等表达形式的不同等，都给研究人员进行编码和分析带来了很大困难。

效度和信度存在一定问题。研究者对文献资料进行编码的结果，是否的确反映了其所希望研究的概念或变量呢？很多时候并非如此。因此，效度是内容分析的一个常见问题。

二、内容分析

1. 内容分析的定义

内容分析是20世纪才开始兴起的一种新的文献研究方法。它通过考察人们所写的文章、书籍、日记、信件，所拍的电影、电视及照片，所创作的歌曲、图画等，来了解人们的行为、态度和特征，进而了解和说明社会结构及文化变迁。

内容分析方法假定：在这些传播的材料中所发现的行为模式、价值观念和态度，反映出并影响着创造和接受这些材料的人们的行为、态度和价值观。因此，除了信息本身的内容外，内容分析还被用来研究信息发出者的动机以及信息传播的效果或影响。如图6-9所示。

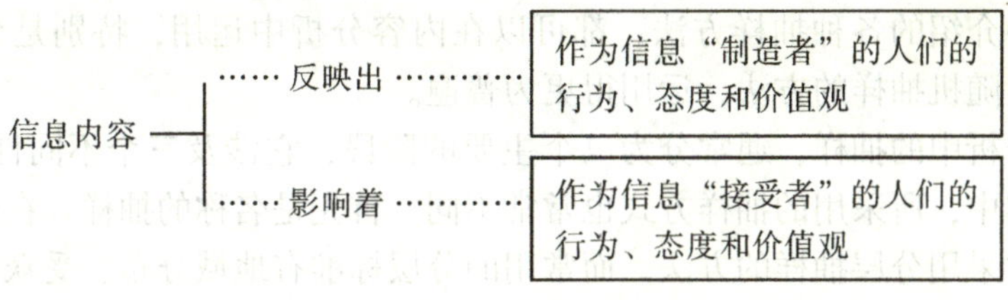

图 6-9 内容分析

2. 内容分析的类型

内容分析可以按大的方法论取向，分为定量和定性两种。然而，需要注意的是，大部分研究中往往只将定量取向称为内容分析。

内容分析对各种信息传播形式的明显内容进行客观的、系统的和定量的描述。研究者所分析的只是这些外在的、表面的内容，而不是内容的深层解释。进行客观的、系统的描述，意味着内容分析是一种规范的方法。要求研究者根据预先决定的计划，采取一定的规则，按照一定的步骤来进行。而"定量的"描述，则说明内容分析方法的基本性质。它意味着在内容分析中，其主要目标通常是决定内容中某一项目的频数，或者决定某一类别在整个内容中所占的比例。

实际上，实证主义和人文主义两种方法论，不仅在社会学研究方法中有定量研究方式(如调查研究)和定性研究方式(如实地研究)与之一一对应，在内容分析方法中，也有定量的内容分析和定性的内容分析一一对应。就像定量研究成为社会学经验研究的主流一样，定量的内容分析也一直是内容分析的主流。

定性的内容分析主要由研究者通过阅读、收听或观看，依靠主观的感受、理解、体会和分析，来解读、判断和挖掘信息中所蕴涵的本质内容。这种分析方法与文学中的"文艺批评""文学评论"等所采用的方法相似。"阅读—感受—分析—理解"就是这种内容分析的一般模式。十分明显的是，研究者的主观分析在这种方式中占据着绝对重要的地位。本书主要对定量的内容分析方法进行介绍。

3. 内容分析的程序

与其他研究方法，特别是与调查研究的方法相似，内容分析方法在研究过程中也要做出若干非常具体的选择和决定。

(1)抽样。

在对某种文献进行内容分析时，首先遇到的问题就是抽取样本。就像以人为对象的研究一样，在以文献为对象的研究中，也常常不可能直接研究全部对象。因此，需要通过抽取有代表性的样本的方法，来达到研究全部对象的目的。内容分析的抽样，常常在杂志、报纸、电视节目、广告及其他类似文献的标题或期号中进行。还有一些，则是在作者、书籍、章节、段落、句子、短语、词汇等层次上进行。前文中介绍的各种抽样方法，都可以在内容分析中运用，特别是分层随机抽样、多阶段随机抽样的方法，运用得更为普遍。

内容分析中的抽样，通常分为三个主要的阶段，它涉及三个不同性质的总体。在每一总体中，所采用的抽样方式也常常不同。首先是名称的抽样。在进行名称抽样时，经常采用分层抽样的方法。而常用的分层标准有地域分布、受众类型、编辑方向、重要性或规模、播发时间。当然，有时名称的抽样采用的是目的抽样，而非随机抽样。其次是期号的抽样，即从期刊或报纸的所有期号中，抽取若干期号，或从电视台的所有时段中，抽取不同的时段，或从所有栏目中抽取不同的栏目等。最后是内容的抽样，即从所抽中的期号、时段或栏目中抽取所分析的内容。

(2)编码。

内容分析的基本做法，是对样本中的信息进行编码，即根据特定的概念框架，对信息——无论是口头的、文字的、画面的或是其他形式的——做分类记录。与编码工作有关的问题有两个，一是要选择编码的单位；二是要制订一份编码单。

选择编码单位，即选择具体的观察和点算单位。要注意把它与研究的分析单位加以区别，分析单位是研究所描述和解释的对象，它既可以是内容分析中的编码单位，也可以不是。

编码单是对文献材料进行观察和记录的工具，在某种程度上，它同结构式观察所用的记录单十分相似。它的形成和结构依赖于编码单位的选择，比如，如果编码单位是短篇小说的中心人物，研究者就必须为每一个人物准备一份编码单；如果编码单位是场完整的电影，研究者必须为样本中的每一部电影都准备一份编码单。

一旦选定了编码单位，研究者就要为它们赋予数值。分类的基本要求同问卷中的答案编制要求一样，有两条原则：一是每一事实或材料——无论是小说的中心人物，还是书籍中的单词，报纸杂志小的文章或其他类似的东西——都必须只能归于某一类。

许多社会学研究者的研究实践表明，在对文献的内容进行阅读以便编码时，阅读者即编码者，常常会因为阅读顺序的影响而在评价标准上形成某种定势或者惯性，影响到所分析的文献评价上的统一性和客观性。为了避免这种情况发生，可以打乱文献原来的顺序，随机确定顺序。

三、二次分析

1. 二次分析的含义

二次分析也称第二手分析，指的是对那些由其他人为别的目的收集和分析过的资料所进行的新的分析。这种新的分析主要有两种类型，有两种不同的研究目的，一种是从别人为研究某一问题而收集的资料中，分析与该问题所不同的新的问题，即把同一种资料(已有的、别人的研究所收集的资料)用于对不同问题进行的分析和研究中；另一种则是用新的方法和技术去分析别人的资料，用以对别人的研究结果进行检验，即用不同的分析方法处理同一种资料，看看是否能得出同样的结论。

二次分析所用的资料，是别的研究者或研究机构通过实地调查所得到的原始数据，以及各种统计部门所编制的统计资料。计算机在社会研究中的普及和应用，使社会研究人员分享各种实地调查和统计所得的大量数据资料成为可能。从 20 世纪 60 年代开始，利用第二手资料的研究在国际上得到快速发展。许多研究中心和研究机构相互协作，形成了数据档案网。录好的原始数据被存入档案库，就像传统的图书馆收藏图书一样，供研究者广泛交流和使用。不同的是图书馆的书籍要靠借阅的办法，而数据档案库里的数据资料则需要复制和购买。

2. 二次分析的步骤

(1)选择研究的主题。

适用于二次分析的主题可以是相当大的，有时仅仅只能采用那种在国家规模上所得到的数据资料。一旦提出了某个假设或某种研究问题，就必须仔细考虑操作化工作。哪些控制变量是关键性的？因变量是不是必须以某种特定的方式进行测量？通常，在研究设计中要留有一定的余地，以便发现相关的资料中并不具备想要的各种特征时，可以稍微修改研究设计，以保持与可用资料的一致性。

(2)寻找合适的资料。

由于二次分析所用都是原始调查或统计所得到的数据资料，因此，应该对这种资料的主要来源有所了解。在我国，目前还缺乏这样的数据资料库，因此，所能利用的大多是国家统计部门所收集的资料。

对于二次分析来说，明确所寻求的资料十分重要。也许一个研究人员寻找和发现潜在的、具有吸引力的资料来源的最好途径，就是去阅读一份相关的研究资料或者公开发表的研究报告，其基本上都是来源于大规模调查的分析。可以通过查阅过去一段时期的研究期刊，而得到有关大型调查数据资料的情况。当发现一组十分有吸引力的数据资料时，可以仔细阅读论文的资料部分对资料的内容、收集方法等的描述。

(3)对资料的再创造。

得到需要的数据资料后，往往要对这些资料进行必要的加工，才能更好地为自己的研究服务。首先，必须从资料中寻找或重新定义所要研究的变量。其次，应该仔细研究这些变量。如果有一份每一变量的频率统计，可以帮助研究者加深对资料的了解。

(4)分析资料。

二次分析的最主要、最大量的工作，就是对资料的重新分析。在这种分析中，各种统计分析方法和技术都同样适用。如果把二次分析的方法与调查研究的方法进行比较，可以更清楚地认识这种方法的实质。调查研究往往是研究者根据自己的研究目的去实地收集第一手资料，也可以说他们是先“创造”出资料，然后，再对这些资料进行分析。而二次分析则是研究者自己不去进行实地调查，不去“创造”第一手资料，只是根据自己的研究目标，在别人已经“创造”出的各种原始资料堆中，“寻找”合适的资料进行分析，即只是把别人已“创造”好的资料拿来为自己所用。

3. 二次分析的优缺点

二次分析具有省时、省钱且省力的特点，它可以使研究人员从复杂、辛苦的原始数据的收集工作以及单调、枯燥的数据登录、输入等工作中解脱出来，能集中更多的时间和精力分析资料。二次分析的另一个突出优点，是特别适合于比较研究和趋势研究。如我们可以通过对不同的研究在不同地区分别收集的资料进行二次分析，来对比不同地区的情况；或者对不同的研究对不同群体进行调查所取得的资料进行二次分析，来对比不同群体的情况；还可以把其他研究者不同时期对于同一问题所做的若干次研究的资料汇集在一起进行二次分析，以便研究事物发展的趋势。

二次分析的主要缺点在于其所用资料的准确性或适用性不足。

四、现存统计资料分析

1. 现存统计资料分析的概念

在社会科学研究中，人们也常常运用各种现存的统计资料进行自己的研究。这种现存的统计资料，既可以为研究提供历史背景材料，又可以成为研究本身的数据和资料的一种来源。在后一种情况下，研究被称作现存统计资料分析。

现存统计资料的分析与二次分析有一个相似的方面，这就是它们所用的资料都是别人已经收集好的。只是二次分析所用的是原始数据资料，而现存统计资料的研究者则是利用那种以频数、百分比等统计形式出现的聚集资料。

在利用官方统计资料时，应该注意两个问题：一是应该对统计资料的内容、对象、范围、特点等都有清楚明确的认识。二是对于各种统计指标、比率和数字的实际含义、它们的计算方法等应十分清楚，不能含含糊糊。否则，会出现错用资料的情况。当我们阅读或使用某个统计数字时，应该问一问这个数字所代表的实际内容是什么。

2. 现存统计资料分析的主要步骤

(1)选择合适的材料。

许多研究常常要求大量的聚集资料与此相适应。比如，任何涉及全国范围内某种社会现象的趋势的研究，都需要这种资料。如果研究的问题可能与某种聚集资料相适应，那么，就必须仔细考虑能够用来回答这一问题的统计证据的类型。要从各种调查统计部门所公布的现存统计资料中，选择最适合的研究问题、最有代表性和最有说服力的证据。

(2)处理资料。

由于聚集资料是在一定的基础之上建立起来的，所以，把它们分解开来通常是不可能的。通常所能做的，是比较那些基数较小的单位，比如说以省、市为单位的合计资料中的信息。只能从现有统计资料本身的结构中去发现、发掘和利用，特别是从不同的角度来利用。

(3)说明资料来源。

现存统计资料分析中的一个很重要的工作，就是要说明所用的现存统计资料的来源，并使这种资料能够被理解。

3. 现存统计资料分析的效度和信度

只要研究所依赖的是对现存统计资料的分析，那么，必然会受到现存统计资料内容的限制。通常，现存统计资料往往并不能准确包含研究者感兴趣的资料，而测量对于希望得出的结论来说，也常常不能成为研究的变量和概念的有效代表，因此，逻辑推理和重复验证这两条科学的原则，对于保证现存统计资料分析的效度来说是极其重要的。在现存统计资料分析中，通过一点小小的独创和推理，常常可以发现好几个有关假设的独立检验标准，如果所有这些检验都表现出一致的结果，那么，证据就有力地支持了结论。

第三节 实地研究

在社会研究的研究方式中，实地研究是唯一一种具有定性特征的研究方式。无论是其所具有的方法论背景、研究目标，还是其研究的策略、资料收集方法以及资料分析方法，都与前面介绍的几种定量研究方式有着较大的差别。实地实验也遵循一般实验的逻辑，而其主要的特征是被研究的对象不与他们所生活的自然环境相分离。

一、实地研究及其类型

1. 实地研究的概念

实地研究是一种深入到研究现象的生活背景中，以参与观察和非结构访谈的方式收集资料，并通过对这些资料的定性分析来理解和解释现象的社会研究方式。按照不同的标准，实地研究常常被区分为参与观察和个案研究。

实地研究是一种定性研究方式，也是一种理论建构型的研究方式。实地研究方式的基本特征，是强调“实地”，即研究者一定要深入到研究对象的社会生活环境里，还要在其中生活相当长一段时间，靠观察、询问、感受和领悟，去理解所研究的现象。其基本的逻辑结构是：研究者在确定了所要研究的问题或现象后，不带任何假设进入现象或对象所生活的背景中，通过参与观察和收集各种定性资料，在对资料进行初步分析和归纳后，开始进一步观察和归纳。通过多次循环，逐步达到对现象和过程的理论概括和解释。

2. 个案研究及社区研究

实地研究可以说是参与观察与个案研究的合称。从研究背景和对象范围上看，个案研究是其特征；而从研究方式和资料收集方法上看，参与观察则是其突出的特点。

个案研究即对某一个人、事件、社会集团或社区所进行的深入全面的研究。它的特点是焦点特别集中，对现象的了解特别深入和详细。个案研究通过对事物进行深入洞察，能够获得非常丰富、生动、具体、详细的资料，能够较好地反映出事物或事件发生、发展及变化的过程；而且，能为后来较大的总体研究提供理论假设。因此，在社会科学研究的发展中，这种方法发挥着重要的作用。个案研究的方式，对于深入实地研究一个特定单位，或者是为了比较的目的而研究几个单位来说特别有用。

当研究的个案是一个社区时，通常又称为社区研究。社区研究中，研究者通常采用参与观察、访谈以及收集当地现有文献等方法来收集资料。而且，研究者通常要在该社区中生活一段时间(少则几个月，多则几年)，参与当地人的社会生活。个案研究以及社区研究所具有的深入、全面的特点是其明显的长处。而其最大的不足，或者说其最困难的一个方面，是如何发掘个案研究所具有的概括意义。

3. 实地研究案例

介绍实地研究方式的最好方法，就是按实地研究者所习惯的方式对其进行描述。我们先从一个实地研究的例子开始。

☞**案例**

《街角社会》

美国著名社会学家 W. F. 怀特的《街角社会》，是以参与观察方式进行研究的一个经典实例。1936 年，怀特获得了哈佛大学的一笔奖学金，他可以用这笔钱在三年的时间里进行一项他所感兴趣的研究。由于他当时对社会改革很感兴趣，所以，他决定用这笔钱去研究波士顿的一个贫民区。他选择了一个叫做“科纳威里”的意大利贫民区，因为这个地区与他头脑中的贫民区的印象最为接近。

为了进入这个地区开展研究，他曾经有过几次失败的尝试。最后，他终于得到诺顿大街福利委员会一位社会工作者的帮助。这位社会工作者安排他与当地青年帮伙中一个叫多克的头头会面，经过坦率的交谈，多克同意为怀特在这个意大利社区中做保证人——让怀特作为“多克的朋友”，去参与和观察社区中的各种活动和人们之间的各种关系。

怀特经常同帮伙的青年人聚在一起，玩滚木球的游戏，打棒球，玩纸牌，也经常同他们一起谈论赌博、赛马、性以及其他的事情。他在科纳威里生活了三年半，其中，有一年半的时间是同一个意大利家庭住在一起，并学会了说意大利语。在长期的观察中，怀特收集了丰富生动的资料，得出了有关群体结构与个体表现之间关系的一系列结论。

关于他的研究，怀特写道："当我开始在科纳威里游逛时，我发现，需要对我自己和我的研究作出解释。因为只要我和多克在一起，有他担保，就没有人问我是谁，或者我在干什么。但是，当我独自巡回于其他群体，甚至在诺顿帮中间时，他们显然对我十分好奇。"

"不久，我发现人们在这样议论我：我正在写一本关于科纳威里的书，这似乎是过于含糊的解释，可这就足够了。我发现，我能否为这个地区所接受，取决于我所发展的私人关系，而远不是取决于我所能作出的解释。写一本关于科纳威里的书是不是件坏事，完全取决于人们对我个人的看法。如果我是好人，那么，我的研究也是好的；如果我不好，就没有什么解释能够使他们相信写这本书是件好事。"

4. 实地研究的优缺点

实地研究的主要优点：适合在自然条件下观察和研究人们的态度和行为；研究的效度较高；方式比较灵活，弹性较大；适合研究现象发展变化的过程及其特征。

实地研究方式的主要缺点。概括性较差：其资料既难以进行定量分析，也无法概括大的总体；信度较低；对研究对象的影响；所需时间较长；伦理问题：第一，研究者有没有为了研究的目的而欺骗研究对象的权利？第二，研究者作为社会的成员，应不应该为了研究而采取欺骗研究对象的做法？

二、实地研究的过程

从实施的程序上看，实地研究通常可分为以下几个主要的阶段：选择研究背景、获准进入、取得信任和建立友善关系、收集资料（观察或访谈）、整理和分析资料、报告研究结果。

1. 选择研究背景

实地研究必须深入实地。因此，"实地"的选择是进行实地研究的第一步。在客观条件许可时，应尽量选择那些既与所研究的问题或现象密切相关，又容易进入和观察的背景。

在研究背景的选择方面，有一个与研究者熟悉程度有关的问题，即研究者应该选择自己熟悉的地区吗？还是应该选择他不熟悉的地区？不同的研究者对此看法不同。持赞成观点的人认为，研究者对其所研究的地区越熟悉，做研究越方便，就越有利于他接近、理解和分析所研究的现象。而持相反观点的人则认为，如果选择研究者所熟悉的背景，特别是研究者产生某种直接经历的背景时，他将会在克服自己对现实所具有的特定看法和特定感情方面遭遇到难以克服的困难。

2. 获准进入

尽管调查研究中也要接触被访谈对象，也有使自己合法化的问题以及一定的实际联系工作，但是，与实地研究中的进入相比，那些就显得相对简单。可以说，获准进入到实地研究中，才具有其真正的含义，它是实地研究中非常重要、十分关键的一个环节。正式的、合法的身份以及单位或组织的介绍信，并不是保证能获准进入的充分条件，而只是一种必要条件。研究者要能参与研究对象的实际社会生活，常常还需要某些“关键人物”或“中间人”的帮助。这些关键人物或中间人就生活在研究对象所生活的社区，或者就工作在研究对象所工作的单位，他们既认识研究者（是研究者的朋友、亲戚更好），同时，又认识研究者所希望研究的那些研究对象。总之，他们能够十分便利地将研究者“带入”到研究对象的生活世界中。

3. 取得信任和建立友善关系

获准进入在一定意义上只是完成了进入实地的表面程序，或者说只是获得了在研究的群体或社区中的“公开身份”，离真正进入社区生活，进入所研究的群体，还有相当的距离。因此，尽快取得当地人的信任，与他们建立友善的关系，是进入实地后研究者面临的首要任务，在实地研究中，这可能是最为困难而又最费时间的任务了。

这种信任的取得及关系的建立，需要一个过程，需要有一定的时间，也需要一定的机会。只有经过一段时间的共同生活，人们才会慢慢习惯你的出现，习惯你的参与，慢慢地从心理上接受你。而在这种参与生活的过程中，常常会出现一些自然的契机，这些契机将成为转折点，使得研究者逐渐从当地人的“他群体”，进入到他们的“我群体”里。

4. 实地研究中的记录

访谈的记录可以分两种情况：一种是比较正式的、事先约好的访谈，另一种是非正式的、偶然的、闲聊式的、非常随便的访谈。

参与观察的记录通常是先看在眼里，再记录在本子上，一般必须在当晚进行回忆和记录。白天观察时，研究者应该尽可能多地记住所观察到的行为、现象、人物和事件，记住关键人物说的关键话语。只要可能，在白天就要找机会记下几句能提示自己回忆的词语、原话、句子或其他记忆线索，哪怕只是只言片语。到了晚上，再对白天的观察进行回忆并详细记录下来。

使用新的技术手段，如录音、摄像等，可以让信息的保留更加完整。当然，这些方法的使用，一定要在合适的时间、合适的地点、针对合适的人，至少不能让调研对象反感。在必要的时候，可以告知调研对象，取得其认可后再进行。

当然，在有些情况下，无论是做现场观察记录，还是做访谈记录，要做到“不引人注目地记录”，即记录的动作要小，速度要快，时间要尽可能短。因为研究者的记录行为本身也是一种刺激物，它会影响和改变研究对象的行为表现。

关于观察记录材料的详略，原则上是越详细越好。有的研究者甚至建议：“每一个小时的观察，最低限度至少要有两页每行空一行的打字材料。”当然，还是应当根据实际情况，做到内容多则多记，内容少则少记。但无论多少，都应尽量客观、详细、具体。

三、观察法

1. 观察的概念及其类型

在社会研究中，观察指的是带着明确的目的，用自己的感官和辅助工具去直接、有针对性地了解正在发生、发展和变化着的现象。可以根据观察地点的不同，将观察分为实验室观察和实地观察；也可以按照观察中研究者所处的位置或所采取的角色，把观察分为局外观察和参与观察；还可以根据观察方式的结构程度，将观察分为结构观察和无结构观察。

(1)实验室观察与实地观察。

实验室观察就是在备有各种观察设施的实验室内，对研究对象进行观察。这种观察方式在心理学研究中经常使用，在社会学研究中，由于受到研究对象的限制，多半局限于对儿童进行的观察研究。

实地观察是指在现实生活场景中所进行的观察，实地研究者在研究中采用的主要是这种类型的观察。实地观察与实验室观察的不同之处，除了地点或场景的不同外，还体现在它通常是一种直接的、不借助其他工具或仪器的观察。从实际情况看，大部分的实地观察还是一种无结构的观察，尽管它也可以是结构式的。

(2)局外观察与参与观察。

局外观察也称为非参与观察，即观察者处在被观察的群体或现象之外，完全不参与其活动，尽可能不对群体或环境产生影响。

参与观察就是研究者深入到研究对象的生活背景中，在实际参与研究对象日常社会生活的过程中所进行的观察。它是一种非结构性的观察，这种方法是人类学家研究原始的非本族文化时最常用的一种方法。

(3)结构观察与无结构观察。

结构观察指的是按照一定的程序，采用明确的观察提纲或观察记录表格，对现象进行的观察，它与结构访谈的形式有点相似。通常，结构观察多采取局外观察的方式进行。其观察的内容是固定的，观察记录表也类似于结构式问卷，观察者根据统一的要求，对每一个观察对象进行统一观察和记录。因此，其结果可以用来进行定量分析。

无结构观察指的是没有统一的、固定不变的观察内容和观察表格，完全依据现象发生、发展和变化的过程所进行的自然观察。无结构观察同无结构访谈的特征相类似，并且，多采用参与观察的方式进行，其观察的结果也不具有统一的形式，观察所得资料通常只能进行定性的分析。无结构观察是实地研究中最主要的观察方式。无结构观察分为无结构非参与观察和无结构参与观察。

①无结构非参与观察。

从某种意义上说，这类观察研究的目标和问题比较抽象，所以，在研究步骤和观察项目上不是十分严谨和规范。它不同于日常生活的观察，完全属于科学的观察研究范畴。无结构非参与观察主要解决如下问题：

观察的内容。在探索性的观察研究过程中，基本上有五个方面的内容：对情景环境的观察、对人物的观察、对事物动因的了解、对社会行为的观察、对出现频率和出现次数的观察。

观察的记录。一是何时做记录，二是记录的积累和保存。在事件发生的当时、当地进行记录最好，以免事后回忆不起来。但是，有的情况不适合或不允许当场记录，所以，观察者要慎重选择观察记录的时间。当观察记录积累到很多时，可以采取分类索引的方法，以解决日后研究的困难。分类索引的方法可根据需要而定，可以用自己喜欢的符号系统分类，以自己研究方便为原则。

观察的准确性。科学研究的成功与否，极大程度上取决于观察所得资料的准确性，这就要求观察者保持敏锐的反应、快速的记录以及较强的记忆力。为了保证观察的准确，也可以用其他方法来验证和补充，如请被观察者查证，对错误或不准确的地方以及不齐全之处给予相应的修正和补充。

②无结构参与观察。

这是一种比较机动灵活的观察方式，在社会科学研究中，常常被人类学家用来研究原始部落、较小村庄和社区的群体生活。要求观察者要有吃苦耐劳献身于研究事业的精神，同时，要尽快取得观察对象的信任：

消除观察对象的戒备心理；尊重并顺应观察对象的风俗习惯、道德规范和生活方式；与观察对象共同生活，参加他们的各项活动；参与群体活动与个别接触相结合；给被观察者提供帮助以增进互助关系。

无结构参与观察的优点很多，也存在一些问题：一是因为无结构，所以，不同的观察者往往会有不同的结论；二是参与的程度越高，资料的主观色彩越浓。凡要动用此种方法的工作者，都要慎重地实施每一步骤，牢记自己通过观察收集资料的任务，避免产生以上两种偏颇。

2. 参与观察中观察者的角色

在参与观察的过程中，观察者可以采取两种不同的角色，一种角色是“作为观察者的参与者”，这种角色是指研究者的身份对于所研究的群体来说是公开的，同时，研究者又被这一群体所接受，允许他参与他们的成员关系和群体活动，使研究者能够进行观察和研究。

另一种角色是“完全的参与者”，也称隐蔽观察者，即研究者将自己的真实身份隐藏起来，以所观察社区或群体中一个真实成员的身份去参与其中并进行观察，这是一种要求研究者采取虚伪角色的形式。

显然，“作为观察者的参与者”的角色所具有的一个最大优点，就是研究者能够相当公开地进行观察和询问他所关心的问题，受到的限制较少。其主要缺点是，由于被观察的人们十分现实地感觉到他们正在被观察，所以，他们的行为、活动往往受到影响，表现出不正常的情况。而“完全的参与者”的角色所具有的最大优点是，研究者既能生活在被研究对象的生活环境之中，又能隐蔽地进行观察和了解被研究对象的行为表现，这种观察和人们的表现都比较真实自然。这种方法的最大问题是伦理道德问题，即研究者有没有为了研究的目的而可以欺骗研究对象的权利。

3. 参与观察法的优缺点

(1)参与观察法的优点。

与其他研究技术相比，参与观察导致研究者把他自己的看法和观点强加于他试图理解的那个世界的可能性最小，常常是在“没有先入之见”的情况下进行这种探讨的。因此，它为获得社会现实的真实图像提供了最好的方法。而采用调查研究的方法(无论是结构式访谈还是自填式问卷)，要求研究者事先决定好一组要求被访者回答的问题，这样做，就有可能使研究者把自己关于研究现象或行为的特定猜想、判断、看法和观点强加给社会。在这种特定的注意力和特定的分析框架指导下，得出的很可能是所研究的现象的变形的、曲解的图像。

(2)参与观察法的缺点。

参与观察方法的缺点，就像其批评者所概括的，所得到的资料往往缺乏信度；作为一种研究方法，其程序是不明确的，观察是无系统的，资料是难以用数量表示的，研究结果也是无法重复的。同时，参与观察在很大的程度上依赖于观察者的敏感性、领悟能力和解释技巧。在参与观察的整个过程中，主观因素的作用和影响很大，很难有比较客观的评价标准。

4. 参与观察法的要求

采用参与观察方式进行的研究，研究的过程也无特别的限制，常常会观察到原先并未期望得到的资料，获得意外的收获。由于参与观察的方法要求研究者参与到自然的、不经过人工控制或改变的环境中进行研究，因此，在可靠性、观察偏差以及结果推论上都存在着一定的局限。

参与观察之初，研究者需要为自己作为一个陌生人出现而进行某种方式的解释。他的参与观察能否成功，在很大程度上取决于他能否被其所研究的群体接纳。因此，能否得到所研究的群体中关键人物的支持和帮助，常常是研究者获得成功的关键环节。由于参与观察特定方式的要求，参与观察者往往要经历一个“先融进去”“再跳出来”的过程。

根据参与观察的特点，在采取这种研究方法时，还应注意以下几个方面：第一，要尽快同被观察者打成一片，成为他们中的一员；第二，对所观察事物的社会背景要有一定了解，观察中要保持客观的、实事求是的态度，不带偏见；第三，要善于分析观察结果，分清表象和实质，不要被假象迷惑；第四，要具有高度的注意力、忍耐力和认真吃苦的精神。

四、无结构访谈法

在实地研究中，访谈法与观察法是同样重要的资料收集方法。实地研究中的访谈与调查研究中的结构访谈的方法有较大差别。实地研究中的访谈通常是一种无结构访谈，有时，甚至只是一般的、随意的闲聊。

1. 无结构访谈的含义及分类

无结构访谈又称作深度访谈或者自由访谈，它与结构式访谈相反，并不依据事先设计的问卷和固定的程序，而是只有一个访谈的主题或范围，由访谈员与被访者围绕这个主题或范围进行比较自由的交谈。其主要作用在于通过深入细致的访谈，获得丰富生动的定性资料，通过研究者主观、洞察性的分析，从中归纳和概括出某种结论。应该说，无结构访谈与结构访谈相互补充，分别适用于不同的情况，都是社会研究中的有用工具。

根据访谈的性质，可以将实地研究中的无结构访谈细分为正式访谈与非正式访谈两种。正式访谈指的是研究者事先有计划、有准备、有安排、有预约的访谈。而非正式访谈指的是研究者在实地参与研究对象社会生活的过程中，随时碰上的、无事先准备的、更接近一般闲聊的交谈。正式访谈通常需要按事先拟好的提纲进行，这种提纲中，列出了一些根据研究文献和研究者个人经验认为应该了解的各种方面的问题。但是，提纲通常只起到某种提示作用，访谈的实际进程仍有相当大的灵活性和变化性。

根据被访对象的数量，无结构访谈又可分为个别访谈与集体访谈两种。个别访谈与结构访谈中的当面访谈有很多相同的地方，比如，都是由一个访谈员同一个被访者单独交谈。但是二者也有本质区别：无结构的个别访谈不依据问卷表，只围绕访谈的主题，通过灵活询问交谈；而结构式的当面访谈则完全依据问卷表，严格按程序、按要求进行提问和记录。无结构的集体访谈则是将若干个研究对象集中在一起进行访谈。

2. 访谈的注意事项

实地研究中的正式访谈，应该注意以下几个方面的问题：

(1)访谈前，要对访谈的主要目标和所要了解的主要内容有明确认识。

(2)访谈前，最好能对被访者的各方面情况和特征，比如年龄、性别、职业、文化程度、家庭背景、兴趣爱好等，尽可能详细地进行了解。

(3)访谈的时间和地点的确定，应该以被访者方便为主要原则。

(4)访谈时，开场白一定要说好。其标准是：简明扼要、意图明确、重点突出。

(5)开始访谈是一种真正的艺术，全部资料的可靠性，在很大程度上取决于访谈员在这方面的表现。

(6)在被访者回答问题的过程中，访谈员要专心听，并认真记录。

(7)掌握正确的记录方法。访谈的目的是收集某类现象的资料，访谈记录则是关系到访谈资料的客观性、准确性和全面性程度的重要因素。

3. 访谈的控制方法

访谈的控制是访谈过程中最重要、最难掌握的工作任务，也是整个访谈过程中最关键的环节之一。一般来说，提问控制和表情动作控制是两项主要的控制手段。

(1)提问控制。

①控制内容转换。当访谈的内容从一个方面转到另一个方面时，访谈员要有意识地帮助被访者进行这种转变，而不能在被访者没有任何心理准备的情况下突然转换论题。

②重述和追问问题。当感觉到被访者对问题含义不理解、不清楚或有误解时，可通过重复问题来帮助他们理解；当访谈员对被访者的回答有疑问时，也可通过复述其回答和追问来确证；当感到被访者回答不全时，可通过停顿不语或追问来引导被访者继续谈下去。

③掌握好发问和插话的时机。访谈员必须牢牢掌握和控制交谈的方向、范围和进展情况。而且，这一切都不能过于明显地表露出来。在被访者叙述的过程中，除了十分重要的细节外，一般不要插问，插话也不要过多，以免打断被访者的思路。

(2)表情与动作控制。

表情与动作控制指访谈员通过自己的各种表情与动作，来表达一定的思想和感情，达到对访谈过程的控制。比较重要的几个方面是：

①用动作中断被访者的谈话。如通过送水或点烟的动作，打断被访者扯远话题。

②要表现出礼貌、虚心和诚恳。

③要对被访者的谈话表示关注，即使当被访者说走了题或者语言表达效果较差时也应如此。

④访谈员的表情要适合被访者回答的内容。

⑤要恰当地用眼，专心地用耳。

4. 集体访谈

集体访谈也称为座谈会，是把若干个访谈对象集中起来，同时进行访谈的方法。集体访谈的最大特点，是访谈中不仅存在着访谈员与被访者之间的社会互动，同时，还存在着不同的被访者相互之间的社会互动。在一定意义上，集体访谈是较个别访谈层次更高、难度更大的访谈方法。

参加集体访谈的人数，是进行集体访谈首先必须解决的问题。人数多了，集体访谈会难以掌握和进行；人数少了，又达不到集体访谈的效果。根据长期实践的经验，一次集体访谈的参加人数通常以 5~7 人为宜，最多不超过 10 人。同时，应该做好参加集体访谈的被访者的选择工作。应根据访谈目的的不同而有所不同。选择的一般原则是：要有代表性，要十分了解情况，要敢于发言，相互之间应有共同语言。

集体访谈具有不同于个别访谈的特点：集体访谈获得的信息，往往比个别访谈方式所获得的信息更广泛、更全面、更完整、更准确；可以大大地节约人力和时间成本，相对较快地获得有关社会现象的情况。但是，集体访谈中所得资料的真实性和客观性没有个别访谈高，对某些敏感问题的访谈，也不适于采用集体访谈的方法。

第七章　数据分析与整合

所谓的“信息孤岛”，是指相互之间在功能上不关联互助、信息不共享互换、信息与业务流程和应用相互脱节的计算机应用系统。在整个信息技术产业飞速发展的过程中，IT 应用也伴随着技术的发展而快速前进。但与其他变革明显不同的是，IT 应用的变化速度更快，也就是说，每一次局部的 IT 应用都可能与以前的应用不配套，也可能与以后的更高级的应用不兼容。因此，从发展的角度来看，信息孤岛的产生有着一定的必然性。

从自身原因分析，前期的信息化建设往往缺乏长远与统筹规划，不同阶段只考虑各种局部需求，造成了不同应用系统的盲目引进，其中既有上级部门开发推广的，也有自行开发或合作开发引进的。由于大多数应用系统之间没有统一的技术和数据标准，数据不能自动传递，缺乏有效的关联和共享，从而形成了一个个彼此隔离的信息孤岛。

信息孤岛有“单项孤岛”和“系统孤岛”之分，带来的弊端是显而易见的。首先，导致信息的多口采集、重复输入以及多头使用和维护，信息更新的同步性差，影响了数据的一致性和正确性，并使信息资源拆乱分散和大量冗余，信息使用和管理效率低下，失去了统一的、准确的依据；其次，由于缺乏业务功能交互与信息共享，致使物流、资金流和信息流脱节，造成账账不符、账物不符，不仅难以进行准确的财务核算，而且，难以对业务过程及业务标准实施有效监控，导致不能及时发现经营管理过程中的问题，造成计划失控、库存过量、采购与销售环节暗箱操作等现象，带来无效劳动、资源浪费和效益流失等严重后果；再次，孤立的信息系统无法有效提供跨部门、跨系统的综合性信息，各类数据不能形成有价值的信息，局部的信息不能提升为管理知识，以致对企业的决策支持只能流于空谈。同时，由于企业信息孤岛的存在，还将影响信息化的集团化、行业化应用。数据分析与整合是解决信息孤岛问题的有效途径。

第一节　数据分析与整合概述

一、ETL

ETL(extract-transform-load，提取—转换—加载)用来描述将数据从来源端经过抽取(extract)、转换(transform)、加载(load)至目的端的过程。ETL是构建数据仓库的重要一环，用户从数据源抽取出所需的数据，经过数据清洗，最终，按照预先定义好的数据仓库模型，将数据加载到数据仓库中。

ETL是将业务系统的数据经过抽取、清洗、转换之后加载到数据仓库的过程，目的是将分散、零乱、标准不统一的数据整合到一起，为决策提供分析的依据。ETL是BI项目①最重要的一个环节，通常情况下ETL会花掉整个项目三分之一的时间，ETL设计的好坏，直接关系到BI项目的成败。ETL是一个长期的过程，只有不断地发现问题并解决问题，才能使ETL的运行效率更高，为项目后期开发提供准确的数据支持。

ETL的设计分三部分：数据抽取、数据清洗与转换、数据加载。在设计ETL的时候，也要从这三部分出发。

1. 数据抽取

数据抽取是从各个不同的数据源抽取数据到ODS② 中(这个过程也可以做一些数据的清洗和转换)，在抽取的过程中，需要挑选不同的抽取方法，尽可能提高ETL的运行效率。在ETL的三个组成部分中，花费时间最长的是T(清洗、转换)的部分，一般情况下，这部分工作量是整个ETL的2/3。数据加载一般在数据清洗完之后，直接写入DW③ 中。

ETL工具的典型代表有：Informatica、DataStage、OWB、微软DTS、Beeload、Kettle等；开源的工具有Eclipse的ETL插件：CloverETL。

ETL的实现有多种方法，常用的有三种：借助ETL工具如Oracle的OWB、SQL Server 2000的DTS、SQL Server 2005的SSIS服务、Informatic等实现；用SQL方式实现；ETL工具和SQL相结合。

---

① BI(business intelligence)即商务智能，它是一套完整的解决方案，用来将企业中现有的数据进行有效的整合，快速准确地提供报表并提出决策依据，帮助企业做出明智的业务经营决策。

② ODS(operational data store)，即操作数据存储，是数据仓库体系结构中的一个可选部分，ODS具备数据仓库的部分特征和OLTP系统的部分特征，它是“面向主题的、集成的、当前或接近当前的、不断变化的”数据。

③ DW(adobe dreamweaver)，中文名称“梦想编织者”，是美国Macromedia公司开发的集网页制作和网站管理于一身的所见即所得网页编辑器，DW是第一套针对专业网页设计师特别发展的视觉化网页开发工具，利用它可以轻而易举地制作出跨越平台限制和跨越浏览器限制的充满动感的网页。Macromedia公司成立于1992年，2005年被Adobe公司收购。Adobe Dreamweaver使用所见即所得的接口，亦有HTML(标准通用标记语言下的一个应用)编辑的功能。它有Mac和Windows系统的版本。随着Macromedia被Adobe收购，Adobe也开始计划开发Linux版本的Dreamweaver了。

前两种方法各有优缺点，借助工具可以快速建立起ETL工程，屏蔽复杂的编码任务，提高速度，降低难度，但是欠缺灵活性。SQL方法的优点是灵活，提高ETL运行效率，但编码复杂，对技术要求比较高。第三种综合了前两种的优点，极大地提高了ETL的开发速度和效率。

数据抽取需要在调研阶段做大量工作，首先，要搞清楚以下几个问题：

数据是从几个业务系统中来的？

各个业务系统的数据库服务器运行什么DBMS？

是否存在手工数据，手工数据量有多大？

是否存在非结构化的数据？

收集完这些信息之后，才可以进行数据抽取的设计。数据源处理方法包括：

与存放DW的数据库系统相同的数据源处理方法。这类数源设计比较容易，一般情况下，DBMS(包括SQL Server，Oracle)都会提供数据库链接功能，在DW数据库服务器和原业务系统之间建立直接的链接关系就可以写select语句直接访问。

与存放DW的数据库系统不同的数据源处理方法。这类数据源，一般情况下也可以通过ODBC的方式建立数据库链接，如SQL Server和Oracle之间。如果不能建立数据库链接，可以用两种方式完成，一种是通过工具将源数据导出为.txt或者.xls文件，然后，再将这些源系统文件导入到ODS中；另外一种是通过程序接口来完成。对于文件类型数据源(.txt、.xls)，可以培训业务人员，利用数据库工具，将这些数据导入到指定的数据库，然后，从指定的数据库中抽取。也可以借助工具实现，如可以把SQL Server的SSIS服务的平面数据源和平面目标等组件导入ODS中去。

对于数据量大的系统，必须考虑增量抽取。一般情况下，业务系统会记录业务发生的时间，可以用作增量的标志，每次抽取之前，首先判断ODS中记录最大的时间，然后根据这个时间，去业务系统调取大于这个时间的所有记录。

2. 数据清洗与转换

“脏数据”会对建立的数据仓库系统造成不良影响，扭曲从数据中获得的信息，影响数据仓库的运行效果，进一步影响数据挖掘效能，最终影响决策管理。因此，为了使数据仓库系统中的记录更加准确一致，以消除重复和异常记录为代表的数据预处理工作是相当必要的。数据清洗作为数据预处理的一个重要环节，在数据仓库构建过程中占据着重要位置。

(1)数据清洗。

数据清洗又称为合并/净化问题(merge/purge)。所谓的数据清洗，是在数据仓库中去除冗余，清除错误和不一致数据的过程，需要解决元组重复问题。数据清理的目的，就是要在数据中消除错误和不一致，并解决对象识别的问题。

数据清洗涉及记录链接(record linkage)、语义集成(semantic integration)、实例标识(instance identification)及对象识别(object identification)问题。清洗主要是针对系统的各个环节可能出现的数据二义性、重复、不完整、违反业务规则等问题，允许通过试抽取将有问题的记录先剔除出来，根据实际情况调整相应的清洗操作。

数据清洗并不是简单地用优质数据更新记录，它还涉及数据的分解与重组。一般情况下，数据仓库分为 ODS、DW 两部分，通常的做法是从业务系统到 ODS 做清洗，将脏数据和不完整数据过滤掉，再在从 ODS 到 DW 的过程中转换，进行一些业务规则的计算和聚合。

(2)数据转换。

数据转换的任务主要是进行不一致数据的转换、数据粒度①的转换和一些商务规则的计算。

①不一致数据的转换。这是一个整合的过程，将不同业务系统的相同类型的数据进行统一，如同一个供应商在结算系统的编码是 XX0001，而在 CRM② 中编码是 YY0001，在抽取之后，统一转换成一个编码。

②数据粒度的转换。业务系统一般存储非常明细的数据，而数据仓库中的数据是用来分析的，不需要非常明细的数据，一般情况下，会将业务系统数据按照数据仓库粒度进行聚合。

③商务规则的计算。不同的企业会有不同的业务规则和数据指标，这些指标不是简单地加加减减就能完成的，这个时候需要在 ETL 中将这些数据指标计算好，存储在数据仓库中，供分析使用。

(3)数据清洗的对象。

数据清洗的对象可以按照数据清洗对象的来源领域与产生原因进行分类，前者属于宏观层面的划分，后者属于微观层面的划分。

①来源领域。

很多领域都涉及数据清洗，如数字化文献服务、搜索引擎、金融领域、政府机构等，数据清洗的目的是为信息系统提供准确而有效的数据。

数字化文献服务领域在进行数字化文献资源加工时，OCR 软件有时会造成字

① 数据粒度是指数据仓库中数据的细化和综合程度。根据数据粒度细化标准：细化程度越高，粒度越小；细化程度越低，粒度越大。

② 客户关系管理(CRM，customer relationship management)的定义：企业为提高核心竞争力，利用相应的信息技术以及互联网技术来协调企业与顾客在销售、营销和服务上的交互，提升其管理方式，向客户提供创新的个性化的客户交互和服务的过程。其最终目标是吸引新客户、保留老客户以及将已有客户转为忠实客户，增加市场份额。

符识别错误，或由于标引人员的疏忽而导致标引词的错误，这些都是数据清洗需要完成的任务。

搜索引擎为用户在互联网上查找具体的网页提供了方便，它是通过对某一网页的内容进行索引而实现的。而在一个网页上到底哪些部分需要索引，则是数据清洗需要关注的问题。例如，网页中的广告部分通常是不需要索引的。按照网络数据清洗的粒度不同，可以将网络数据清洗分为两类，即Web页面级别的数据清洗和基于页面内部元素级别的数据清洗，前者以Google公司提出的PageRank算法和IBM公司Clever系统的HITS算法为代表；而后者的思路则集中体现在作为MSN搜索引擎核心技术之一的VIPS算法上。

在金融系统中会存在很多“脏数据”。主要表现为：数据格式错误，数据不一致，数据重复、错误，业务逻辑不合理，违反业务规则等。例如，未经验证的身份证号码、未经验证的日期字段等，还有账户开户日期晚于用户销户日期、交易处理的操作员号不存在、性别超过取值范围等。此外，也有因为源系统基于性能的考虑，放弃了外键约束，从而导致数据不一致的结果。

电子政务系统也存在“脏数据”。为了能够更好地对公民负责并且能够与全国的其他警察局共享数据，英国Hum-berside州警察局使用数据清洗软件大范围清洗嫌疑犯和犯罪分子的数据。这次清洗的范围庞大，跨越不同的系统，不仅有该警察局内部系统的数据，还有外部的数据库，包括本地的和整个英国范围内的。其中，有些数据库能够相连和整合，而有些则不能。例如，“指令部级控制”的犯罪记录数据库是用来记录犯罪事件的，该数据库是和嫌疑犯数据库分开的，而嫌疑犯数据库和家庭犯罪或儿童犯罪数据库是分开的。

②产生原因。

在微观方面，数据清洗的对象分为模式层数据清洗与实例层数据清洗。数据清洗的任务是过滤或者修改那些不符合要求的数据。不符合要求的数据，主要有不完整的数据、错误的数据和重复的数据三大类。

不完整数据的特征是一些应该有的信息缺失，如机构名称、分公司的名称、区域信息缺失等。

错误数据产生的原因是业务系统不够健全，在接受输入后，没有进行判断而直接写入后台数据库造成的，比如数值数据输成全角数字字符、字符串数据后有一个回车、日期格式不正确、日期越界等。错误值包括输入错误和错误数据，输入错误是由原始数据录入人员疏忽而造成的；而错误数据大多是由一些客观原因引起的，例如人员填写的所属单位的不同和人员的升迁等。

重复数据也就是“相似重复记录”，指同一个现实实体在数据集合中用多条不完全相同的记录来表示，由于它们在格式、拼写上的差异，导致数据库管理系统不能正确识别。从狭义的角度看，如果两条记录在某些字段的值相等或足够相似，则认为这两条记录互为相似重复。识别相似重复记录是数据清洗活动的核心任务之一。

此外，由于法人或作者更换单位造成数据的不一致情况、不同的计量单位、过时的地址、邮编等其他情况，也是数据清洗的对象。

(4)数据清洗的类型。

按照实现方式与范围，数据清洗可分为以下四种：

①手工实现。通过人工检查，只要投入足够的人力、物力与财力，也能发现所有错误，但效率低下。在大数据量的情况下，手工操作几乎是不可能的。

②编写专门的应用程序。这种方法能解决某个特定的问题，但不够灵活，特别是在清洗过程需要反复进行(一般来说，数据清洗一遍就达到要求的很少)时，导致程序复杂，清洗过程变化时工作量大。而且，这种方法也没有充分利用目前数据库提供的强大数据处理能力。

③解决某类特定应用域的问题。如根据概率统计学原理，查找数值异常的记录，对姓名、地址、邮政编码等进行清洗，这是目前研究较多的领域，也是应用最成功的一类。

④与特定应用领域无关的数据清洗。这一部分的研究主要集中在清洗重复记录上。

以上四种实现方法中，后两种具有某种通用性及较大的实用性，引起了越来越多的关注。但是不管哪种方法，都由三个阶段组成：数据分析和定义、搜索及识别错误记录、修正错误。

(5)数据清洗的基本原则。

元素化(elementizing)：将数分解为最小的原子单元。

标准化(standardizing)：将缩写、大小写等都转换为同一格式。

校验(verifying)：利用规则或已有的数据集合验证数据的有效性。

匹配(matching)：主要是判别冗余数据。

户主化(householding)：主要是确定数据之间的联系。

文档化(documenting)：将清洗好的数据以同一标准格式保存。

(6)数据清洗的步骤。

①定义和确定错误的类型。

数据分析。数据分析是数据清洗的前提与基础，通过详尽的数据分析来检测数据中的错误或不一致情况，除了手动检查数据或者数据样本之外，还可以使用分析程序来获得关于数据属性的元数据，从而发现数据集中存在的质量问题。

定义清洗转换规则。根据上一步进行数据分析得到的结果，定义清洗转换规则与工作流。根据数据源的个数，数据源中不一致数据和“脏数据”多少的程度，需要执行大量的数据转换和清洗步骤。要尽可能为模式相关的数据清洗和转换指定一种查询和匹配语言，从而使转换代码的自动生成变成可能。

②搜寻并识别错误的实例。

自动检测属性错误。检测数据集中的属性错误，需要花费大量的人力、物力和时间，而且，这个过程本身很容易出错，所以，需要利用高水平的方法自动检测数据集中的属性错误，主要方法有：基于统计的方法、聚类方法、关联规则的方法等。

检测重复记录的算法。消除重复记录，可以针对两个数据集或者一个合并后的数据集。首先，需要检测出标识同一个现实实体的重复记录，即匹配过程。检测重复记录的算法主要有：基本的字段匹配算法、递归的字段匹配算法、Smith-Waterman 算法、Cosine 相似度函数。

③纠正所发现的错误。

在数据源上，执行预先定义好并且已经得到验证的清洗转换规则和工作流程。当直接在源数据上进行清洗时，需要备份源数据，以防需要撤销上一次或几次的清洗操作。清洗时，根据“脏数据”存在形式的不同，执行一系列的转换步骤，来解决模式层和实例层的数据质量问题。为处理单数据源问题，也为与其他数据源的合并做好准备。在各个数据源上，一般需要分别进行几种类型的转换，主要包括：

从自由格式的属性字段中抽取值(属性分离)。自由格式的属性一般包含着很多信息，这些信息有时候需要细化成多个属性，进一步支持后面重复记录的清洗。

确认和改正。这一步骤处理输入和拼写错误，并尽可能使其自动化。基于字典查询的拼写检查对于发现拼写错误是很有帮助的。

标准化。为了使记录实例匹配和合并变得更方便，应该把属性值转换成一个一致和统一的格式。

④干净数据回流。

当数据被清洗后，干净的数据应该替换数据源中原来的“脏数据”。这样，可以提高原系统的数据质量，还可避免将来再次抽取数据后进行重复的清洗工作。

(7)数据清洗的评价标准。

①数据的可信性：包括精确性、完整性、一致性、有效性、唯一性等指标。

精确性：描述数据是否与其对应的客观实体的特征相一致。

完整性：描述数据是否存在缺失记录或缺失字段。

一致性：描述同一实体的同一属性的值在不同的系统是否一致。

有效性：描述数据是否满足用户定义的条件或在一定的域值范围内。

唯一性：描述数据是否存在重复记录。

②数据的可用性：考察指标主要包括时间性和稳定性。

时间性：描述数据是当前数据还是历史数据。

稳定性：描述数据是否稳定，是否在其有效期内。

(8)数据清洗的代价。

数据清洗的代价即成本效益，在进行数据清洗之前，考虑成本效益这个因素是很必要的。因为数据清洗是一项十分繁重的工作，需要投入大量的时间、人力和物力。在进行数据清洗之前，要考虑物质和时间花费的大小，是否会超过组织的承受能力。通常情况下，大数据集的数据清洗是一个系统性的工作，需要多方配合以及大量人员的参与，需要多种资源的支持。

企业所做出的每项决定目标都是为了给公司带来更大的经济效益，如果花费大量资金、时间、人力和物力进行大规模的数据清洗之后，所能带来的效益远远低于投入，那么，这样的数据清洗就被认定为一次失败的数据清洗。因此，在进行数据清洗之前，进行成本效益的估算是非常重要的。

3. ETL 工具

以下从专门的 ETL 工具、特定功能的清洗工具和其他工具三个方面进行介绍：

(1)ETL 工具。

目前，市面上有大量的工具支持数据仓库的 ETL 处理，如 CopyManager、DataStage 等。它们使用建立在 DBMS 上的知识库，以统一的方式来管理所有关于数据源、目标模式、映射、教本程序等的原数据。模式和数据通过本地文件和 DBMS 网关、ODBC 等标准接口，从操作型数据源收取数据，这些工具提供规则语言和预定义的转换函数库来指定映射步骤。

ETL 工具很少内置数据清洗的功能，但是，允许用户通过 API① 指定清洗功能。通常，这些工具没有用数据分析来支持自动探测错误数据和数据不一致，然而，用户可以通过维护原数据和运用集合函数决定内容的特征等办法来完成这些工作。这些工具提供的转换工具库，包含了许多数据转换和清洗所需的函数，例如数据类转变、字符串函数、数学函数、科学和统计函数等。规则语言包含 if-then 和 case 结构来处理例外情况，例如，错误拼写、缩写、丢失或者含糊的值和超出范围的值等。

(2)特定功能的清洗工具。

---

① API(application programming interface，应用程序编程接口)是一些预先定义的函数，目的是提供应用程序与开发人员基于某款软件或硬件得以访问一组例程的能力，无需访问源码或理解内部工作机制的细节。

特定的清洗工具主要处理特殊领域的问题，基本上是姓名和地址数据的清洗或者消除重复等。转换是由预先定义的规则库或者和用户交互来完成的。

在特殊领域的清洗中，姓名和地址在很多数据库中都有记录，而且有很大的基数。特定的清洗工具提供抽取和转换姓名及地址信息到标准元素的功能，与基于清洗过的数据工具相结合，来确认街道名称、城市和邮政编码。特殊领域的清洗工具有 PureIntegrate、QuickAddress、Reunion、Trillium 等。

消除重复的一类工具，根据匹配的要求探测和去除数据集中相似重复记录。有些工具还允许用户指定匹配规则。目前，用于消除重复记录的清洗工具有 DataCleaner、Merge/Purge Library、Matchit、Astermerge 等。

(3)其他工具。

其他与数据清洗相关的工具包括：基于引擎的工具、数据分析工具、业务流程再设计工具、数据轮廓分析工具、数据挖掘工具。

二、数据整合

整合的本意是指在原来的基础上进行综合建设，并不意味着推倒重来或完全更新。从整合手段来看，主要有三个方面的系统整合，一为物理整合，即将多设备整合为一部或较少几部更大型的设备，实现统一管理和快速反应；二为逻辑整合，即通过系统管理软件等手段对物理上分散的设备资源和数据资源进行虚拟化集中管理；三是应用整合，主要有服务器整合、存储整合、数据库整合和数据整合等形式。

数据整合(data consolidation)是把不同数据源的数据收集、整理、清洗、转换后(有点类似于 ETL)加载到一个新的数据源，为数据消费者提供统一数据视图的数据集成方式。数据整合和数据集成的区别在于：数据整合是单纯的数据整合，而数据集成涵盖的范围要比数据整合广。另外由于国内翻译的原因，很多时候数据整合和数据集成的概念有些混淆。

数据整合的使用场景：传统的数据集市和数据仓库；在数据整合的过程中提供数据服务。数据整合的概念在业界用得比较多，如系统整合、应用整合、主机整合、存储整合、数据库整合、数据大集中等。这些不同的概念，在不同的层次，从不同的角度阐述了计算机系统整合的内涵和外延，在计算机系统整合这一大的概念范畴下，存在着多种整合形式和技术手段，如国内大型银行和电信业已经开展的全国性数据大集中，应属于数据整合的一种技术方式。

1. 数据整合的优缺点

(1)数据整合的优点：

底层数据结构透明：为数据访问(消费应用)提供了统一的接口，消费应用不需要知道数据在哪里保存，源数据库支持哪种方式的访问(XQuery①，SQL②)，也不需要知道数据的物理结构和网络协议。

性能和扩展性：数据整合把数据集成和数据访问分成了两个过程，因此，访问时数据已经处于准备好的状态。

提供真正的单一数据视图(data view)③：数据整合的优势是经过了数据校验和数据清理，用户看到的数据更加真实、准确、可靠。

可重用性好：由于有了实际的物理存储，数据可以为各种应用提供可重用的数据视图，不用担心底层实际数据源的可用性。一旦底层的数据源数据有所变化，它会主动通知数据整合平台，数据处理也变得简单，只处理变化部分的数据，使得数据视图变得实时，数据处理过程更加高效。

数据管控能力加强：管控是 SOA④ 里重要的概念。数据整合的优势是数据规则可以在数据加载和转换中实施，保证了数据管控。

(2)数据整合的缺点：

由于有了 ETL 的过程，很难保证数据的实时性。

数据的物理备份，增加了不少相应的实施成本。

2. 数据整合工具选择

目前比较成熟稳定的数据整合工具有：Kettle、Informatica、Datastage、ODI，

---

① XQuery = XML Query，是 W3C 所制定的一套标准，用来从类 XML(标准通用标记语言的子集)文档中提取信息，类 XML 文档可以理解成一切符合 XML 数据模型和接口的实体，它们可能是文件或 RDBMS。XQuery 相对于 XML 的关系，等同于 SQL 相对于数据库表的关系。XQuery 被设计用来查询 XML 数据——不仅仅限于 XML 文件，还包括任何可以以 XML 形态呈现的数据，包括数据库。XQuery 被所有主要的数据库引擎支持(IBM、Oracle、Microsoft 等)。

② 结构化查询语言(structured query language)简称 SQL，是一种数据库查询和程序设计语言，用于存取数据以及查询、更新和管理关系数据库系统，也是数据库脚本文件的扩展名。结构化查询语言允许用户在高层数据结构上工作。它不要求用户指定对数据的存放方法，也不需要用户了解具体的数据存放方式，具有完全不同底层结构的不同数据库系统，可以使用相同的结构化查询语言作为数据输入与管理的接口。结构化查询语言的语句可以嵌套，这使它具有极大的灵活性和强大的功能。

③ 视图是原始数据库数据的一种变换，是查看表中数据的另外一种方式。可以将视图看成一个移动的窗口，通过它可以看到感兴趣或者有权看到的数据。视图是从一个或多个实际表中获得的，这些表的数据存放在数据库中。视图可以从表中产生，用于产生视图的表叫做该视图的基表，视图也可以从另一个视图中产生。

④ 面向服务的架构(SOA，service-oriented architecture)是一个组件模型，它将应用程序的不同功能单元(称为服务)通过这些服务之间定义良好的接口和契约联系起来。接口是采用中立的方式进行定义的，它应该独立于实现服务的硬件平台、操作系统和编程语言。这使得构建在各种各样的系统中的服务可以以一种统一和通用的方式进行交互。

OWB、微软 DTS、HaoheDI、Teradata。如何选择数据整合工具？一般来说，需要考虑以下几个方面：

(1)对平台的支持程度。

(2)对数据源的支持程度。

(3)抽取和装载的性能是不是较高，对业务系统的性能影响大不大，倾入性高不高。

(4)数据转换和加工的功能强不强。

(5)是否具有管理和调度功能。

(6)是否具有良好的集成性和开放性。

3. 数据整合方案类型

(1)多数据库整合方案。

多数据库整合方案通过对各个数据源的数据交换格式进行映射，从而实现数据的流通与共享。对于拥有全局统一模式的多数据库系统，用户可以通过局部外模式访问本地库，通过建立局部概念模式、全局概念模式、全局外模式，用户可以访问集成系统中的其他数据库；对于联邦式数据库系统，各局部数据库通过定义输入和输出模式，进行各联邦式数据库系统之间的数据访问。基于异构数据源系统的数据整合有多种方式，所采用的体系结构也各不相同，但其最终目的是相同的，即实现数据的流通共享。

(2)数据仓库整合方案。

数据仓库(data warehouse)是一个面向主题的(subject oriented)、集成的(integrate)、相对稳定的(non-volatile)、反映历史变化的(time variant)数据集合，用于支持管理决策。从数据仓库的建立过程来看，数据仓库是一种面向主题的整合方案，因此，首先应该根据具体的主题进行建模，然后，根据数据模型和需求从多个数据源加载数据。由于不同数据源的数据结构可能不同，因此，在加载数据之前要进行数据转换和数据整合，使加载的数据统一到需要的数据模型下，即根据匹配、留存等规则，实现多种数据类型的关联。这种方式的主要问题是当数据更新频繁时，会导致数据的不同步，即使定时运行转换程序，也只能达到短期同步，这种整合方案不适用于数据更新频繁并且实时性要求很高的场合。

(3)中间件整合方案。

中间件是位于 client 与 server 之间的中介接口软件，是异构系统集成所需的黏合剂。现有的数据库中间件，允许 client 在异构数据库上调用 SQL 服务，解决异构数据库的互操作问题。功能完善的数据库中间件，可以对用户屏蔽数据的分布地点、DBMS 平台、特殊的本地 API 等差异。

(4)Web Services 整合方案。

Web Services 可理解为自包含的、模块化的应用程序，它可以在网络中被描述、发布、查找以及调用；也可以把 Web Services 理解为是基于网络的、分布式的模块化组件，它执行特定的任务，遵守具体的技术规范，这些规范使得 Web Services 能与其他兼容的组件进行互操作。当把应用扩展到广域网时，传统的 DCOM 模型就不能完全满足分布式应用的要求：一是 DCOM 在进行网间数据传递时一般采用 Socket 套接字，要求开放特定的端口，这会给带防火墙的网络带来安全隐患；二是 DCOM 进行远程对象调用使用的协议是远程过程调用(RPC)，这使得基于 DCOM 的构件无法与其他组件模型的构件进行相互调用。Web Services 对 DCOM 和 CORBA 的缺陷进行了改进，使用基于 TCP/IP 的应用层协议(如 HTTP、SMTP 等)，可以很好地解决穿越防火墙的问题。更重要的是，各种组件模型都可以将数据包装成 SOAP，通过 SOAP 进行相互调用。

(5)主数据管理整合方案。

主数据管理通过一组规则、流程、技术和解决方案，实现对数据一致性、完整性、相关性和精确性的有效管理，从而为所有相关用户提供准确一致的数据。主数据管理不是新技术，其核心就是对数据的管理，只不过应用了先进的理论方法作为指导。主数据管理提供了一种方法，通过此方法可以从现有系统中获取最新信息，并结合各类先进的技术和流程，使得用户可以准确、及时地分发和分析整个企业中的数据，并对数据进行有效性验证。

三、数据集成

1. 数据集成的定义

数据集成(data integration)是把不同来源、格式、特点及性质的数据在逻辑上或物理上有机集中，为企业提供全面的数据共享。在企业数据集成领域，已经有了很多成熟的框架可以利用。目前通常采用联邦式、基于中间件模型和数据仓库等方法来构造集成的系统，这些技术在不同的着重点和应用上解决数据共享和为企业提供决策支持。数据集成通过应用间的数据交换达到集成，主要解决数据的分布性和异构性问题，其前提是被集成应用必须公开数据结构，即必须公开表结构、表间关系、编码的含义等。

科学技术的迅猛发展和信息化的推进，使得人类社会所积累的数据量已经超过了过去的总和，数据的采集、存储、处理和传播的数量也与日俱增。实现数据共享，可以使更多的人更充分地使用已有数据资源，减少资料收集、数据采集等重复劳动和相应费用。但是，在实施数据共享的过程当中，由于不同用户提供的数据可能来自不同的途径，其数据内容、数据格式和数据质量千差万别。有时，甚至会遇到数据格式不能转换或数据转换格式后信息丢失等棘手问题，严重阻碍了数据在各部门和各软件系统中的流动与共享。因此，如何对数据进行有效的集成已成为快速提高管理水平的必然选择。

由于现代企业的飞速发展，企业逐渐从一个孤立节点发展成为不断与网络交换信息和进行商务事务的实体，企业数据交换也从企业内部走向了企业之间；同时，数据的不确定性和频繁变动，以及这些集成系统在实现技术和物理数据上的紧耦合关系，导致一旦应用发生变化或物理数据变动，整个体系将不得不随之修改。因此，进行数据集成将面临着如何适应现代社会发展的复杂需求、有效扩展应用领域、分离实现技术和应用需求、充分描述各种数据源格式以及发布和交换数据等问题。

对企业而言，数据集成主要是指基于企业分散的信息系统的业务数据进行再集中、再统一管理的过程，是一个渐进的过程，只要有新的、不同的数据产生，就不断有数据集成的步骤执行。企业有了多年的信息化发展，凌乱、重复、歧义的数据不断积聚，数据集成的空间与需求日渐迫切，需要一个主数据管理(master data manager)系统来统一企业的产品信息、客户信息；需要一个数据仓库(data warehouse)系统来提高领导层的决策意识，加快市场战略调整行动；需要一个数据中心(data center)系统来集中交换、分发、调度、管理基础数据。如图 7-1 所示。

数据集成的必要性、迫切性不言而喻，其不断被推至信息化战略规划的首要位

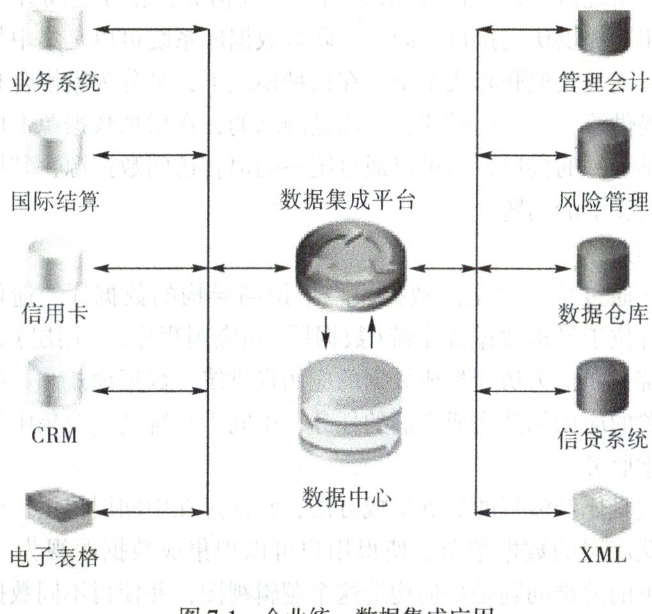

图 7-1 企业统一数据集成应用

置。要实现数据集成的应用，不仅要考虑企业急需集成的数据范围，还要从长远发展考虑数据集成的架构、能力和技术等方面的内容。从数据集成应用的系统部署、业务范围、实施成熟性看，主要可分为三种架构：一是单个系统数据集成架构，二是企业统一数据集成架构，三是机构之间数据集成架构。

组织结构较复杂的大型企业和政府机构，尤为偏爱统一数据集成的架构，因为此类单位具有业务结构相对独立、数据权力尤为敏感、数据接口复杂繁多等特征，更需要多个部门一起协商，建立一个统一的数据中心平台，解决部门之间频繁的数据交换。如金融机构、电信企业以及公安、税务等政府机构，业务独立、层级管理的组织结构，决定了内部数据交互的复杂性。概括来说，此类应用具有多对多的架构、数据交换频繁、有独立的数据交换存储池、数据接口与数据类型繁多等特点。

对于企业管理性、决策性较强的信息系统，如主数据管理系统、财务会计管理系统、数据仓库系统等，数据可直接来源于数据中心，摆脱了没有企业数据中心前的一对多交叉的困扰，避免了业务系统对应多种管理系统时需要数据重复传送的问题。

2. 数据集成模型分类

在数据集成领域，已经有了很多成熟的框架可以利用。通常采用联邦式、基于中间件模型和数据仓库等方法来构造集成系统，这些技术在不同的着重点和应用上解决数据共享问题，为企业提供决策支持。

(1)联邦数据库系统。

联邦数据库系统(FDBS)由半自治数据库系统构成，相互之间分享数据，联盟各数据源之间相互提供访问接口，同时，联盟数据库系统可以是集中数据库系统或分布式数据库系统及其他联邦式系统。在这种模式下，又分为紧耦合和松耦合两种情况。紧耦合提供统一的访问模式，一般是静态的，在增加数据源上比较困难；而松耦合则不提供统一的接口，但可以通过统一的语言访问数据源，其核心是必须解决所有数据源语义上的问题。

(2)中间件模式。

中间件模式通过统一的全局数据模型来访问异构的数据库、遗留系统、Web资源等。中间件位于异构数据源系统(数据层)和应用程序(应用层)之间，向下协调各数据源系统，向上为访问集成数据的应用提供统一数据模式和数据访问的通用接口。各数据源的应用仍然完成它们的任务，中间件系统则主要集中为异构数据源提供高层次检索服务。

中间件模式是比较流行的数据集成方法，它通过在中间层提供一个统一的数据逻辑视图来隐藏底层的数据细节，使得用户可以把集成数据源视为一个统一的整体。这种模型下的关键问题是如何构造这个逻辑视图，并使得不同数据源之间能映射到这个中间层。

(3)数据仓库模式。

数据仓库是在企业管理和决策中面向主题的、集成的、与时间相关的和不可修改的数据集合。其中，数据被归类为广义的、功能上独立的、没有重叠的主题。

这几种方法，在一定程度上解决了应用之间的数据共享和互通的问题，但也存在以下的异同：联邦数据库系统主要面向多个数据库系统的集成，其中，数据源有可能要映射到每一个数据模式，当集成的系统很大时，对实际开发将带来巨大的困难。数据仓库技术则在另外一个层面上表达数据之间的共享，它主要是针对企业某个应用领域提出的一种数据集成方法，也就是上面所提到的面向主题并为企业提供数据挖掘和决策支持的系统。

3. 数据集成的业务场景

在实施数据集成时，最重要的是要确保有相对应的业务需求。以下列出了三个业务场景：

(1)企业集团需要统一数据。

当企业产生并购的时候，可能需要整合所有企业数据，将它们集成起来。例如，HyperCity、Shoppers Stop、Crosswords 都是零售集团公司，HyperCity 需要把它们所有的客户数据进行集成，以更好地服务于客户群体。

(2)促进系统中的数据流。

在需要集成多个数据源和应用去实施某个业务流程的时候，有些业务分析工具的数据流会来自多个应用程序，如商品管理系统或 Oracle 财务系统等。

(3)部署新应用时可能需要的数据集成。

一项新的企业应用，需要来自现有应用程序中的所有数据。还是拿 Hypercity 举例，在实施送货上门应用之时，需要从现有系统中调取客户和产品信息，这时，数据集成就显得非常重要了。

4. 数据集成的关键步骤

(1)与软件厂商合作。

作为企业，让厂商正确理解你的业务需求对自己有益无害。只有这样，厂商高管才能准确识别并集成所有你需要的数据点。

(2)定义划分集成优先级。

列出所有所需的数据集成任务，安排好部署计划。目标应该是在部署或正式投入使用阶段之前，完成所有的数据集成活动，并界定增长数据的更新频率。除此之外，还要本着节约成本和时间的原则，根据数据集成解决方案对其效益进行估测。

(3)选择合适的集成界面。

数据集成解决方案提供了两种数据界面——单向和双向，可以根据需要进行选择。

单向界面中，数据仅从 A 点传送到 B 点，没有返回或来回的运动。在 B2B 平台上，供应商能够追踪到商店的货运信息。库存、付款以及销售信息都被发送到 B2B 平台上，但没有任何数据返回到这些数据源。

双向界面中，数据从一个应用传送到另一个应用，然后返回。在平台上，如果部署了一个新的应用(如销售点、POS)，产品数据就会从商品管理系统发送到 POS 上，然后，销售数据又会从 POS 发回来。

(4)选择一款正确的接口媒体。

选择接口媒体一定要考虑未来需求和升级问题。数据集成有很多种方法，如 XML、逗号限定、电子表格、直接数据库连接等，然而，最简单的方法不一定最适合你的企业，应该从多方面进行考虑，如可扩展性需求、数据容量和预算开销等。基于文本的集成一直很盛行，但是，现在有很多企业都开始使用 XML 直接和数据库连接。

(5)监控流程，设置多个检测点。

对集成数据进行微调。对 B2B 平台来说，数据集成在每天结束的时候都会进行这一操作，而只有增长的数据会被传送到服务器上。如 HyperCity 的检测点从源系统开始，分布于各个级别，一些涉及销售数量和零售价格的问题在这些检测点中提出。B2B 平台的提取上载阶段构成了第二个检测点，问题的答案会在这里出现，自动化系统会检测输入数据的准确性。为了避免错误的出现，相关用户会收到提示邮件，以确认全天的数据是不是正确上载，是不是需要纠错措施。

(6)保证数据的安全性。

根据风险级别设置安全政策。如果只是在内网中转换数据，也许不需要加密；但如果需要将数据对外传送，就要加以防范了。

四、数据分析

数据分析(data analysis)是指用适当的统计分析方法，对收集来的大量数据进行分析，提取有用信息和形成结论，对数据加以详细研究和概括总结的过程，这也是质量管理体系的支持过程。在实用中，数据分析可帮助人们作出判断，以便采取适当行动。数据分析的数学基础在 20 世纪早期就已经确立了，但直到计算机的出现，才使得实际操作成为可能，并使数据分析得以推广，数据分析是数学与计算机科学相结合的产物。

1. 数据分析的类型

在统计学领域，有些人将数据分析划分为描述性统计分析、探索性数据分析以及验证性数据分析。其中，探索性数据分析侧重于在数据之中发现新的特征，而验证性数据分析则侧重于已有假设的证实或证伪。

探索性数据分析是指为了形成值得假设的检验而对数据进行分析的一种方法，

是对传统统计学假设检验手段的补充，该方法由美国著名统计学家约翰·图基(John Tukey)命名。定性数据分析又称为"定性资料分析""定性研究"或者"质性研究资料分析"，是指对词语、照片、观察结果之类的非数值型数据(或者说资料)的分析。

2. 数据分析工具

下面介绍几种常用的数据分析工具：

(1)Excel 软件：Excel 功能非常强大，可以完成很多统计分析工作。

(2)SPSS 软件：SPSS 社会科学统计软件包，从重视医学、化学等开始越来越重视商业分析，现在已经成为了重要的预测分析软件。

(3)Clementine 软件：现改名为 PASW Modeler，具有很好的建模工具，与 SPSS 统计功能有了更多整合，数据处理也更加灵活和好用。

(4)SAS 软件：SAS 相对于 SPSS 其实功能更强大，SAS 是平台化的，EM 挖掘模块平台整合。相对来讲，SAS 比较难学，但如果掌握了 SAS，会更有价值，比如离散选择模型、抽样问题、正交实验设计等还是 SAS 比较好用。

☞案例

数据分析帮助辛辛那提动植物园提高客户满意度

辛辛那提动植物园成立于 1873 年，是世界上著名的动植物园之一，以其物种保护和保存以及高成活率繁殖饲养计划享有盛誉。园地占地面积 71 英亩，园内有 500 种动物和 3000 多种植物，是游客人数最多的动植物园之一，曾荣获 Zagat 十佳动植物园，并被《父母》(*Parent*)杂志评为最受儿童喜欢的动植物园，每年接待游客 130 多万人。

辛辛那提动植物园是一个非营利性组织，是俄亥俄州同时也是美国国内享受公共补贴最低的动植物园，除去政府补贴，2600 万美元年度预算中，自筹资金部分达到 2/3 以上，为此，需要不断寻求增加收入的途径。而要做到这一点，最好的办法就是为工作人员和游客提供更好的服务，提高游览率，从而实现动植物园与客户和纳税人的双赢。

借助于新方案强大的收集和处理能力、互联能力、分析能力以及随之带来的洞察力，在部署后，企业实现了以下各方面的受益：

- 帮助动植物园了解每个客户浏览、使用和消费的模式，根据时间和地理分布情况，采取相应的措施改善游客体验，同时，实现营业收入最大化。
- 根据消费和游览行为对动植物园游客进行细分，针对每一类细分游客，开展营销活动，提高忠诚度和客户保有量。
- 识别消费支出低的游客，针对他们发送具有战略性的直寄广告，同时，通过具有创意性的营销和激励计划奖励忠诚客户。

• 360 度全方位了解客户行为，优化营销决策，实施解决方案后第一年，节省了 4 万多美元营销成本，同时，强化了可测量的结果。

• 采用地理分析，显示大量未实现预期结果的促销和折扣计划，重新部署资源，支持产出率更高的业务活动，动植物园每年节省十多万美元。

• 通过强化营销提高整体游览率，仅 2011 年就新增了 5 万人次的“游览”。

• 提供洞察结果，强化运营管理。例如，即将关门前，冰淇淋销售出现高潮，动植物园决定延长冰淇淋摊位营业时间，直到关门为止。这一措施使夏季每天可增加 2000 美元收入。

• 与上年相比，餐饮销售增加 30.7%，零售销售增加 5.9%。

• 动植物园高层管理团队可以制定更好的决策，不需要 IT 介入或提供支持。

• 将分析引入会议室，利用直观工具帮助业务人员掌握数据。

3. 数据分析的步骤

(1)数据分析的步骤。

数据分析具有非常广泛的应用范围，典型的数据分析包含以下三个步骤：

①探索性数据分析：刚取得数据时，可能杂乱无章，看不出规律，通过作图、造表、用各种形式的方程拟合、计算某些特征量等手段探索规律性的可能形式，即往什么方向和用何种方式去寻找和揭示隐含在数据中的规律性。

②模型选定分析：在探索性分析的基础上，提出一类或几类可能的模型，再通过进一步分析从中挑选一定的模型。

③推断分析：通常使用数理统计方法对所定模型或估计的可靠程度和精确程度做出推断。

(2)数据分析的主要活动。

数据分析过程的主要活动，由识别信息需求、收集数据、分析数据、评价并改进数据分析的有效性组成。下面具体介绍识别信息需求和收集数据。

①识别信息需求。

识别信息需求是确保数据分析过程有效性的首要条件，可以为收集数据、分析数据提供清晰的目标。识别信息需求是管理者的职责，管理者应根据决策和过程控制的需要，提出对信息的需求。就过程控制而言，管理者应识别需求，要利用那些信息，支持评审过程输入、过程输出、资源配置的合理性、过程活动的优化方案和过程异常变异的发现。

②收集数据。

有目的地收集数据，是确保数据分析过程有效性的基础。需要对收集数据的内容、渠道和方法进行策划，策划时应考虑到：将识别的需求转化为具体的要求，如评价供方时，需要收集的数据可能包括其过程能力、测量系统不确定度等相关数据；明确由谁在何时何处，通过何种渠道和方法收集数据；记录表应便于使用；采取有效措施，防止数据丢失和虚假数据对系统的干扰。

4. 数据分析的方法

数据分析主要包含简单数学运算(simple math)、统计(statistics)、快速傅里叶变换(FFT)、平滑和滤波(smoothing and filtering)、基线和峰值分析(baseline and peak analysis)等。其具体方法包括：

(1)列表法。

将实验数据按一定规律，用列表方式表达出来，是记录和处理实验数据最常用的方法。表格的设计要求对应关系清楚、简单明了、有利于发现相关量之间的物理关系；此外，还要求在标题栏中注明物理量名称、符号、数量级和单位等；根据需要，还可以列出除原始数据以外的计算栏目和统计栏目等；最后，还要求写明表格名称、主要测量仪器的型号、量程和准确度等级、有关环境条件参数如温度、湿度等。

(2)作图法。

作图法可以清楚直观地表达物理量间的变化关系。从图线上，还可以简便求出实验需要的某些结果(如直线的斜率和截距值等)，读出没有进行观测的对应点(内插法)，或在一定条件下，从图线的延伸部分读到测量范围以外的对应点(外推法)。此外，还可以把某些复杂的函数关系，通过一定的变换用直线图表示出来。

5. 数据来源

(1)搜索引擎蜘蛛抓取数据。

(2)网站 IP、PV 等基本数据。

(3)网站的 HTTP 响应时间数据。

(4)网站流量来源数据。

6. 分析数据

分析数据是将收集的数据通过加工、整理和分析，使其转化为信息的过程。通常使用的方法有：老七种工具，即排列图、因果图、分层法、调查表、散步图、直方图、控制图；新七种工具，即关联图、系统图、矩阵图、KJ 法、计划评审技术、PDPC 法、矩阵数据图。

数据分析是质量管理体系的基础。组织的管理者应在适当的时候，通过对以下问题的分析评估其有效性：

(1)提供决策的信息是否充分、可信，是否存在因信息不足、失准、滞后而导致决策失误的问题。

(2)信息对持续改进质量管理体系、过程、产品所发挥的作用是否与期望值一致，是否在产品实现过程中有效运用数据分析。

(3)收集数据的目的是否明确，收集的数据是否真实和充分，信息渠道是否畅通。

(4)数据分析方法是否合理，是否将风险控制在可接受的范围。

(5)数据分析所需资源是否得到保障。

在产品的整个寿命周期，包括从市场调研到售后服务和最终处置的各个过程，都需要适当运用数据分析过程，以提升有效性。例如，开普勒通过分析行星角位置的观测数据，找出了行星运动规律；又如，一个企业的领导人要通过市场调查，分析所得数据，以判定市场动向，制订合适的生产及销售计划。数据分析有着极为广泛的应用范围。

7. 网络营销中的数据分析

在中国，尽管网络营销的概念很火，但我国的网络营销的效率低于一些发达国家也是事实。无论是门户广告、搜索引擎广告，还是广告联盟，从行业平均转化率上看，都要低于较为成熟的国家的水平。据估计，国内的 bounce rate(蹦失率，即用户只浏览第一页即离开的比例)介于 90%~99%，而欧美的 bounce rate 则在 70%左右。出现这种情况的很大责任在于投放广告的企业方，其对营销背后的数据分析工作不重视，没有精确定位有效的客户群，导致大量地展示给了不相关的网民。

通常，广告投放前的数据分析可以分为两步走：第一步：描述目标群体。比如，目标群体是 18~25 岁，上网购物的年轻女性。第二步：描述此群体的网络活动轨迹。也就是说，知道目标客户群上什么网站、做什么事、在什么时间和地点能够找到他们。很多有远见的企业选择网络营销，其中一个重要原因就是网络营销的全过程都可以被追踪到，通过数据分析可以随时调整投放方式。

在网络营销中，采用的数据分析方法如下：

(1)描述性统计分析。

描述性统计分析包括样本基本资料的描述，进行各变量的次数分配及百分比分析，以了解样本的分布情况；以平均数和标准差来描述市场导向、竞争优势、组织绩效等各个构面，以了解样本企业的管理人员对这些相关变量的感知；利用 t 检验及相关分析对背景变量所造成的影响做检验等。

(2)Cronbach'α 信度系数分析。

信度是指测验结果的一致性、稳定性及可靠性，一般多以内部一致性(consistency)来表示该测验信度的高低。信度系数越高，即表示该测验的结果越一致、稳定与可靠。针对各研究变量的衡量题项，进行 Cronbach'α 信度分析，以了解衡量构面的内部一致性。

(3)探索性因素分析(exploratory factor analysis)和验证性因素分析(confirmatory factor analysis)。

探索性因素分析和验证性因素分析用以测试各构面衡量题项的聚合效度(convergent validity)与区别效度(discriminant validity)。仅有信度是不够的，可信度高的测量可能是完全无效或在某种程度上无效。所以，必须对效度进行检验。

效度是指工具是否能测出在设计时想测出的结果。收敛效度的检验，根据各个项目和所衡量的概念的负荷量来决定；而区别效度的检验是根据检验性因素，分析计算理论上相关概念的相关系数，检定相关系数的95%信赖区间是否包含1.0，若不包含1.0，则可确认为具有区别效度。

(4)结构方程模型分析(structural equations modeling)。

由于结构方程模型结合了因素分析(factor analysis)和路径分析(path analysis)，并纳入计量经济学的联立方程式，可同时处理多个因变量，容许自变量和因变量含测量误差，可同时估计因子结构和因子关系。其容许更大弹性的测量模型，可估计整个模型的拟合程度，因此，适用于整体模型的因果关系。

第二节 大数据

大数据(big data或mega data，也称data mining)，是指无法在可承受的时间范围内用常规软件工具进行捕捉、管理和处理的数据集合。在《大数据时代》一书中，大数据指不用随机分析法(抽样调查)这样的捷径，而采用所有数据进行数据分析与处理。IBM提出大数据的5V特点：volume(大量)、velocity(高速)、variety(多样)、value(价值)、veracity(真实性)。大数据的应用学科：计算机、信息科学、统计学。大数据的适用领域范围：BI、工业4.0、云计算、物联网、互联网+、人工智能。

一、大数据的概念

1. 大数据与云计算

数据被视为“科学的度量、知识的来源”，在物理上存储以字节为计量单位，是关于事件之一组“离散且客观”的事实描述，是数据原子(data atomic)、数据项(data item)、数据对象(data object)、数据集(data set)的统称①。

对于大数据，研究机构Gartner② 给出了这样的定义：大数据是需要新处理模式才能具有更强的决策力、洞察发现力和流程优化能力的海量、高增长率和多样化的信息资产。麦肯锡全球研究所给出的定义：一种规模大到在获取、存储、管理、分析等方面大大超出了传统数据库软件工具能力范围的数据集合，具有海量的数据

① 汤春蕾．数据产业[M]．上海：复旦大学出版社，2013：3.

② Gartner Group(高德纳，又译顾能公司，NYSE：IT and ITB)是全球最具权威的IT研究与顾问咨询公司，成立于1979年，为有需要的技术用户提供专门服务。Gartner公司的服务主要是迎合中型公司的需要，它使自己的业务覆盖到IT行业的所有领域，从而让自己成为每一位用户的一站式信息技术服务公司。

规模、快速的数据流转、多样的数据类型和价值密度低四大特征。

大数据技术的战略意义不在于掌握庞大的数据信息，而在于对这些含有一定意义的数据进行专业化处理。换言之，如果把大数据比作一种产业，那么，这种产业实现盈利的关键在于提高对数据的“加工能力”，通过加工实现数据的增值。

从技术上看，大数据与云计算的关系，就像一枚硬币的正反面一样密不可分。大数据必然无法用单台计算机进行处理，必须采用分布式架构。它的特色在于对海量数据进行分布式数据挖掘，但它必须依托云计算的分布式处理、分布式数据库和云存储、虚拟化技术。

随着云时代的来临，大数据吸引了越来越多的关注。大数据通常用来形容一个公司创造的大量非结构化数据和半结构化数据，这些数据在下载到关系型数据库用于分析时，会花费很多成本。大数据分析常和云计算联系到一起，实时的大型数据集分析，需要用像 MapReduce 一样的框架来向数十、数百甚至数千的电脑分配工作。

大数据需要特殊的技术，以有效处理大量的容忍经过时间内的数据。适用于大数据的技术，包括大规模并行处理(MPP)数据库、数据挖掘电网、分布式文件系统、分布式数据库、云计算平台、互联网和可扩展的存储系统。

2. 计量单位

最小的大数据计量单位是 bit，按顺序给出所有单位：bit、byte、KB、MB、GB、TB、PB、EB、ZB、YB、BB、NB、DB。它们按照进率 1024(2^{10})来计算。

3. 大数据的特征

容量大(volume)：数据的大小决定所考虑的数据的价值和潜在的信息。

种类多(variety)：数据类型的多样性。

速度快(velocity)：指获得数据的速度。

可变性(variability)：妨碍了处理和有效管理数据的过程。

真实性(veracity)：数据的质量。

复杂性(complexity)：数据量巨大，来源多渠道。

4. 大数据的意义与价值

现代社会高速发展，科技发达，信息流通，人们之间的交流越来越密切，生活也越来越方便，大数据就是这个高科技时代的产物。阿里巴巴创办人马云在演讲中提到，未来的时代将不是 IT 时代，而是 DT 的时代，DT 就是 data technology，即数据科技，大数据对于阿里巴巴集团来说早已是举足轻重的资源。

有人把数据比喻为蕴藏能量的煤矿。煤炭按照性质，有焦煤、无烟煤、肥煤、贫煤等分类，而露天煤矿、深山煤矿的挖掘成本又不一样。与此类似，大数据并不在“大”，而在于“有用”，价值含量、挖掘成本比数量更为重要。对很多行业而言，如何利用这些大规模数据成为其赢得竞争的关键。

大数据的价值体现在以下几个方面：

(1)对大量消费者提供产品或服务的企业，可以利用大数据进行精准营销①。

(2)做小而美模式的中长尾企业，可以利用大数据做服务转型。

(3)面临互联网压力之下必须转型的传统企业，需要与时俱进，充分利用大数据的价值。

不过，大数据在经济发展中的巨大意义，并不代表其能取代一切对于社会问题的理性思考，科学发展的逻辑不能被湮没在海量数据之中。著名经济学家路德维希·冯·米塞斯曾提醒过："就今日言，有很多人忙碌于资料的无益累积，以致对问题的说明与解决，丧失了其对特殊的经济意义的了解。"这是我们需要警惕的。

二、大数据的结构

大数据是互联网发展到现阶段的一种表象或特征而已，没有必要神话它。在以云计算为代表的技术创新大幕的衬托下，这些原本很难收集和使用的数据开始容易被利用起来了，通过各行各业的不断创新，大数据正在逐渐为人类创造更大的价值。想要系统地认知大数据，必须全面而细致地分解它，可以从以下三个层面来展开：

(1)第一层面是理论，理论是认知的必经途径，也是被广泛认同和传播的基线。在这里，从大数据的特征定义理解行业对大数据的整体描绘和定性；从对大数据价值的探讨，深入解析大数据的珍贵所在，洞悉大数据的发展趋势；从大数据隐私这个特别而重要的视角，审视人和数据之间的长久博弈。

(2)第二层面是技术，技术是大数据价值体现的手段和前进的基石。可以分别从云计算、分布式处理技术、存储技术和感知技术的发展等方面，来研究大数据从采集、处理、存储到形成结果的整个过程。

(3)第三层面是实践，实践是大数据的最终价值体现。可以从互联网的大数据、政府的大数据、企业的大数据和个人的大数据四个方面，来关注大数据已经展现的美好景象与即将实现的蓝图。

三、大数据的应用案例

洛杉矶警察局和加利福尼亚大学合作利用大数据预测犯罪的发生。

Google 流感趋势(Google Flu Trends)利用搜索关键词预测禽流感的散布。

统计学家内特·西尔弗(Nate Silver)利用大数据预测 2012 年美国选举结果。

① 所谓精准营销，就是在精准定位的基础上，企业依托互联网、大数据及信息技术，建立起一套个性化的消费者沟通服务体系，实现企业可度量的低成本扩张之路，这是大数据时代新型营销理念中的核心观点之一。

麻省理工学院利用手机定位数据和交通数据建立城市规划。

梅西百货的实时定价机制。根据需求和库存情况，该公司基于 SAS 的系统对多达 7300 万种货品进行实时调价。

医疗行业早就遇到了海量数据和非结构化数据的挑战，近年来，很多国家都在积极推进医疗信息化发展，这使得很多医疗机构有资金来做大数据分析。

四、大数据的趋势

(1)趋势一：数据的资源化。

数据的资源化是指大数据成为企业和社会关注的重要战略资源，并已成为大家争相抢夺的新焦点。因此，企业必须要提前制订大数据营销战略计划，抢占市场先机。

(2)趋势二：与云计算的深度结合。

大数据离不开云处理，云处理为大数据提供了弹性可拓展的基础设备，是产生大数据的平台之一。现在，大数据技术已开始和云计算技术紧密结合，预计未来两者的关系将更为密切。除此之外，物联网、移动互联网等新兴计算形态，也将助力大数据革命，让大数据营销发挥出更大的影响力。

(3)趋势三：科学理论的突破。

随着大数据的快速发展，就像计算机和互联网一样，大数据会带来新一轮的技术革命。随之兴起的数据挖掘、机器学习和人工智能等相关技术，可能会改变数据世界里的很多算法和基础理论，实现科学技术的大突破。

(4)趋势四：数据科学和数据联盟的成立。

未来，数据科学将成为一门专门的学科，被越来越多的人所认知。各大高校将设立专门的数据科学类专业，也会催生一批与之相关的新的就业岗位。与此同时，基于数据这个基础平台，也将建立起跨领域的数据共享平台，之后，数据共享将扩展到企业层面，并且成为未来产业的核心一环。

(5)趋势五：数据泄露泛滥。

未来，数据泄露事件的增长率会越来越高，也许会达到 100%，除非数据在其源头就能够得到安全保障。可以说，在未来，以财富 500 强为代表的大型企业都会面临数据攻击，无论它们是否已经做好安全防范。而所有企业，无论规模大小，都需要重新审视今天的安全定义。在财富 500 强企业中，超过 50%将会设置首席信息安全官这一职位。企业需要从新的角度来确保自身以及客户数据，所有数据在创建之初便需要获得安全保障，而并非在数据保存的最后一个环节，仅仅加强后者的安全措施已被证明于事无补。

(6)趋势六：数据管理成为核心竞争力。

数据管理成为核心竞争力，将直接影响财务表现。当“数据资产是企业核心资产”的概念深入人心，企业对于数据管理会有更清晰的界定，将数据管理作为企业核心竞争力，持续发展、战略性规划与运用数据资产成为企业数据管理的核心。数据资产管理效率与主营业务收入增长率、销售收入增长率显著正相关，数据资产的管理效果将直接影响企业的财务表现。

(7)趋势七：数据质量是BI(商业智能)成功的关键。

采用自助式商业智能工具进行大数据处理的企业将会脱颖而出。其中，要面临的一个挑战是很多数据源会带来大量低质量的数据。想要成功，企业需要理解原始数据与数据分析之间的差距，消除低质量数据并通过BI获得更佳决策。

(8)趋势八：数据生态系统复合化程度加强。

大数据的世界，不只是一个单一的、巨大的计算机网络，而是一个由大量活动构件与多元参与者元素所构成的生态系统，是由终端设备提供商、基础设施提供商、网络服务提供商、网络接入服务提供商、数据服务使用者、数据服务提供商、触点服务、数据服务零售商等一系列的参与者，共同构建的生态系统。而今，这样一套数据生态系统的雏形已然形成，接下来的发展将趋向于系统内部角色的细分，也就是市场的细分。系统机制的调整，也就是商业模式的创新；系统结构的调整，也就是竞争环境的调整，从而使得数据生态系统复合化程度逐渐增强。

五、大数据技术

大数据处理的不同阶段，其所用的技术包括：

数据采集：ETL工具负责将分布的、异构数据源中的数据，如关系数据、平面数据文件等抽取到临时中间层后进行清洗、转换、集成，最后，加载到数据仓库或数据集市中，成为联机分析处理、数据挖掘的基础。

数据存取：关系数据库、NoSQL、SQL等。

基础架构：云存储、分布式文件存储等。

数据处理：自然语言处理(NLP，natural language processing)是研究人与计算机交互的语言问题的一门学科。处理自然语言的关键，是要让计算机“理解”自然语言，因此，自然语言处理又叫做自然语言理解，也称为计算语言学。它是语言信息处理的一个分支，也是人工智能的核心课题之一。

统计分析：假设检验、显著性检验、差异分析、相关分析、T检验、方差分析、卡方分析、偏相关分析、距离分析、回归分析、简单回归分析、多元回归分析、逐步回归、回归预测与残差分析、岭回归、logistic回归分析、曲线估计、因子分析、聚类分析、主成分分析、因子分析、快速聚类法与聚类法、判别分析、对应分析、多元对应分析(最优尺度分析)、Bootstrap技术等。

数据挖掘：分类(classification)、估计(estimation)、预测(prediction)、相关性分组或关联规则(affinity grouping or association rules)、聚类(clustering)、描述和可视化(description and visualization)、复杂数据类型挖掘(Text、Web、图形图像、视

频、音频等)①。

模型预测：预测模型、机器学习、建模仿真。

结果呈现：云计算、标签云、关系图等。

六、大数据分析

大数据分析(big data analysis)是指对规模巨大的数据进行分析。大数据作为时下最火热的IT行业词汇，随之而来的数据仓库、数据安全、数据分析、数据挖掘等新的概念与技术，围绕大数据的商业价值的利用，逐渐成为行业人士争相追捧的利润焦点。随着大数据时代的来临，大数据分析也应运而生。

1. 大数据分析的五个基本方面

(1)可视化分析(analytic visualizations)。

不管是对数据分析专家还是普通用户，数据可视化是数据分析工具最基本的要求。可视化可以直观地展示数据，让数据自己说话，让观众听到结果。

(2)数据挖掘算法(data mining algorithms)。

可视化是给人看的，数据挖掘就是给机器看的。集群、分割、孤立点分析还有其他的算法让我们可以深入数据内部，挖掘其价值。这些算法不仅要处理大数据的量，也要处理大数据的速度。

(3)预测性分析能力(predictive analytic capabilities)。

数据挖掘可以让分析员更好地理解数据，而预测性分析可以让分析员根据可视化分析和数据挖掘的结果做出一些预测性的判断。

(4)语义引擎(semantic engines)。

非结构化数据的多样性带来了数据分析新的挑战，需要一系列的工具去解析、提取、分析数据，语义引擎需要被设计成能够从“文档”中智能提取信息。

(5)数据质量和数据管理(data quality and data management)。

通过标准化的流程和工具对数据进行处理，可以保证一个预先定义好的高质量的分析结果。

假如大数据真的是下一个重要的技术革新，我们更应该把精力投入大数据能给我们带来的好处，而不仅仅是挑战。

2. 大数据处理的流程

越来越多的应用涉及大数据，这些大数据的属性，包括数量、速度、多样性等都呈现了大数据不断增长的复杂性，所以，大数据的分析方法在大数据领域就显得尤为重要，可以说是决定信息最终是否有价值的决定性因素。

大数据时代数据处理理念的三大转变：要全体不要抽样，要效率不要绝对精

① 埃里克·西格尔. 大数据预测[M]. 周昕，译. 北京：中信出版社，2014：39-40.

确，要相关不要因果。大数据处理的方法多种多样，但是其流程基本一致，整个处理流程可以概括为四步，分别是采集、导入和预处理、统计和分析、挖掘。

(1)采集。

大数据的采集是指利用多个数据库来接收发自客户端(Web、APP 或者传感器形式等)的数据，并且，用户可以通过这些数据库来进行简单的查询和处理工作。比如，电商会使用传统的关系型数据库 MySQL 和 Oracle 等来存储每一笔事务数据。除此之外，Redis 和 MongoDB 这样的 NoSQL 数据库也常用于数据的采集。

在大数据的采集过程中，其主要特点和挑战是并发数高，因为，有可能同时会有成千上万的用户来进行访问和操作，比如火车票售票网站和淘宝，它们并发的访问量在峰值时往往会达到上百万，所以，需要在采集端部署大量数据库才能支撑。如何在这些数据库之间进行负载均衡和分片，需要深入的思考和设计。

(2)统计/分析。

统计与分析主要是利用分布式数据库或者分布式计算集群，对存储于其内的海量数据进行普通的分析和分类汇总，以满足大多数常见的分析需求。在这方面，一些实时性需求会用到 EMC 的 GreenPlum、Oracle 的 Exadata 以及基于 MySQL 的列式存储 Infobright 等，而一些批处理或者基于半结构化数据的需求，可以使用 Hadoop。统计与分析这部分的主要特点和挑战是分析涉及的数据量大，对系统资源特别是 I/O 会有极大的占用。

(3)导入/预处理。

虽然采集端本身会有很多数据库，但是，要对这些海量数据进行有效分析，还是应该将这些来自前端的数据，导入到一个集中的大型分布式数据库或者分布式存储集群，并且，可以在导入的基础上，做一些简单的清洗和预处理工作。也有一些用户，会在导入时使用来自 Twitter 的 Storm 来对数据进行流式计算，以满足部分业务的实时计算需求。导入与预处理过程的特点和挑战主要是导入的数据量大，每秒钟的导入量经常会达到百兆甚至千兆级别。

(4)挖掘。

与前面统计和分析过程不同的是，数据挖掘一般没有什么预先设定好的主题，主要是在现有数据上进行基于各种算法的计算，起到预测的效果，从而实现一些高级别数据分析的需求。比较典型的算法有用于聚类的 K-means、用于统计学习的 SVM 和用于分类的 Naive Bayes，主要使用的工具有 Hadoop 的 Mahout 等。该过程的特点和挑战主要是用于挖掘的算法很复杂；并且，计算涉及的数据量和计算量都很大；还有，常用数据挖掘算法都以单线程为主，成为大数据挖掘的瓶颈。

整个大数据处理的普遍流程至少应该满足这四个方面的步骤，才能算得上是一个比较完整的大数据处理。

3. 大数据分析的发展状况

(1)开源大数据。

Hadoop HDFS、Hadoop MapReduce、HBase、Hive 渐次诞生，早期 Hadoop 生态圈逐步形成。Hypertable 是另类，存在于 Hadoop 生态圈之外，但也曾经有一些用户。

(2)一体机数据仓库。

一体机数据仓库包括 IBM PureData(Netezza)、Oracle Exadata、SAP HANA 等。

4. 应用实例

2014 巴西世界杯于 7 月 14 日凌晨落下帷幕，德国战车 1：0 战胜阿根廷，第四次捧起大力神杯。与往届世界杯不同的是：数据分析成为巴西世界杯赛事外的精彩看点。伴随赛场上球员的奋力角逐，大数据也在全力演绎世界杯背后的分析故事。一向以严谨著称的德国队，引入专门处理大数据的足球解决方案，进行比赛数据分析，优化球队配置，并通过分析对手数据找到比赛的"制敌"方式；利用谷歌、微软、Opta 等通过大数据分析预测赛果……大数据，不仅成为赛场上的"第 12 人"，也在某种程度上充当了世界杯的"预言帝"。大数据分析邂逅世界杯，是大数据时代的必然，而大数据分析也将在未来改变我们生活的方方面面。

5. 异步大数据分析

异步处理的大数据分析，遵守了捕获、存储加分析的流程，在分析过程中，数据由传感器、网页服务器、销售终端、移动设备等获取，之后存储到相应设备上，再进行分析。由于这些类型的分析都是通过传统的关系型数据库管理系统(RDBMS)进行的，数据形式都需要转换或者转型成为 RDBMS 能够使用的结构类型，例如行或者列的形式，并且，需要和其他的数据相连续。

处理的过程被称为提取、变形、加载或者称为 ETL。首先，将数据从源系统中提取处理，再对数据进行标准化处理，然后，把数据发往相应的数据仓储等待进一步分析。在传统数据库环境中，这种 ETL 步骤相对直接，分析的对象往往是为人们熟知的金融报告、销售或者市场报表、企业资源规划等；在大数据环境下，ETL 可能会变得相对复杂，因此，转型过程对不同类型的数据源，处理方式是不同的。

分析开始的时候，数据首先从数据仓储中被抽出来，放进 RDBMS 里，以产生需要的报告或者支撑相应的商业智能应用。在大数据分析的环节中，裸数据以及经过转换了的数据大多会被保存下来，因为在后面可能还需要再次转换。

七、大数据分析的主流工具

大数据概念应用到 IT 操作工具产生的数据中，可以使 IT 管理软件供应商解决广泛的业务决策。IT 系统、应用和技术基础设施每天每秒都在产生数据。大数据非结构化或者结构化数据都代表了“所有用户的行为、服务级别、安全、风险、欺诈行为等更多操作”的绝对记录。

大数据分析的产生旨在 IT 管理，企业可以将实时数据流分析和历史相关数据相结合，然后，大数据分析并发现它们所需的模型；反过来，帮助预测和预防未来运行中断和性能问题。进一步来讲，可以利用大数据了解使用模型以及地理趋势，加深大数据对重要用户的洞察力；也可以追踪和记录网络行为，大数据轻松地识别业务影响；随着对服务利用的深刻理解，加快利润增长；同时跨多系统收集数据，发展 IT 服务目录。

大数据是一个含义广泛的术语，是指庞大而复杂的数据集，需要专门设计的硬件和软件工具进行处理。该数据集通常是万亿或 EB 的大小，来源多种多样：传感器、气候信息、公开的信息、杂志、报纸、文章等。大数据产生的其他例子，包括购买交易记录、网络日志、病历、监控、视频和图像档案及大型电子商务等。

面对庞大而复杂的大数据，选择一个合适的处理工具显得很有必要，工欲善其事，必须利其器。一个好的工具，不仅可以使工作事半功倍，也可以让我们在竞争日益激烈的云计算时代挖掘大数据价值，及时调整战略方向。以下介绍大数据分析的六个主要工具：

1. Hadoop

Hadoop 是一个能够对大量数据进行分布式处理的软件框架，它以一种可靠、高效、可伸缩的方式进行处理。Hadoop 是可靠的，它假设计算元素和存储会失败，因此，它维护多个工作数据副本，确保能够针对失败的节点重新分布处理。Hadoop 是高效的，它以并行的方式工作，通过并行处理加快处理速度。Hadoop 还是可伸缩的，能够处理 PB 级数据。此外，Hadoop 依赖于社区服务器，因此，它的成本比较低，任何人都可以使用。

Hadoop 是一个能够让用户轻松架构和使用的分布式计算平台，用户可以轻松地在 Hadoop 上开发和运行处理海量数据的应用程序。它主要有以下几个优点：

(1)高可靠性。Hadoop 按位存储和处理数据的能力值得人们信赖。

(2)高扩展性。Hadoop 是在可用的计算机集簇间分配数据并完成计算任务，这些集簇可以方便地扩展到数以千计的节点中。

(3)高效性。Hadoop 能够在节点之间动态地移动数据，并保证各个节点的动态平衡，因此，处理速度非常快。

(4)高容错性。Hadoop 能够自动保存数据的多个副本，并且，能够自动将失败的任务重新分配。

Hadoop 带有用 Java 语言编写的框架，运行在 Linux 生产平台上是非常理想的。

Hadoop 上的应用程序也可以使用其他语言编写，比如 C++。

2. HPCC

HPCC(high performance computing and communications)即高性能计算与通信。1993 年，美国科学、工程、技术联邦协调理事会向国会提交了“重大挑战项目：高性能计算与通信”的报告，被称为 HPCC 计划，即美国总统科学战略项目，其目的是通过加强研究与开发，解决一批重要的科学与技术挑战问题。HPCC 是美国为实施信息高速公路而实施的计划，该计划将耗资百亿美元，其主要目标是开发可扩展的计算系统及相关软件，以支持太位级网络传输性能，开发千兆比特网络技术，扩展研究和教育机构及网络连接能力。该项目主要由五部分组成：

(1)高性能计算机系统(HPCS)，包括今后几代计算机系统的研究、系统设计工具、先进的典型系统及原有系统的评价等。

(2)先进软件技术与算法(ASTA)，有巨大挑战问题的软件支撑、新算法设计、软件分支与工具、计算及高性能计算研究中心等。

(3)国家科研与教育网格(NREN)，有中继站及 10 亿位级传输的研究与开发。

(4)基本研究与人类资源(BRHR)，有基础研究、培训、教育及课程教材，是通过奖励调查者开始的，长期调查在可升级的高性能计算中增加创新意识流，通过提高教育和高性能的计算训练和通信，加大熟练和训练有素的人员的联营，提供必需的基础架构，支持这些调查和研究活动。

(5)信息基础结构技术和应用(IITA)，目的在于保证美国在先进信息技术开发方面的领先地位。

3. Storm

Storm 是自由的开源软件，一个分布式的、容错的实时计算系统。Storm 可以非常可靠地处理庞大的数据流，用于处理 Hadoop 的批量数据。Storm 很简单，支持多种编程语言，使用起来非常有趣。Storm 由 Twitter 开源而来，其他知名的应用企业包括 Groupon、淘宝、支付宝、阿里巴巴、乐元素、Admaster 等。

Storm 有许多应用领域：实时分析、在线机器学习、不停顿计算、分布式 RPC(远过程调用协议，通过网络从远程计算机程序上请求服务)、ETL 等。Storm 的处理速度惊人：经测试，每个节点每秒钟可以处理 100 万个数据元组。Storm 可扩展、容错，很容易设置和操作。

4. Apache Drill

为了帮助企业用户寻找更有效、加快 Hadoop 数据查询的方法，Apache 软件基金会发起了一项名为“Drill”的开源项目，Apache Drill 实现了 Google's Dremel。该项目将会创建出开源版本的谷歌 Dremel Hadoop 工具(谷歌使用该工具来为 Hadoop 数据分析工具的互联网应用提速)，Drill 将有助于 Hadoop 用户实现更快查询海量数据集的目的。

Drill 项目也是从谷歌的 Dremel 项目中获得的灵感：该项目帮助谷歌实现了海量数据集的分析处理，包括分析抓取 Web 文档、跟踪安装在 Android Market 上的应用程序数据、分析垃圾邮件、分析谷歌分布式构建系统上的测试结果等。通过开发 Drill 开源项目，组织机构将有望建立 Drill 所属的 API 接口和灵活强大的体系架构，帮助支持广泛的数据源、数据格式和查询语言。

5. RapidMiner

RapidMiner 是世界领先的数据挖掘解决方案，其数据挖掘任务涉及范围广泛，包括各种数据艺术，能简化数据挖掘过程的设计和评价。

RapidMiner 的功能和特点：

(1)免费提供数据挖掘技术和库。

(2)100%用 Java 代码，可运行在任何操作系统。

(3)数据挖掘过程简单、强大、直观。

(4)内部 XML 保证了标准化的格式来表示交换数据挖掘过程。

(5)可以用简单脚本语言自动进行大规模进程。

(6)多层次的数据视图，确保有效和透明的数据。

(7)图形用户界面的互动原型。

(8)命令行(批处理模式)自动大规模应用。

(9)Java API(应用编程接口)。

(10)简单的插件和推广机制。

(11)强大的可视化引擎，许多尖端的高维数据的可视化建模。

(12)400 多个数据挖掘运营商支持。

耶鲁大学已将 RapidMiner 成功地应用在许多不同的应用领域，包括文本挖掘、多媒体挖掘、功能设计、数据流挖掘、集成开发的方法和分布式数据挖掘等。

6. Pentaho BI

Pentaho BI 平台不同于传统的 BI 产品，它是一个以流程为中心的，面向解决方案(solution)的框架，其目的在于将一系列企业级 BI 产品、开源软件、API 等组件集成起来，方便商务智能应用的开发。它的出现，使得一系列面向商务智能的独立产品如 JFree、Quartz 等，能够集成在一起，构成一项项复杂的、完整的商务智能解决方案。

Pentaho BI 平台构建于服务器、引擎和组件的基础之上，提供了系统的 J2EE 服务器、安全、portal、工作流、规则引擎、图表、协作、内容管理、数据集成、分析和建模功能。这些组件的大部分是基于标准的，可使用其他产品替换。

第三节　电子商务数据分析

一、电子商务数据分析指标体系

电子商务数据分析指标体系如表 7-1 所示：

表 7-1　电子商务数据分析指标体系①

一级类别	二级类别	三级类别	指标
网站运营指标	流量指标	流量数量指标	PV
			UV
			visits
		流量质量指标	bounce rate
			time on site/page
			PV/UV
		流量转换指标	转化次数
			转化率
	商品类目指标	商品类目指标	商品类目结构占比
			商品类目销售额占比
			类目销售 SKU 集中度
			库存周转率
			……
	供应链指标	供应链指标	压单占比(分仓库)
			系统/实物报缺率
			上架完成率/出库及时率
			出库率
			次日到达率/未送达占比
			……

① 黄成明. 数据化管理——洞悉零售及电子商务运营[M]. 北京：电子工业出版社，2014：164-178.

续表

一级类别	二级类别	三级类别	指标
经营环境指标	外部竞争指标	外部竞争指标	市场占有率
			市场扩大率
			网站排名
			访问比重
	内部购物指标	运营指标	PV
			UV
			购物车转化率
			下单转化率
			订单转化率
			订单数量/金额
		功能指标	支付方式
			配送方式
			商品数目
			最短流程(用户体验)
销售指标	网站指标	网站指标	下单次数
			加入购物车次数
			在线支付次数
			购物车转化率
			下单转化率
			支付转化率
	订单指标	订单指标	订单有效率
			订单金额
			客单价
			订单转化率
			毛利率
			退换货率
			重复购买率

续表

一级类别	二级类别	三级类别	指标
营销活动指标	营销活动指标	营销活动指标	新增访问人数
			总访问人数
			订单数量
			下单转化率
			ROI
	广告投放指标	广告投放指标	新增访问人数
			总访问次数
			转化订单数量
			下单转化率
			ROI
客户价值指标	客户指标	客户指标	访问人数
			访客获取成本
			转化率
	新客户指标	新客户指标	新顾客数量
			获取成本
			客单价
	老客户指标	老客户指标	老顾客数量
			消费频率
			最近一次消费的时间
			消费金额
			重复购买率

二、电子商务数据分析常用公式

1. 收益率分析指标

资本周转率=总收入÷资本

说明：比率越高，表示资本经营效率越高；比率越低，表示资本经营效率越低。

存货周转率=销货净额÷(期初存货+期末存货)/2(以零售价计)

说明：比率越高，表示经营效率越高或存货管理越好；比率越低，表示经营效率越低或存货管理越差。

存货周转期间=平均存货÷销货净额/360

说明：期间越长，表示经营效率越低或存货管理越差；期间越短，表示经营效率越高或存货管理越好。

销货毛利率=毛利÷销货净额

说明：比率越高，表示获利的空间越大；比率越低，表示获利空间越小。

配送中心退货率分析=自配送中心退货金额÷自配送中心进货金额

说明：比率越高，表示存货管理控制越差；比率越低，表示存货管理控制越好。

销货净利率=净利÷销货净额

说明：比率越高，表示净利率越高；比率越低，表示净利率越低。

应付账款周转期间=(应付账款+应付票据)÷进货净额/360

说明：期间越长，表示免费使用厂商信用的时间越长；期间越短，表示免费使用厂商信用的时间越短。

人事费用率=人事费用÷销货净额

说明：比率越高，表示员工创造的营业额越低或人事费用越高；比率越低，表示员工创造的营业额越高或人事费用越低。

广告费用率=广告费÷销货净额

说明：比率越高，表示广告所创造的营业额越低；比率越低，表示广告所创造的营业额越高。

租金费用率=租金÷销货净额

说明：比率越高，表示地点选择不佳；比率越低，表示地点选择越佳。

营业费用率=营业费用÷营业收入

说明：比率越高，表示营业费用支出之效率越低；比率越低，表示营业费用支出之效率越高。

损益平衡点=门店总费用÷毛利率

说明：损益平衡点越低，表示获利时点越快；损益平衡点越高，表示获利时点越慢。

损益平衡点与销货额比=损益平衡点÷销货净额

说明：比率若小于1，表示有盈余，比率越小，盈余越多；比率若大于1，表示有亏损，比率越大，亏损越多。

经营安全力=1-(损益平衡点÷营业额)

说明：点数越高，表示获利越少；点数越低，表示获利越少。

投资报酬率=净利÷总投资额(资本)

说明：比率越高，表示资本产生的净利越高；比率越低，表示资本产生的净利越低。

品效分析=营业收入÷品项数目

说明：品效越高，表示商品开发及淘汰管理越好；品效越低，表示商品开发及淘汰管理越差。

面积效率分析=营业收入÷品项数目

说明：面积效率越高，表示卖场(全场)面积所创造的营业额越高；面积效率越低，表示卖场(全场)面积所创造的营业额越低。

人时生产率=营业收入÷人员总工作时数

说明：人时生产率越高，表示人员工作效率越好；人时生产率越低，表示人员工作效率越差。

来客数=依收据(发票)数目(通行人数×入店率×交易率)

说明：来客数越高，表示客源越广；来客数越低，表示客源越窄。

客单价分析=营业额÷来客数

说明：客单价越高，表示一次平均消费额越高；客单价越低，表示一次平均消费额越低。

交叉比率=毛利率×存货周转率

说明：交叉比率越高，表示越是利润所在；交叉比率越低，表示越不是利润所在。

大分类构成比=大分类销货净额÷总销货净额

说明：分析各大分类产品占销售净额的比例。

2. 人员安全率分析指标

人员流动率=期间内离职人数÷平均在职人数

说明：比率越高，表示人事越不稳定；比率越低，表示人事越稳定。

3. 生产率分析指标

平均每人营业收入=营业额÷门店员工人数

说明：比率越高，表示员工绩效越高；比率越低，表示员工绩效越低。

员工生产力=营业毛利÷门店员工人数

说明：比例越高，表示员工生产力越高；比例越低，表示员工生产力越低。

卖场使用率=卖场面积÷全场面积

说明：比率越高，表示使用率越高；比率越低，表示使用率越低。

人员守备率=卖场面积÷平均工作人数

说明：比率越高，表示每人负责面积数越多；比率越低，表示每人负责面积数越少。

劳动分配率=人事费用÷营业毛利

说明：比率越高，表示员工创造的毛利越低；比率越低，表示员工创造的毛利越高。

4. 成长达成率分析指标

营收达成率=实际营业收入÷目标营业收入

说明：比率越高，表示经营绩效越高；比率越低，表示经营绩效越低。

毛利达成率=实际营业毛利÷目标营业毛利

说明：比率越高，表示经营绩效越高；比率越低，表示经营绩效越低。

营业净利达成率=实际营业净利÷目标营业净利

说明：比率越高，表示经营绩效越高；比率越低，表示经营绩效越低。

费用达成率=卖场面积数÷目标费用

说明：比率越高，表示实际费用越高；比率越低，表示实际费用越低。

营业成长率=本期营业收入÷上期(去年同期)营业收入×100%

说明：比率越高，表示成长性越高；比率越低，表示成长性越低。

毛利成长率=本期营业毛利÷上期(去年同期)营业毛利×100%

说明：比率越高，表示毛利成长性越高；比率越低，表示毛利成长性越低。

净利成长率=本期营业净利÷上期(去年同期)营业净利×100%

说明：比率越高，表示净利成长性越高；比率越低，表示净利成长性越低。

三、淘宝运营数据分析指标

1. 基础统计类

浏览量(PV)：店铺各页面被查看的次数。用户多次打开或刷新同一个页面，该指标值仍会累加。

访客数(UV)：全店各页面的访问人数。所选时间段内，同一访客多次访问，会进行去重计算。

收藏量：用户访问店铺页面过程中，添加收藏的总次数(包括首页、分类页和宝贝页的收藏次数)。

浏览回头客：指前6天内访问过店铺，当日又来访问的用户数，在所选时间段内，会进行去重计算。

浏览回头率：浏览回头客占店铺总访客数的百分比。

平均访问深度：访问深度，是指用户一次连续访问的店铺页面数(即每次会话浏览的页面数)，平均访问深度即用户平均每次连续访问浏览的店铺页面数。“月报—店铺经营概况”中，该指标是所选月份日数据的平均值。

跳失率：表示顾客通过相应入口进入，只访问了一个页面就离开的访问次数占该入口总访问次数的比例。

人均店内停留时间(秒)：所有访客的访问过程中，平均每次连续访问店铺的停留时间。

宝贝页浏览量：店铺宝贝页面被查看的次数，用户每打开或刷新一个宝贝页面，该指标就会增加。

宝贝页访客数：店铺宝贝页面的访问人数。所选时间段内，同一访客多次访问会进行去重计算。

宝贝页收藏量：用户访问宝贝页面，添加收藏的总次数。

入店页面：单个用户每次浏览店铺时，查看的第一个页面为入店页面。

出店页面：单个用户每次浏览店铺时，所查看的最后一个页面为出店页面。

入店人次：指从该页面进入店铺的人次。

出店人次：指从该页面离开店铺的人次。

进店时间：用户打开该页面的时间点，如果用户刷新页面，也会记录下来。

停留时间：用户打开本店最后一个页面的时间点减去打开本店第一个页面的时间点即为停留时间。只访问一页的顾客，其停留时间暂无法获取，这种情况不统计在内，显示为"—"。

到达页浏览量：到达店铺的入口页面的浏览量。

平均访问时间：打开该宝贝页面到打开下一个宝贝页面的平均时间间隔。用户访问该宝贝页面后，未点击该页其他链接的情况不统计在内，显示为"—"。

全店宝贝查看总人次：指全部宝贝的查看人次之和。

搜索次数：在店内搜索关键词或价格区间的次数。

2. 销售分析类

拍下件数：宝贝被拍下的总件数。

拍下笔数：宝贝被拍下的总次数，一次拍下多件宝贝，算拍下一笔。

拍下总金额：宝贝被拍下的总金额。

成交用户数：成功拍下并完成支付宝付款的人数。所选时间段内，同一用户发生多笔成交会进行去重计算。

成交回头客：曾在店铺发生过交易，再次发生交易的用户称为成交回头客。所选时间段内会进行去重计算。

支付宝成交件数：通过支付宝付款的宝贝总件数。

支付宝成交笔数：通过支付宝付款的交易总次数，一次交易多件宝贝，算成交一笔。

支付宝成交金额：通过支付宝付款的金额。

人均成交件数：平均每用户购买的宝贝件数，即人均成交件数=支付宝成交件数/成交用户数。

人均成交笔数：平均每用户购买的交易次数，即人均成交笔数=支付宝成交笔数/成交用户数。

当日拍下—付款件数：当日拍下，且当日通过支付宝付款的宝贝件数。

当日拍下—付款笔数：当日拍下，且当日通过支付宝付款的交易次数。

当日拍下—付款金额：当日拍下，且当日通过支付宝付款的金额。

客单价：客单价=支付宝成交金额/成交用户数。单日客单价指单日每成交用户产生的成交金额。

客单价均值：指所选择的某个时间段，客单价日数据的平均值。如“月报”中，客单价均值=该月多天客单价之和/该月天数。

支付率：支付宝成交笔数占拍下笔数的百分比，即支付率=支付宝成交笔数/拍下笔数。

成交回头率：成交回头客占成交用户数的百分比。即成交回头率=成交回头客/成交用户数。

全店成交转化率：全店成交转化率=成交用户数/访客数。单日全店成交转化率指单日成交用户数占访客数的百分比。

全店转化率均值：指所选择的某个时间段，全店成交转化率日数据的平均值。如“月报”中，全店转化率均值=该月多天转化率之和/该月天数。

促销成交用户数：参与宝贝促销活动的成交用户数。

宝贝页(促销)成交转化率：参与宝贝促销活动的成交用户数占宝贝页访客数的百分比。“按月”“按周”查看报表时，该指标是所选时间段内日数据的平均值。

支付宝(促销)成交件数：买家参与宝贝促销活动产生的支付宝成交件数。

支付宝(促销)成交笔数：买家参与宝贝促销活动产生的支付宝成交笔数。

支付宝(促销)成交金额：买家参与宝贝促销活动产生的支付宝成交金额。

非促销成交用户数：未参与宝贝促销活动的成交用户数。

支付宝(非促销)成交件数：买家未参与宝贝促销活动产生的支付宝成交件数。

支付宝(非促销)成交笔数：买家未参与宝贝促销活动产生的支付宝成交笔数。

支付宝(非促销)成交金额：买家未参与宝贝促销活动产生的支付宝成交金额。

3. 直通车数据类

展现量：推广宝贝在淘宝直通车展示位上被买家看到的次数，不包括自然搜索。

点击量：推广宝贝在淘宝直通车展示位上被点击的次数。

点击率：推广宝贝展现后的被点击比率，点击率=点击量/展现量。

花费：推广宝贝被点击所花费用。

平均点击花费：推广宝贝每次被点击所花的平均费用，平均点击花费=花费/点击量。

平均展现排名：推广宝贝每次被展现的平均排名，平均展现排名=每次展现排名的加总/展现量。

点击转化率：点击后转化为顾客的比例。

4. 来源分析类

访客数(UV)：店铺各页面的访问人数。所选时间段内，同一访客多次访问会进行去重计算。

到达页浏览量：通过该来源给店铺入口页面带来的查看次数。

到达页浏览量占比：该来源的到达页浏览量占所有来源的到达页浏览量总和的比例。

浏览量(PV)：店铺各页面被查看的次数。用户多次打开或刷新同一个页面，该指标值累加。

浏览量占比：该来源的浏览量占所有来源的浏览量总和的比例。

入店访问深度：该来源带来的访客每次入店后在店铺内的平均访问页面数。

入店跳失率：该来源带来的访客入店后只访问了该店铺1个页面就离开的次数占该来源访客总入店次数的比例。

新访客数：该来源在选定时间段内带来的访问人数中在前6天从未访问过店铺的用户数。

新访客占比：该来源带来的新访客占该来源总访客数的比例。

5. 地域成交分析

省份分析：即顾客所在省份的统计数据。

区域分析：即顾客所在区域的统计数据，区域由自己根据实际情况和需要确定。

6. 价格分析

产品价格分析主要是分析公司产品的价位与同种(或类似)产品相比孰高孰低，其差异是否构成重大影响。另外，还要分析价位是否在消费者的承受能力之内，以及价格的变化在多大程度上影响潜在需求和现实需求之间的转化。价格分析，主要来源于以下两个指标。产品市场价格：以市场价格下单的情况；促销分析：以促销方式下单的情况。

7. 竞争对手分析

进行竞争对手分析的目的是通过了解竞争对手的信息，获知竞争对手的发展策略以及行动，以作出最适当的应对。针对竞争对手的产品，主要进行以下两个方面的分析。同类产品分析：对竞争对手所具有的同类产品的分析，包括性能、价格、包装、售后等；不同产品分析：就本产品与竞争对手的产品的分析，包括性能、价格、包装、售后、优势、劣势等。

8. 产品品类分析

品类管理是一个把品类作为战略业务来管理，着重通过满足消费者需求来提高生意结果的流程。它是以购买/消费者为中心，数据化的连续不断的决策过程。通过对产品品类的分析与研究，可以有效促进销售额。

品类管理需要信息技术的支持。需要的数据：品类管理是以数据为基础的业务流程，需要各种数据。重要的数据有：商店POS数据、市场统计数据、购买者研究数据、商品的细分数据和商品的电子图像数据、竞争对手的数据等。需要的信息技术有数据仓库；分析工具、功能强大、灵活、容易使用；专业软件：商品优化组合、定价与促销有效性分析、货架商品陈列等。

9. 客户群体分析

企业的市场定位决定了目标客户群的定位，对目标客户群进行深入分析，是为了项目推广能够更加准确有效。分析结果将决定整个公关计划，包括媒体的选择、组合，宣传主题、力度、诉求方式和其他辅助手段，同时，价格定位和付款方式也要看目标客户的经济背景。对目标客户群的背景分析包括两个方面，即经济背景和文化背景。

在网上用户群体中，相当一部分消费需求明确，购买行为理智，这部分目标群体主要体现为购买欲望强烈、购买意思确定、购买行为理智、以男性居多、企业采购为主、高学历层次居多。这部分用户往往通过搜索引擎查找和筛选自己需要的产品，然后，进行对比分析，最后，确立购买目标和进行购买行为。

数据分析工作是网店运营过程中一项逻辑性很强的工作，每一阶段的数据分析得出的观点，对下一步销售决策都起到至关重要的作用，因此，必须时刻关注各项数据指标的变化以及变化规律，从中寻找运营方向和存在的问题，并及时作出相应的改正，才有利于精细化运营目标的达成。

四、微信运营的数据分析

到目前为止，国内手机用户数量已经高达 10 亿，据统计，超过 70%的用户已经把使用移动互联网当成了一种习惯。移动智能终端越来越普及，移动网络条件不断优化，移动互联网的商业价值越来越鲜明，让越来越多的消费者从中获得即时通信、手机阅读、移动办公、电子商务等日常需求。作为移动互联网时代的典型代表，微信不仅是一种媒介或者信息载体，更是引领着工作方式和生活方式快速变革的新工具①。

在微信运营的过程当中，文章的 UV② 直接影响到内容的扩散程度和受众。除了从内容层面专心做好文章之外，还能够从数据当中获取到哪些相关信息呢？

基础指标：

内部 UV：公众号的粉丝查看文章的 UV。

外部 UV：非粉丝，通过转发而看到文章所产生的 UV。

内部粉丝阅读率：内部 UV/前一日的粉丝总量。

1. 历史数据指导发文的节奏

在没有运营活动影响的前提下，所运营的微信公众号的文章阅览量一般会呈现

---

① 唐顿，张圣杰. 挡不住的微店生意经：低成本微信创业全攻略[M]. 北京：人民邮电出版社，2014：11-12.

② UV 是 unique visitor 的简写，是指通过互联网访问、浏览这个网页的用户。

从周一到周日低开走高，到周日达到顶峰的效果。对于这一情况给出的可能性解释是：大家的忙碌程度通常随工作日递减，因此，周末可能比周一有更多的粉丝阅读者。

结合这一数据，就可以调整发文的节奏：对于那些话题性较高、传播性较强的文章，最优选的方式是放在周四以后发布。在不明显改进文章质量的情况下，最大化文章的内部 UV。

2. 预判突发事件的影响

讨论文章阅览量的时候，有一个大前提，即人们的注意力是有限的，那么，微信运营者在发布文章和活动的时候，就应该尽量避免同热点活动相冲突。如："双十一"期间，如果不做相应调整，仍然按照原有频率发布文章，这些文章的 UV 无论在同比和环比都会有明显的下降。

3. 分析有效渠道

在微信推广当中，可以采用地推、微信 MP 投放、微信公众账号内活动等方式增加粉丝量。那么，如何衡量各个渠道的有效值呢？可以采用以下指标进行分析：

(1)次日留存指标通常能够快速粗略地估计一个渠道的有效性。如果一个渠道的次日留存度较低，那么可以直接放弃。

(2)2~7 日活跃是用户对于产品的一个体验周期，在这个体验周期内能否留住用户，就是对产品形态和产品价值的考量。

(3)7 日后留存和 7 日后活跃，考察的是一个新用户转化为老用户的过程，在这一过程之后的流失与渠道无关，只与产品相关。在这里，主要需要监控是否有某个渠道的用户活跃度显著低于平均值，这通常代表了该渠道找来的用户并非目标用户，需要重新考虑投放渠道。

(4)单个增粉成本 VS 单个用户的付费金额是衡量增粉是否划算的一个直接指标，也能够在一定程度上帮助决策者分析某一个渠道上的用户是否更优质。

4. 筛选可复制模式

微信公众号的售卖和运营活动通常有一些固有的节奏，在运行一段时间后，往往容易观测出一些波动情况。找到造成那些波峰的售卖或运营活动，就可以发展成为最简洁可复制的模式。

例如，对有的受众来说，微课通常能够引起一批流量的高峰；而通过提前预热、课前报名及课后回顾的方式，能够将一节微课的效益放大到多天，形成更经济、更良好的效果。又如，在售卖商品的过程中，是打包卖的方式效果好，还是以头条带爆款的方式更好，在不同的微信公众号上往往会有不同的体现。

5. 关注数据异常

数据异常可能是潜在的机会，也会是潜在的问题。通过及时关注数据异常，可以见微知著、一叶知秋。周环比数据是我们最值得关注的点。每个月，以上月的平均数据作为基础考量 KPI①，对比各项指标的波动情况。

整体互动方面，用户在一天的使用上有明显的分布。有些产品如茶的峰值应该出现在上午八点到十点；但实际上，用户在下午六点到八点可能也会有一个产品使用的高峰。那么，一旦充分挖掘并推广这批用户的使用习惯，就会给产品带来新的使用场景和机会。

文章的平均阅读量依靠编辑的素养和判断力，但文章突发的高或者突发的低都值得分析和利用。对于突发的高，可以尝试复制此类题材，试验用户的偏好性；对于突发的低，则首先要了解当日有无冲突的热点事件，然后，再排查文档本身的问题。

在销售方面，订单量和订单金额分布是两个值得关注的指标。例如，某公众号做了“一元夺宝”和活跃老用户达成任务支付邮费体验产品两个活动，这两个活动从订单量上来说是有正收益的，但是从订单金额来说，可能会从整体上拉低订单金额。那么，对于销售方面的分析，就应该将这两场活动剔除出去，才能更准确地评估销售效果。

☞案例

看到如图 7-2 所示的数据，从中可以得到哪些信息呢？

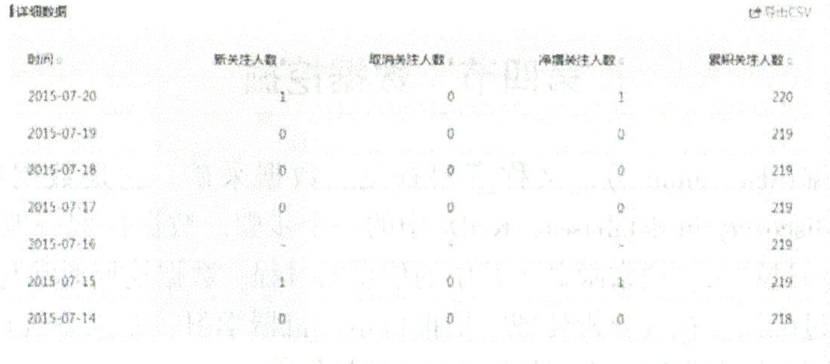
详细数据　　导出CSV

时间	新关注人数	取消关注人数	净增关注人数	累积关注人数
2015-07-20	1	0	1	220
2015-07-19	0	0	0	219
2015-07-18	0	0	0	219
2015-07-17	0	0	0	219
2015-07-16	-	-	-	219
2015-07-15	1	0	1	219
2015-07-14	0	0	0	218

图 7-2　微信后台数据

① 关键绩效指标（KPI，key performance indicator）是通过对组织内部流程的输入端、输出端的关键参数进行设置、取样、计算、分析，衡量流程绩效的一种目标式量化管理指标，是把企业的战略目标分解为可操作的工作目标的工具，是企业绩效管理的基础。KPI 可以使部门主管明确部门的主要责任，并以此为基础，明确部门人员的业绩衡量指标。建立明确的切实可行的 KPI 体系，是做好绩效管理的关键。关键绩效指标是用于衡量工作人员工作绩效表现的量化指标，是绩效计划的重要组成部分。

通过数据分析，至少可以得到如下结论：

①新关注人数已经基本停滞，一周才增长了两个人。

②以前的公众号宣传软文估计都已经失效，可能一些帖子早就已经看不到了。

③如果再不发高质量的内容，留存用户也会流失。

④该制订一个拉新的运营策略了。

运营的数据分析是非常重要又非常费脑细胞的一个环节，必须从每一个数字中读出更多的意思。如果你接手了一个公众号的运营，让你来指定一个运营策略，你应该怎么办？必须能够看数据并分析数据：

该公众号的总粉丝数量是多少？目前是否保持高增长态势，还是已经停滞？

图文阅读次数和转发次数是否一周(或 30 天)内都比较平均？是否有大的起伏？

粉丝的主要来源渠道是什么？以前采用了什么样的运营策略？

看清运营业务的重点，是拉新、留存还是转化？如果选定了拉新，就要说清楚为什么重点是拉新，然后，制订拉新的运营策略。

内容的质量是否保持一致？有没有要优化的地方，如图文引导、链接、Logo 设计、内容排版等？

订阅号是否合适？是否有需要微信支付的地方？是否要升级服务号？升级后图文信息又要做哪些安排？

第四节 数据挖掘

数据挖掘(data mining)，又称资料探勘、数据采矿。它是数据库知识发现(knowledge-discovery in databases，KDD)中的一个步骤。数据挖掘一般是指从大量的数据中，通过算法，搜索隐藏于其中的信息的过程。数据挖掘通常与计算机科学有关，并通过统计、在线分析处理、情报检索、机器学习、专家系统(依靠过去的经验法则)和模式识别等诸多方法来实现上述目标①。

一、数据挖掘起源

需要是发明之母，数据挖掘已经引起了信息产业界的极大关注，其主要原因是存在大量数据可以广泛使用，并且，迫切需要将这些数据转换成有用的信息和知识。获取的信息和知识可以广泛用于各种应用，包括商务管理、生产控制、市场分

① Peter Harrington. 机器学习实战[M]. 李锐，李鹏，曲亚东，等译. 北京：人民邮电出版社，2016：3-4.

析、工程设计和科学探索等。数据挖掘利用了来自如下一些领域的思想：

(1)来自统计学的抽样、估计和假设检验。

(2)人工智能、模式识别和机器学习的搜索算法、建模技术和学习理论。

(3)包括最优化、进化计算、信息论、信号处理、可视化和信息检索。当然，其他领域也对数据挖掘起到重要的支撑作用，特别是需要数据库系统提供有效的存储、索引和查询处理支持。

(4)源于高性能(并行)计算的技术在处理海量数据集方面常常是重要的。分布式技术也能帮助处理海量数据，并且，当数据不能集中到一起处理时更是至关重要。

二、数据挖掘方法

1. 分类(classification)

首先，从数据中选出已经分好类的训练集，然后，在该训练集上，运用数据挖掘分类技术，建立分类模型，没有分类的数据进行分类。

例如：信用卡申请者，分类为低、中、高风险；故障诊断：中国宝钢集团与上海天律信息技术有限公司合作，采用数据挖掘技术对钢材生产的全流程进行质量监控和分析，构建故障地图，实时分析产品出现瑕疵的原因，有效提高了产品的优良率。注意：类的个数是确定的，预先定义好的。

2. 估计(estimation)

估计与分类类似，不同之处在于，分类描述的是离散型变量的输出，而估值处理连续值的输出；分类的类别是确定数目的，而估值的量是不确定的。一般来说，估值可以作为分类的前一步工作。给定一些输入数据，通过估值，得到未知的连续变量的值，然后，根据预先设定的阈值进行分类。例如：银行对家庭贷款业务，运用估值，给各个客户记分(0：1)。然后，根据阈值将贷款级别分类。

3. 预测(prediction)

通常，预测是通过分类或估值起作用的，也就是说，通过分类或估值得出模型，该模型用于对未知变量的预言。从这种意义上说，预言其实没有必要分为一个单独的类。预言的目的是对未来未知变量进行预测，这种预测是需要时间来验证的，即必须经过一定时间后，才知道预言的准确性是多少。

4. 相关性分组或关联规则(affinity grouping or association rules)

决定哪些事情将一起发生。例如：在超市中，客户在购买 A 的同时，经常会购买 B，即 A⇒B(关联规则)；客户在购买 A 后，隔一段时间，会购买 B(序列分析)。

5. 聚类(clustering)

聚类是对记录分组，把相似的记录放在一个聚集里。聚类和分类的区别是聚集不依赖于预先定义好的类，不需要训练集。例如：一些特定症状的聚集可能预示了一个特定的疾病。租书类型不相似的客户聚集，可能暗示成员属于不同的亚文化群。

聚集通常作为数据挖掘的第一步。例如，“哪一种类的促销对客户响应最好?”，对于这一类问题，首先对整个客户做聚集，将客户分组在各自的聚集里，然后，对每个不同的聚集分别回答问题，效果往往更好。

6. 描述和可视化(description and visualization)

描述和可视化是对数据挖掘结果的表示方式。一般只是指数据可视化工具，包含报表工具和商业智能分析产品(BI)的统称。可以通过专用工具进行数据的展现、分析和钻取，将数据挖掘的分析结果更形象、更深刻地展现出来。

三、数据挖掘行业应用

价格竞争空前激烈，语音业务增长趋缓，快速增长的中国移动通信市场正面临着前所未有的生存压力。中国电信业改革的加速推进形成了新的竞争态势，移动运营市场的竞争广度和强度将进一步加大，这特别表现在集团客户领域。移动信息化和集团客户已然成为未来各运营商应对竞争、获取持续增长的新引擎。

各运营商为集团客户提供融合的信息化解决方案将是大势所趋，而移动信息化将成为全面进入信息化服务领域的先导力量，传统移动运营商因此面临着从传统个人业务转向同时拓展集团客户信息化业务领域的挑战。如何应对来自内外部的挑战，迅速以移动信息化业务作为融合业务的竞争利器之一，拓展集团客户市场，在新兴市场中立于不败之地，是传统移动运营商需要解决的紧迫问题。

从目前的情况来看，各种公司对数据挖掘的需求高达50多个方面：数据统计分析；预测预警模型；数据信息阐释；数据采集评估；数据加工仓库；品类数据分析；销售数据分析；网络数据分析；流量数据分析；交易数据分析；媒体数据分析；情报数据分析；金融产品设计；日常数据分析；数据变化趋势；预测预警模型；运营数据分析；商业机遇挖掘；风险数据分析；缺陷信息挖掘；决策数据支持；运营优化与成本控制；质量控制与预测预警；系统工程数学技术；用户行为分析/客户需求模型；产品销售预测(热销特征)；商场整体利润最大化系统设计；市场数据分析；综合数据关联系统设计；行业/企业指标设计；企业发展关键点分析；资金链管理设计与风险控制；用户需求挖掘；产品数据分析；销售数据分析；异常数据分析；数学规划与数学方案；数据实验模拟；数学建模与分析；呼叫中心数据分析；贸易/进出口数据分析；海量数据分析系统设计、关键技术研究；数据清洗、分析、建模、调试、优化；数据挖掘算法的分析研究、建模、实验模拟；组织机构运营监测、评估、预测预警；经济数据分析、预测、预警；金融数据分析、预测、预警；科研数学建模与数据分析：社会科学、自然科学、医药、农学、计算机、工程、信息、军事、图书情报等；数据指标开发、分析与管理；产品数据挖掘与分析；商业数学与数据技术；故障预测预警技术；数据自动分析技术；泛工具分析；互译；指数化，等等。其中，互译与指数化是数据挖掘除计算机技术之外最核心的两大技术。

四、关联规则及经典算法

1. 关联规则的定义

数据关联是数据库中存在的一类重要的可被发现的知识。若两个或多个变量的取值之间存在某种规律性，就称为关联。关联可分为简单关联、时序关联和因果关联三种。关联分析的目的是找出数据库中隐藏的关联网。有时，并不知道数据库中数据的关联函数，即使知道也是不确定的，因此，关联分析生成的规则带有可信度。

Agrawal 等人于 1993 年首先提出了挖掘顾客交易数据库中项集间的关联规则问题，以后，研究人员对关联规则的挖掘问题进行了大量研究。他们的工作包括对原有算法进行优化，如引入随机采样、并行的思想等，以提高算法挖掘规则的效率，对关联规则的应用进行推广。关联规则挖掘，是数据挖掘中一个重要的课题，已被业界广泛研究。

2. 关联规则挖掘过程

关联规则挖掘过程主要包含两个阶段。关联规则挖掘的第一阶段，必须从原始资料集合中找出所有高频项目组(large itemsets)。高频的意思是指某一个项目组出现的频率相对于所有记录而言，必须达到某一水平。一个项目组出现的频率称为支持度(support)，以一个包含 A 与 B 两个项目的项目组为例，可以求得包含{A，B}项目组的支持度，若支持度大于等于所设定的最小支持度(minimum support)门槛值时，则{A，B}称为高频项目组。一个满足最小支持度的 k-itemset，则称为高频 k-项目组(frequent k-itemset)，一般表示为 large k 或 frequent k。算法从 large k 的项目组中再产生 large k+1，直到无法找到更长的高频项目组为止。

关联规则挖掘的第二阶段，要产生关联规则(association rules)。从高频项目组产生关联规则，是利用前一步骤的高频 k-项目组来产生规则，在最小信赖度(minimum confidence)的条件门槛下，若一规则所求得的信赖度满足最小信赖度，称此规则为关联规则。例如：经由高频 k-项目组{A，B}所产生的规则 AB，其信赖度若大于等于最小信赖度，则称 AB 为关联规则。

从上面的介绍还可以看出，关联规则挖掘通常比较适用于记录中的指标取离散值的情况。如果原始数据库中的指标值取连续数据，则在关联规则挖掘之前，应该进行适当的数据离散化(实际上就是将某个区间的值对应于某个值)，数据的离散化是数据挖掘前的重要环节，离散化的过程是否合理，将直接影响关联规则的挖掘结果。

3. 关联规则分类

按照不同情况，关联规则可以进行如下分类：

(1)基于规则中处理的变量的类别，关联规则可以分为布尔型和数值型。

布尔型关联规则处理的值都是离散的、种类化的，它显示了这些变量之间的关系；而数值型关联规则可以和多维关联或多层关联规则结合起来，对数值型字段进行处理，对其进行动态分割，或者直接对原始数据进行处理。当然，数值型关联规则中，也可以包含种类变量，如：性别="女"⇒职业="秘书"，是布尔型关联规则；性别="女"⇒AVG(收入)=3000，涉及的收入是数值类型，所以，是一个数值型关联规则。

(2)基于规则中数据的抽象层次，可以分为单层关联规则和多层关联规则。

在单层关联规则中，所有的变量都没有考虑到现实的数据是具有多个不同的层次的；而在多层关联规则中，对数据的多层性已经进行了充分的考虑。如：IBM 台式机⇒HP 打印机，是一个细节数据上的单层关联规则；台式机⇒HP 打印机，是一个较高层次和细节层次之间的多层关联规则。

(3)基于规则中涉及的数据的维数，关联规则可以分为单维和多维。

在单维的关联规则中，只涉及数据的一个维，如用户购买的物品；而在多维关联规则中，要处理的数据将会涉及多个维度。换句话说，单维关联规则是处理单个属性的关系，而多维关联规则是处理各个属性之间的某些关系。例如：啤酒⇒尿布，这条规则只涉及用户购买的物品；性别="女"⇒职业="秘书"，这条规则就涉及两个字段的信息，是两个维度上的一条关联规则。

4. 经典算法

以下对几种经典算法进行简单介绍：

(1)Apriori 算法：使用候选项集找频繁项集。

Apriori 算法是一种最有影响的挖掘布尔关联规则频繁项集的算法。其核心是基于两阶段频集思想的递推算法。该关联规则在分类上属于单维、单层、布尔关联规则。在这里，所有支持度大于最小支持度的项集称为频繁项集，简称频集。

该算法的基本思想是：首先找出所有的频集，这些项集出现的频繁性至少和预定义的最小支持度一样。然后，由频集产生强关联规则，这些规则必须满足最小支持度和最小可信度。然后，使用第 1 步找到的频集产生期望的规则，产生只包含集合的项的所有规则，其中每一条规则的右部只有一项，这里采用的是中规则的定义。一旦这些规则被生成，那么，只有那些大于用户给定的最小可信度的规则才被留下来。为了生成所有频集，使用了递推的方法。该算法可能产生大量候选集以及可能需要重复扫描数据库，这是 Apriori 算法的两大缺点。

(2)基于划分的算法。

Savasere 等设计了一个基于划分的算法。这个算法先把数据库从逻辑上分成几个互不相交的块，每次单独考虑一个分块，并对它生成所有的频集。然后，把产生的频集合并，用来生成所有可能的频集。最后，计算这些项集的支持度。这里分块的大小选择要使得每个分块可以被放入主存，每个阶段只需被扫描一次。该算法是可以高度并行的，可以把每一分块分别分配给某一个处理器生成频集。产生频集的每一个循环结束后，处理器之间进行通信，产生全局的候选 k-项集。通常，通信过程是算法执行时间的主要瓶颈；而另一方面，每个独立的处理器生成频集的时间也是一个瓶颈。

(3)FP-树频集算法。

针对 Apriori 算法的固有缺陷，J. Han 等提出了不产生候选挖掘频繁项集的方法：FP-树频集算法。采用分而治之的策略，在经过第一遍扫描之后，把数据库中的频集压缩进一棵频集模式树(FP-tree)。同时，依然保留其中的关联信息，然后，再将 FP-tree 分化成一些条件库，每个库和一个长度为 1 的频集相关。接下来，再对这些条件库分别进行挖掘。当原始数据量很大的时候，也可以结合划分的方法，使一个 FP-tree 可以放入主存中。实验表明，FP-growth 对不同长度的规则都有很好的适应性，同时，在效率上较 Apriori 算法有巨大的提高。

5. 关联规则的应用

关联规则挖掘技术已经被广泛应用在西方金融行业企业中，它可以成功预测银行客户的需求。一旦获得了这些信息，银行就可以改善自身营销。现在，银行每天都在开发新的沟通客户的方法。各银行在自己的 ATM 机上捆绑了顾客可能感兴趣的本行产品信息，供使用本行 ATM 机的用户了解。如果数据库中显示，某个高信用限额的客户更换了地址，这个客户很有可能新近购买了一栋更大的住宅，因此，有可能需要更高的信用限额，更高端的新信用卡，或者需要一个住房改善贷款，这些产品都可以通过信用卡账单邮寄给客户。当客户打电话咨询的时候，数据库可以给电话销售代表提供有力的帮助与支持。销售代表的电脑屏幕上可以显示出客户的特点，同时，也可以显示出顾客会对什么产品感兴趣。

很多知名的电子商务站点也从强大的关联规则挖掘中受益。这些电子购物网站使用关联规则进行挖掘，然后，设置用户有意要一起购买的捆绑包。也有一些购物网站使用它们设置相应的交叉销售，也就是购买某种商品的顾客，会看到相关的另外一种商品的广告。

但是目前在我国，“数据海量，信息缺乏”是商业银行在数据大集中之后普遍面对的尴尬。金融业实施的大多数数据库只能实现数据的录入、查询、统计等较低层次的功能，却无法发现数据中存在的各种有用信息，譬如对这些数据进行分析，发现其数据模式及特征，然后，可能发现某个客户、消费群体或组织的金融或商业兴趣。可以说，关联规则挖掘技术在我国的研究与应用并不是很深入和广泛。

近年来，电信业从单纯的语音服务演变为提供多种服务的综合信息服务商。随着网络技术和电信业务的发展，电信市场竞争也日趋激烈，电信业务的发展对数据挖掘技术提出了迫切的需求，以便帮助理解商业行为，识别电信模式，捕捉盗用行为，更好利用资源，提高服务质量并增强自身竞争力。

下面运用一些简单的实例，说明如何在电信行业使用数据挖掘技术。例如，可以使用K均值、EM等聚类算法，针对运营商积累的大量用户消费数据建立客户分群模型，并据此对客户进行细分，找出有相同特征的目标客户群，然后，有针对性地进行营销。而且，聚类算法也可以实现离群点检测，即在对用户消费数据进行聚类的过程中，发现一些用户的异常消费行为。据此，判断这些用户是否存在欺诈行为，决定是否采取防范措施。可以使用分类算法，针对用户的行为数据，对用户进行信用等级评定，对于信用等级好的客户，可以给予某些优惠服务。可以使用预测算法，对电信客户的网络使用和客户投诉数据进行建模，建立预测模型，预测大客户离网风险，采取激励和挽留措施防止客户流失。可以使用相关分析，找出选择了多个套餐的客户在套餐组合中的潜在规律，找出哪些套餐容易被客户同时选取。例如，选择了流量套餐的客户中，大部分选择了彩铃业务，然后，基于相关性的法则，对选择流量但是没有选择彩铃的客户进行交叉营销，向他们推销彩铃业务。

6. 关联规则的研究

由于许多应用问题往往比超市购买问题更复杂，大量研究从不同的角度对关联规则做了扩展，将更多的因素集成到关联规则挖掘方法中，以此丰富关联规则的应用领域，拓宽支持管理决策的范围，如考虑属性之间的类别层次关系、时态关系、多表挖掘等。近年来，围绕关联规则的研究主要集中于两个方面：扩展经典关联规则能够解决问题的范围，改善经典关联规则挖掘算法的效率。

五、数据挖掘和OLAP

数据挖掘和OLAP(on line transaction processing，联机事务处理)应用是完全不同的工具，基于的技术也大相径庭。OLAP是决策支持领域的一部分。传统的查询和报表工具只能告诉我们数据库中有什么(what happened)，OLAP则更进一步告诉我们下一步会怎么样(what next)和如果采取这样的措施又会怎么样(what if)。

用户首先建立一个假设，然后，用OLAP检索数据库来验证这个假设是否正确。比如，一个分析师想找到什么原因导致了贷款拖欠，他可能先做一个初始的假定，认为低收入的人信用度也低。然后，用OLAP来验证这个假设。如果这个假设没有被证实，他可能去察看那些高负债的账户，如果还不行，也许要把收入和负债一起考虑，一直进行下去，直到找到想要的结果或放弃。

也就是说，OLAP分析师是建立一系列的假设，然后，通过OLAP来证实或推翻这些假设以最终得到自己的结论。OLAP分析过程，在本质上是一个演绎推理的过程。但是，如果分析的变量达到几十或上百个，那么，再用OLAP手动分析验证这些假设将是一件非常困难和痛苦的事情。

数据挖掘与 OLAP 不同的地方是，数据挖掘不是用于验证某个假定的模式(模型)的正确性，而是在数据库中自己寻找模型，它本质上是一个归纳的过程。比如，一个用数据挖掘工具的分析师，想找到引起贷款拖欠的风险因素。数据挖掘工具可能帮他找到高负债和低收入是引起这个问题的因素，甚至，还可能发现一些分析师从来没有想过或试过的其他因素，比如年龄。

数据挖掘和 OLAP 具有一定的互补性。在利用数据挖掘出来的结论采取行动之前，也许要验证一下，如果采取这样的行动，会给公司带来什么样的影响，那么，OLAP 工具能够回答这些问题。而且，在知识发现的早期阶段，OLAP 工具还有其他一些用途。可以帮我们探索数据，找到哪些是比较重要的变量，发现异常数据和互相影响的变量。这都能帮助我们更好地理解数据，加快知识发现的过程。

六、数据挖掘的相关技术

数据挖掘利用了人工智能(AI)和统计分析的进步所带来的好处，这两门学科都致力于模式发现和预测。

数据挖掘不是为了替代传统的统计分析技术，相反，它是统计分析方法学的延伸和扩展。大多数的统计分析技术都基于完善的数学理论和高超的技巧，预测的准确度还是令人满意的，但对使用者的要求很高。随着计算机计算能力的不断增强，有可能利用计算机强大的计算能力，只通过相对简单和固定的方法就可以完成同样的功能。

一些新兴技术，在知识发现领域取得了很好的效果，如神经元网络和决策树，在足够多的数据和计算能力下，几乎不用人的关照，就能自动完成许多有价值的功能。数据挖掘就是利用了统计和人工智能技术的应用程序，把这些高深复杂的技术封装起来，使人们不用自己掌握这些技术，也能完成同样的功能，便利人们更专注于自己所要解决的问题。

使数据挖掘这件事情成为可能的关键点，是计算机性价比的巨大进步。计算机技术的快速发展，存储器的价格大幅下降，在很大程度上改变了企业对数据收集和存储的态度。计算机计算能力的提升同样非常显著。每一代芯片的诞生，都会把 CPU 的计算能力提高一大步。RAM 也同样降价迅速，几年之内，每兆内存的价格由几百块钱降到现在只要几块钱。在单个 CPU 计算能力大幅提升的同时，基于多个 CPU 的并行系统也取得了很大的进步。目前，几乎所有的服务器都支持多个 CPU，这些 SMP 服务器簇甚至能让成百上千个 CPU 同时工作。基于并行系统的数据库管理系统也给数据挖掘技术的应用带来了便利。如果有一个庞大而复杂的数据挖掘问题，要求通过访问数据库取得数据，那么，效率最高的办法就是利用一个本地的并行数据库。所有这些，都为数据挖掘的实施扫清了道路，随着时间的延续，相信这条道路会越来越平坦。

七、数据挖掘的相关问题

1. data mining 和统计分析的不同

定义为 data mining 技术的 CART、CHAID 或模糊计算等理论方法，都是统计学者根据统计理论发展衍生的，从另一个角度看，data mining 有相当大的比重是由高等统计学中的多变量分析支撑的。但是，为什么 data mining 的出现会引发各领域的广泛注意呢？主要原因在相较于传统统计分析而言，data mining 有下列几项特性：

(1)处理大量实际数据更强势，而且，无需太专业的统计背景就可以使用专业的 data mining 工具。

(2)数据分析趋势是从大型数据库抓取所需数据并使用专业的计算机分析软件，data mining 的工具更符合企业需求。

(3)纯就理论的基础点来看，data mining 和统计分析有应用上的差别，毕竟 data mining 的目的是方便企业终端用户使用而非给统计学家检测。

2. 数据仓库和数据挖掘的关系

若将 data warehousing(数据仓库)比作矿坑，data mining 就是深入矿坑采矿的工作。毕竟，data mining 不是一种无中生有的魔术，也不是点石成金的炼金术，若没有足够丰富完整的数据，是很难期待 data mining 能挖掘出什么有意义的信息的。

要将庞大的数据转换成为有用的信息，必须先要高效收集信息。随着科技的进步，功能完善的数据库系统就成了最好的收集数据的工具。数据仓库，简单地说就是搜集来自其他系统的有用数据，存放在一个整合的储存区内。其实，就是一个经过处理整合，容量特别大的关系型数据库，用以储存决策支持系统(decision support system)所需的数据，供决策支持或数据分析使用。从信息技术的角度来看，数据仓库的目标是在组织中，在正确的时间将正确的数据交给正确的人。

许多人对于 data warehousing 和 data mining 时常混淆，不知如何分辨。其实，数据仓库是数据库技术的一个新主题，利用计算机系统帮助我们操作、计算和思考，让作业方式改变，决策方式也跟着改变。

数据仓库本身是一个非常大的数据库，它储存着由组织作业数据库中整合而来的数据，特别是从事务处理系统 OLTP(on-line transactional processing)所得来的数据。将这些整合过的数据置放于数据仓库中，而决策者则利用这些数据作决策。但是，这个转换及整合数据的过程，是建立一个数据仓库最大的挑战。因为，把作业中的数据转换成有用的策略性信息是整个数据仓库的重点。

综上所述，数据仓库应该具有这些数据：整合性数据(integrated data)、详细和汇总性的数据(detailed and summarized data)、历史数据、解释数据的数据。从数据仓库挖掘出对决策有用的信息与知识，是建立数据仓库与使用 data mining 的最大目的，两者的本质与过程是两回事。换句话说，数据仓库应先行建立完成，data mining 才能有效进行，因为数据仓库本身所含的数据是干净的(不会有错误的数据掺杂其中)、完备的、经过整合的。因此，两者关系或许可解读为 data mining 是从巨大数据仓库中找出有用信息的一种过程与技术。

大部分情况下，数据挖掘都要先把数据从数据仓库中拿到数据挖掘库或数据集市中，如图 7-3 所示。从数据仓库中直接得到进行数据挖掘的数据有许多好处。就如我们后面会讲到的，数据仓库的数据清理和数据挖掘的数据清理差不多，如果数据在导入数据仓库时已经清理过，那很可能在做数据挖掘时就没必要再进行清理了，而且，所有的数据不一致的问题都已经被解决了。

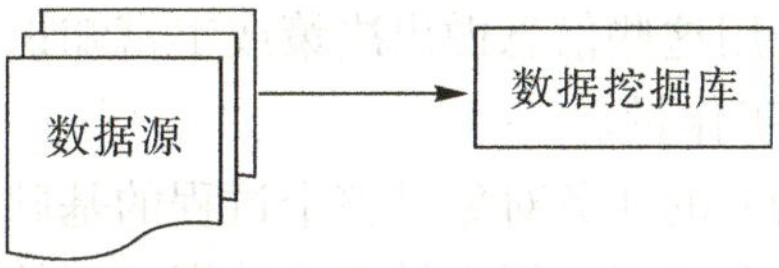

图 7-3 数据挖掘库从事务数据库中得出

数据挖掘库可能是数据仓库的一个逻辑上的子集，而不一定非得是物理上单独的数据库。但如果数据仓库的计算资源已经很紧张，那最好还是建立一个单独的数据挖掘库。当然，为了数据挖掘，也不必非得建立一个数据仓库，数据仓库不是必需的。建立一个巨大的数据仓库，把各个不同源的数据统一在一起，解决所有的数据冲突问题，然后，把所有数据导到一个数据仓库内，是一项巨大的工程，可能要用几年的时间，花上百万的费用才能完成。只是为了数据挖掘，可以把一个或几个事务数据库导到一个只读的数据库中，把它当作数据集市，然后，在它的基础上进行数据挖掘。

3. OLAP 能否代替 data mining

所谓 OLAP(online analytical process)，是指由数据库所联结出来的在线分析处理程序。有些人会说：“我已经有 OLAP 工具了，所以，不需要 data mining。”事实上，两者是截然不同的，主要差异在于 data mining 用在产生假设，OLAP 则用于查证假设。简单来说，OLAP 是由使用者所主导，使用者先有一些假设，然后，利用 OLAP 来查证假设是否成立；而 data mining 则是用来帮助使用者产生假设。所以，在使用 OLAP 或其他 query 的工具时，使用者是自己在做探索(exploration)，但 data mining 是用工具帮助做探索。

例如，一位市场分析师在为超市规划货品架柜摆设时，可能会先假设婴儿尿布和婴儿奶粉是常被一起购买的产品，接着，便可利用 OLAP 工具去验证此假设是否为真，成立的证据有多明显；但 data mining 则不然，执行 data mining 的人将庞大的结账数据整理后，并不需要假设或期待可能的结果，通过 mining 技术就可以找出存在于数据中的潜在规则，于是，可能得到例如尿布和啤酒常被同时购买的意料外发现，这是 OLAP 所做不到的。

data mining 常能挖掘出超越归纳范围的关系，但 OLAP 仅能利用人工查询及可视化的报表来确认某些关系，以 data mining 这种自动找出甚至没有被怀疑过的数据模型与关系的特性，事实上已超越了我们经验、教育和想象力的限制，OLAP 可以和 data mining 互补，但这项特性是 data mining 无法被 OLAP 取代的。

4. 完整的 data mining 包含的步骤

(1)数据挖掘环境。

数据挖掘是一个完整的过程，该过程从大型数据库中挖掘先前未知的、有效的、可实用的信息，并使用这些信息做出决策或丰富知识。

(2)数据挖掘过程的工作量。

在数据挖掘中，被研究的业务对象是整个过程的基础，它驱动了整个数据挖掘过程，也是检验最后结果和指引分析人员完成数据挖掘的依据和顾问。各步骤是按一定顺序完成的，当然，整个过程中还会存在步骤间的反馈。数据挖掘的过程并不是自动的，绝大多数工作需要人工完成。

(3)数据挖掘过程简介。

过程中各步骤的大体内容如下：

确定业务对象：清晰定义出业务问题，认清数据挖掘的目的是数据挖掘的重要一步。挖掘的最后结果是不可预测的，但要探索的问题应该是有预见的，为了数据挖掘而进行数据挖掘带有盲目性，很难获得成功。

数据的选择：搜索所有与业务对象有关的内部和外部数据信息，并从中选择出适用于数据挖掘应用的数据。

数据的预处理：研究数据的质量，为进一步分析作准备，并确定将要进行的挖掘操作的类型。

数据的转换：将数据转换成一个分析模型，这个分析模型是针对挖掘算法建立的，建立一个真正适合挖掘算法的分析模型是数据挖掘成功的关键。

数据挖掘：对所得到的经过转换的数据进行挖掘，除了选择合适的挖掘算法外，其余一切工作都能自动完成。

结果分析：解释并评估结果。其使用的分析方法，一般应由数据挖掘操作而定，通常会用到可视化技术。

知识的同化：将分析所得到的知识集成到业务信息系统的组织结构中。

(4)数据挖掘需要的人员。

数据挖掘过程是分步实现的，不同的步骤需要有不同专长的人员，他们大体可以分为三类：

业务分析人员：要求精通业务，能够解释业务对象，并根据各业务对象，确定出用于数据定义和挖掘算法的业务需求。

数据分析人员：精通数据分析技术，并对统计学有较熟练的掌握，有能力把业务需求转化为数据挖掘的各步操作，并为每步操作选择合适的技术。

数据管理人员：精通数据管理技术，能从数据库或数据仓库中收集数据。

从上可见，数据挖掘是一个多类专家合作的过程，也是一个在资金和技术上高投入的过程。这一过程要反复进行，在反复的过程中，不断趋近事物的本质，不断推出优先问题的解决方案。涉及数据重组和细分添加、拆分记录选取数据样本、可视化数据探索、聚类分析、神经网络、决策树数理统计、时间序列结论综合解释评价、数据知识、数据取样、数据探索、数据调整、模型化评价等。

5. data mining 运用的理论与技术

data mining 是近年来数据库应用技术中相当热门的议题，看似神奇，听来时髦，实际上并不是什么新东西，其所用的诸如预测模型、数据分割、联结分析（link analysis）、偏差侦测（deviation detection）等，美国早在第二次世界大战前就已应用在人口普查及军事等方面。随着信息科技超乎想象的进展，许多新的分析工具相继问世，例如关系型数据库、模糊计算理论、基因算法以及类神经网络等，使得从数据中发掘宝藏成为一种系统并且可实行的程序。

一般而言，data mining 的理论技术可以分为传统技术与改良技术两类。传统技术以统计分析为代表，统计学内所含序列统计、概率论、回归分析、类别数据分析等都属于传统数据挖掘技术，尤其 data mining 对象多为变量繁多且样本数庞大的数据，所以高等统计学里所涵括的多变量分析中用来精简变量的因素分析（factor analysis）、用来分类的判别分析（discriminant analysis）以及用来区隔群体的分群分析（cluster analysis）等，在 data mining 过程中特别常用。

在改良技术方面，应用较普遍的有决策树理论（decision trees）、类神经网络（neural network）以及规则归纳法（rules induction）等。决策树是一种用树枝状展现数据受各变量的影响情形的预测模型，根据对目标变量产生的效应不同而建构分类规则，一般多运用在对客户数据的分析上，例如针对有回函与未回函的邮寄对象，找出影响其分类结果的变量组合，常用分类方法为 CART（classification and regression trees）及 CHAID（chi-square automatic interaction detector）两种。

类神经网络是一种仿真人脑思考结构的数据分析模式，从输入的变量与数值中自我学习并根据学习经验所得的知识，不断调整参数，以期建构数据的型样（patterns）。类神经网络是非线性设计，与传统回归分析相比，好处是在进行分析时，无须限定模式，特别当数据变量间存有交互效应时，可自动侦测出来；缺点在于其分析过程是一个黑盒子，无法以可读的模型格式展现，每阶段的加权与转换亦不明确，故类神经网络多利用数据属于高度非线性且带有相当程度的变量交感效应。

规则归纳法是知识发掘领域中最常用的格式，这是一种由一连串的[如果…/则…(if / then)]逻辑规则对数据进行细分的技术，在实际运用时，如何界定规则为有效是最大的问题，通常，需先将数据中发生数太少的项目剔除，以避免产生无意义的逻辑规则。

6. data mining 包含的主要功能

data mining 实际应用功能可分为三大类六分项：classification 和 clustering 属于分类区隔类；regression 和 time-series 属于推算预测类；association 和 sequence 则属于序列规则类。

classification 是根据一些变量的数值做计算，再依照结果作分类。计算的结果最后会被分类为几个少数的离散数值，例如将一组数据分为“可能会响应”或“可能不会响应”两类。classification 常被用来处理如前所述的邮寄对象筛选的问题。可以用一些根据历史经验已经分类好的数据来研究它们的特征，然后，再根据这些特征对其他未经分类或是新的数据进行预测。这些用来寻找特征的已分类数据，可能是来自现有的客户数据，或是将一个完整数据库做部分取样，再经由实际的运作来测试。如利用一个大型邮寄对象数据库的部分取样，建立一个 classification model，再利用这个 model，对数据库的其他数据或是新数据作分类预测。

clustering 用在将数据分群，其目的在于将群间的差异找出来，同时，也将群内成员的相似性找出来。clustering 与 classification 不同的是，在分析前并不知道会以何种方式或根据来分类。所以，必须要配合专业领域知识来解读这些分群的意义。

regression 是使用一系列的现有数值来预测一个连续数值的可能值。若将范围扩大，亦可利用 logistic regression 来预测类别变量，特别是在广泛运用现代分析技术如类神经网络或决策树理论等分析工具后，推估预测的模式已不再止于传统线性的局限，在预测的功能上大大增加了选择工具的弹性与应用范围的广度。

time-series forecasting 与 regression 功能类似，只是它是用现有的数值来预测未来的数值。两者最大差异，在于 time-series forecasting 所分析的数值都与时间有关。time-series forecasting 的工具可以处理有关时间的一些特性，譬如时间的周期性、阶层性、季节性以及其他的一些特别因素(如过去与未来的关联性)。

association 是要找出在某一事件或是数据中同时出现的东西。举例而言，如果 A 是某一事件的一种选择，则 B 也出现在该事件中的几率有多少。例如：如果顾客买了火腿和橙汁，那么，这个顾客同时也会买牛奶的几率是 85%。

sequence discovery 与 association 关系很密切，所不同的是 sequence discovery 中事件的相关是以时间因素来做区隔。例如：如果 A 股票在某一天上涨 12%，而且，当天股市加权指数下降，则 B 股票在两天之内上涨的几率是 68%。

7. data mining 在各领域的应用情形

data mining 在各领域的应用非常广泛，只要该产业拥有具备分析价值与需求的数据仓储或数据库，皆可利用 mining 工具进行有目的的挖掘分析。一般较常见的应用案例多发生在零售业、直效行销界、制造业、财务金融保险、通信业以及医疗服务等。

在销售数据中发掘顾客的消费习性，并可借由交易记录找出顾客偏好的产品组合，其他包括找出流失顾客的特征与推出新产品的时机点等都是零售业常见的实例；直效行销强调的分众概念与数据库行销方式在导入 data mining 技术后，使直效行销的发展性更为强大，例如，利用 data mining 分析顾客群的消费行为与交易记录，结合基本数据，并依其对品牌价值等级的高低来区隔顾客，进而达到差异化行销的目的；制造业对 data mining 的需求多运用在品质控管方面，从制造过程中找出影响产品品质最重要的因素，以期提高作业流程的效率。

近年来，电话公司、信用卡公司、保险公司以及股票交易商对于诈欺行为的侦测(fraud detection)很有兴趣，这些行业每年因为诈欺行为而造成的损失都非常可观，data mining 可以从一些信用不良的客户数据中，找出相似特征，并预测可能的欺诈交易，达到减少损失的目的。财务金融业可以利用 data mining 来分析市场动向，并预测个别公司的营运以及股价走向。data mining 的另一个独特的用法是在医疗业，用来预测手术、用药、诊断或流程控制的效率。

8. web mining 和数据挖掘的不同

如果将 web 视为 CRM 的一个新的管道，则 web mining 便可单纯看做 data mining 应用在网络数据的泛称。如何测量一个网站是否成功？哪些内容、优惠、广告是人气最旺的？主要访客是哪些人？什么原因吸引他们前来？如何从堆积如山的大量由网络所得的数据中找出让网站运作更有效率的操作因素？以上种种皆属 web mining 分析的范畴。

web mining 不只限于较为人所知的 log file 分析，除了计算网页浏览率以及访客人次外，网络上的零售、财务服务、通信服务、政府机关、医疗咨询、远程教学等，只要由网络联结出的数据库够大够完整，所有 Off-Line 可进行的分析，web mining 都可以做，甚至可整合 Off-Line 及 On-Line 的数据库，实施更大规模的模型预测与推估。毕竟凭借网际网络的便利性与渗透力，再配合网络行为的可追踪性与高互动特质，一对一行销的理念是最有机会在网络世界里完全落实的。

整体而言，web mining 具有以下特性：

(1)数据收集容易且不引人注意，所谓凡走过必留下痕迹，访客进入网站后的一切浏览行为与历程，都是可以立即被记录的。

(2)以交互式个人化服务为终极目标，除了为不同访客呈现专属设计的网页之外，不同的访客也会有不同的服务。

(3)可整合外部来源数据，让分析功能发挥得更深更广，除了 Log File、Cookies、会员填表数据、线上调查数据、线上交易数据等由网络直接取得的资源外，结合实体世界累积时间更久、范围更广的资源，将使分析结果更准确也更深入。

利用 data mining 技术建立更深入的访客数据剖析，并依赖架构精准的预测模式，以期呈现真正智能型个人化的网络服务，是 web mining 努力的方向。

9. 数据挖掘在 CRM 中扮演的角色

CRM(customer relationship management)是近来引起热烈讨论与高度关切的议题，尤其在直效行销的崛起与网络的快速发展带动下，跟不上 CRM 的脚步如同跟不上时代。data mining 应用在 CRM 的主要方式可对应在 gap analysis 的三个部分。

针对 acquisition gap，可利用 customer profiling 找出客户的一些共同特征，希望能借此深入了解客户，借由 cluster analysis 对客户进行分群后，再通过 pattern analysis 预测哪些人可能成为客户，帮助行销人员找到正确的行销对象，降低成本，提高行销的成功率。

针对 sales gap，可利用 basket analysis 帮助了解客户的产品消费模式，找出哪些产品客户最容易一起购买，或是利用 sequence discovery 预测，客户在买了某一样产品之后，在多久之内会买另一样产品。利用 data mining 可以更有效地决定产品组合、产品推荐、进货量或库存量，甚至是在店里要如何摆设货品，同时，也可以用来评估促销活动的成效。

针对 retention gap，可以分析由原客户转成竞争对手的客户群中的特征，再根据分析结果，到现有客户数据中找出可能转向的客户，然后，设计一些方法预防客户流失。更有系统的做法，是根据客户的消费行为与交易记录，对客户忠诚度进行排序，如此则可区隔流失率的等级进而配合不同的策略。

CRM 不是设一个客服专线就算了，更不仅仅只是把一堆客户基本数据输入计算机就够了，完整的 CRM 运作机制在相关的硬软件系统能健全地支持之前，有太多的数据准备工作与分析需要推动。企业通过 data mining，可以分别针对策略、目标定位、操作效能与测量评估四个方面的相关问题，在从市场与顾客所搜集累积的大量数据中，挖掘出对消费者而言最关键、最重要的答案，并赖以建立真正由客户需求点出发的客户关系管理。

10. 目前业界常用的数据挖掘分析工具

data mining 工具市场大致可分为三类：

(1)一般分析目的用的软件包。K-Miner(神通数据挖掘分析系统，MPP+SMP 并行计算架构)、Alpine Miner(Alpine Data Labs)、TipDM(顶尖数据挖掘平台)、GDM(Geni-Sage Data Mining Analysis System，博通数据挖掘分析系统)、SAS Enterprise Miner、KXEN(凯森)、IBM Intelligent Miner、Unica PRW、SPSS Clementine、

SGI MineSet、Oracle Darwin、Angoss Knowledge SEEKER。

(2)针对特定功能或产业而研发的软件。KD1(针对零售业)、Options & Choices(针对保险业)、HNC(针对信用卡诈欺或呆账侦测)、Unica Model 1(针对行销业)、iEM System (针对流程行业的实时历史数据)。

(3)整合 DSS(decision support systems)/OLAP/data mining 的大型分析系统等。

八、数据挖掘与隐私

如果数据是来自或者涉及特定的个人或者组织，那么，往往就会出现一些涉及保密、法律和伦理的问题。例如：企业可以通过访问医疗记录来筛选出那些有糖尿病或者严重心脏病的人，从而降低人员聘用的风险。对于政府和商业数据的挖掘，可能会涉及国家安全或者商业机密之类的问题，这是个不小的挑战。

数据挖掘有很多合法的用途，例如，可以在患者群的数据库中，查出某药物和其副作用的关系。这种关系可能在 1000 人中也不会出现一例，但药物学相关的项目就可以运用此方法减少对药物有不良反应的病人数量，还有可能挽救生命。

数据挖掘往往能够得到用其他方法无法得到的信息，但它必须受到规范，应当在适当的说明下使用。那么，怎么来实现其效果呢?

☞案例

客户类别销售分析

这个案例的前提是我们已经建立好了一个 OLAP 的多维数据库 Sales，事实表为 FactInternetSales，有五个维度，分别是 DimCurrency、DimCustomer、DimProduct、DimTime、DimPromotion。

一、提出问题

利用 OLAP 建立的多维数据库 Sales，我们可以实现多角度的浏览和分析。例如：可以分析 2016 年第一季度的 M 生产线产品的销售量情况，还可以实现灵活的交叉分析。但是，如果要分析某个维度的多个属性的综合的销售量，例如，客户维度里有 Birth Date、English Education、House Owner Flag、Number Cars Owned、Yearly Income 等属性，在多维数据库里分析的时候，可以把客户维度的 Number Cars Owned 属性放在展示区域的行上，把度量值 Order Quantity 放在列上，查看拥有 0~4 辆汽车的客户订购所有产品的数量。同样，也可以类似地查看其他属性的情况。但是，如果要把客户维度的某些属性综合考虑来分类，例如，把高收入、高学历、高消费的客户作为一个群体，把高收入，低学历、高消费的客户作为一个群体，然后，基于这些群体来浏览分析销售情况，如何实现呢?

二、解决步骤

聚类算法是用来给事物分类的。那么，怎么用聚类算法的这个特性，和 OLAP

进行正和呢？请看下面这个案例：

第一步：建立挖掘模型。需要注意的是，以前建立数据挖掘模型是基于关系型数据源。

A：在这里，要基于多维数据库 Sales，选取维度 DimCustomer 为数据挖掘模型的数据源。

B：按照向导，选取事例键 DimCustomer。

C：在选取事例级别列对话框里面，选择一些属性和度量值，选取 English Education、House Owner Flag、Number Cars Owned、Yearly Income、Sales Amount。

D：在完成对话框里，输入挖掘结构名称 CustomerSturcture，输入挖掘模型名称 CustomerClustering。必须注意的是，一是一定要选择创建挖掘模型维度，输入挖掘模型维度的名称 CustomerClustering；二是一定要选择使用挖掘模型维度创建多维数据集 Sales_ DM。

E：设置算法参数。

然后，对创建的挖掘结构和挖掘模型进行处理。此时，共享维度里面会自动添加一个 CustomerClustering 维度，也就是数据挖掘维度。

第二步：处理 CustomerClustering 维度。

第三步：处理多维数据集 Salse_ DM。

处理后的多维数据集 Sales_ DM，就包含了数据挖掘维度 CustomerClustering。这样，就可以把经过聚类算法分类后的客户维度进行多维数据分析。

这些 Cluster 是用聚类算法建立的挖掘模型的维度成员，每个 Cluster 都是所选属性的一个综合结果，但是代表着一个明显特征。还可以在数据挖掘模型里，对各个 Cluster 进行名称的标示，如 Cluster 1 是高收入、高消费、高学历的群体，就可以给它命名，把所有的 Cluster 都命名为能代表本身特性的名称，这样，使数据库的信息更加丰富。

三、总结

在激烈的市场竞争中，要想把海量的数据转化为信息，提高自身的信息化建设水平，增强企业的核心竞争力，BI 技术是明智的选择。应用 OLAP 技术建立多维数据库，进行多维分析，并把数据挖掘算法应用于多维数据库中，会进一步增加信息量，掌握更多的市场先机。

第五节 如何利用 Excel 进行高级数据分析

网站分析中，专业的工具除了 Google Analytics、Adobe Sitecatalyst、ebTrends、腾讯分析和百度统计，最常用的数据处理工具就是 Excel。Excel 里最基础的就是运算和图表的制作，稍微高级一点就是函数和数据透视表的使用，当然，可能还会用到 VBA 和宏这些高级的功能。

对于高级的数据分析而言，会涉及统计学的专业分析方法和原理，那是不是就一定得求助于 SPSS、SAS 这类专业的分析工具呢？数据分析从低级到高级层次的跳跃过程中，有没有可以起承接作用的工具呢？当然有，这就是 Excel 的数据分析功能。

一、安装 Excel 的数据分析功能

在使用之前，首先，得安装 Excel 的数据分析功能，默认情况下，Excel 是没有安装这个扩展功能的，安装步骤如下所示。

(1) 鼠标悬浮在 Office 按钮上，然后，点击“Excel 选项”(如图 7-4 所示)：

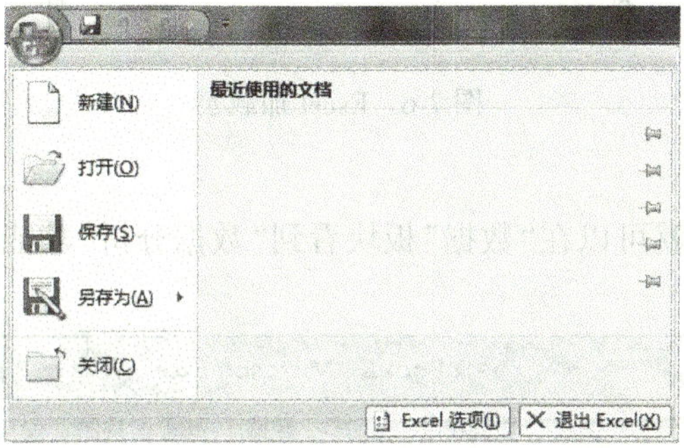

图 7-4　进入 Excel 选项

(2) 找到“加载项”，在管理板块选择“Excel 加载项”，然后，点击“转到”(如图 7-5 所示)：

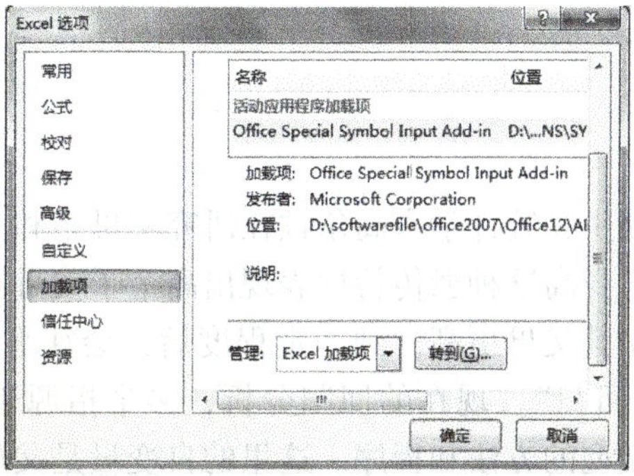

图 7-5　Excel 选项

(3)选择“分析工具库”，点击“确定”(如图 7-6 所示)：

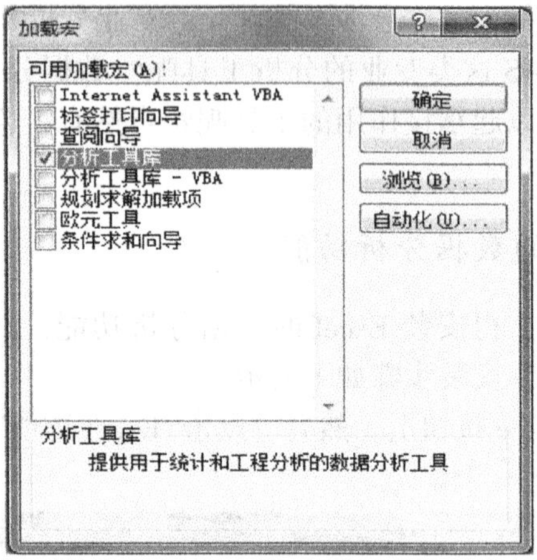

图 7-6　Excel 加载宏

(4)安装完后，就可以在“数据”板块看到“数据分析”功能(如图 7-7 所示)：

图 7-7　加载完数据分析后的菜单

二、回归分析

回归最早是由英国生物统计学家高尔顿在研究父母亲和子女的遗传特性时所发现的一种有趣的现象：身高这种遗传特性表现出高个子父母其后代的身高也会高于平均身高，但不见得比其父母更高，到一定程度后，会往平均身高方向发生回归，这种效应被称为“趋中回归”。现在的回归分析，多半指源于高尔顿工作的一整套建立变量间数量关系模型的方法和程序。这里的自变量是父母的身高，因变量是子女的身高。

回归分析的定义：回归分析(regression analysis)是确定两种或两种以上变数间相互依赖的定量关系的一种统计分析方法。回归分析法运用十分广泛：按照涉及的自变量的多少，可分为一元回归分析和多元回归分析；按照自变量和因变量之间关系的类型，可分为线性回归分析和非线性回归分析。如图 7-8 所示。

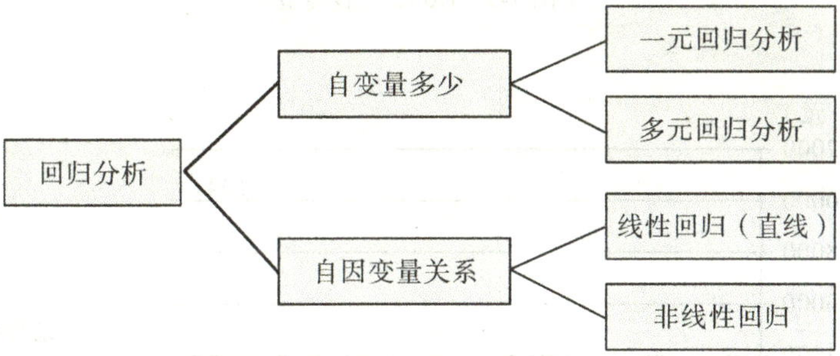

图 7-8　回归分析分类

比如：电子商务的转换率是一定的，网站访问数和销售收入一般成正比对应关系。现在，要建立在不同访问数下，对应的销售收入标准曲线，用来预测搞活动时的销售收入，数据如表 7-2 所示：

表 7-2　访问数与销售额

访问数(次)	销售额(元)
0	0
100	10
489	49
1010	105
5230	507
20400	2053
51000	5026
100602	10414

(1)首先，利用散点图描绘图形，如图 7-9、图 7-10 所示：

图 7-9　Excel 图形类型

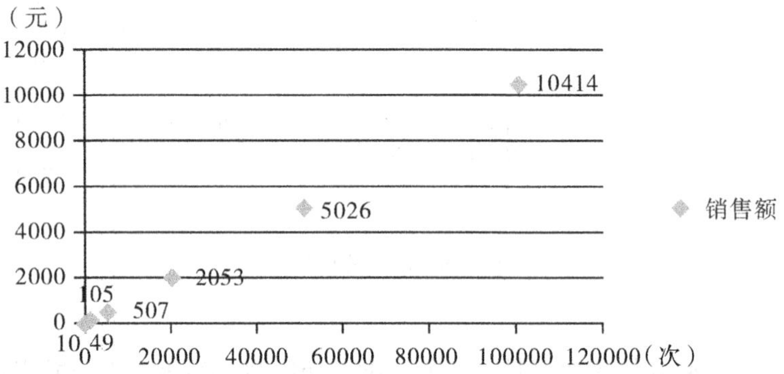

图 7-10　Excel 图形—散点图

(2)然后，添加趋势线，显示回归分析的公式和 R 平方值，如图 7-11、图 7-12 所示：

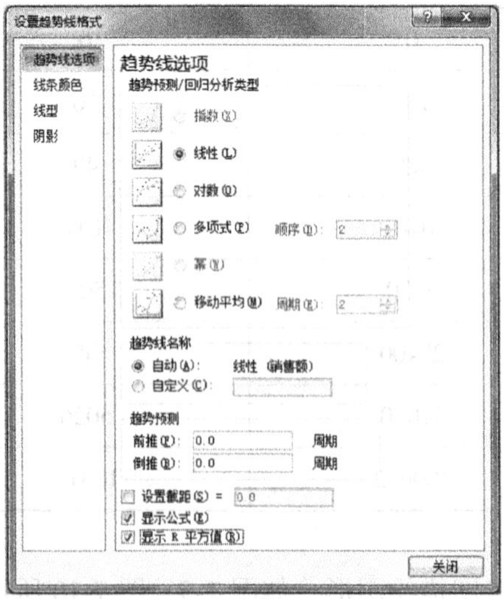

图 7-11　Excel 趋势线选项

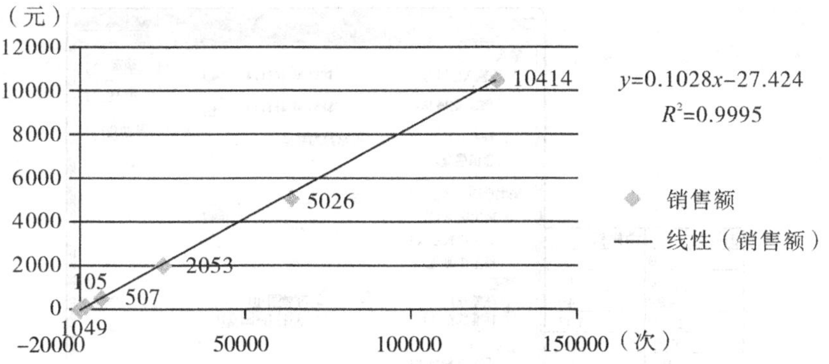

图 7-12　Excel 折线图

从图 7-12 得知，$R^2=0.9995$，趋势线趋同于一条直线，公式是：$y=0.01028x-27.424$。R^2 是介于 0 和 1 之间的数字，当趋势线的 R^2 为 1 或者接近 1 时，趋势线最可靠。因为 $R^2>0.99$，所以这是一个线性特征非常明显的数值，说明拟合直线以大于 99.99% 解释、涵盖实际数据，具有很好的一般性，能够起到很好的预测作用。

3. 使用 Excel 的数据分析功能

(1)点击“数据分析”，在弹出的选择框中选择“回归”，然后点击“确定”，如图 7-13 所示：

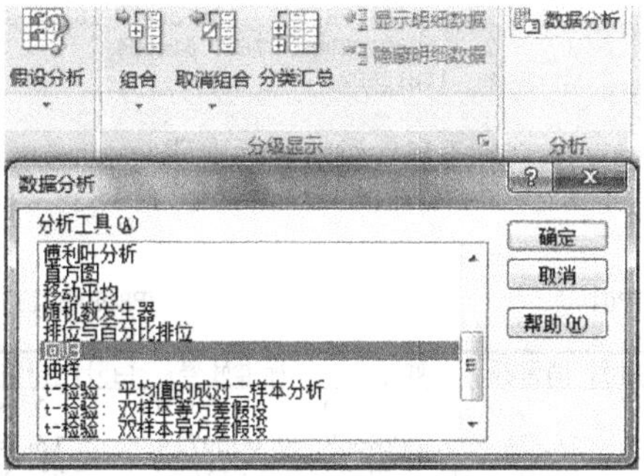

图 7-13　Excel 中选择回归分析

(2)“X 值输入区域”选择访问数的单元格，“Y 值输入区域”选择销售额的单元格，同时，勾选如下所示的选项，包括残差、标准残差、残差图、线性拟合图和正态概率图。如图 7-14 所示：

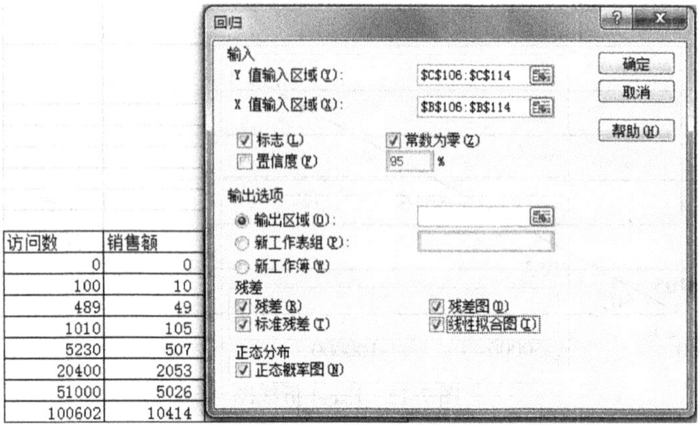

图 7-14　Excel 中回归分析

(3)图 7-15、图 7-16 所示内容是残差和标准残差：

SUMMARY OUTPUT

回归统计	
Multiple R	0.99980694
R Square	0.999613917
Adjusted R Square	0.856756775
标准误差	87.30185573
观测值	8

方差分析

	df	SS	MS	F	Significance F
回归分析	1	138132873	138132873	18123.83477	1.13286E-11
残差	7	53351.2981	7621.614014		
总计	8	138186224.3			

图 7-15　残差和标准残差

RESIDUAL OUTPUT　　　　PROBABILITY OUTPUT

观测值	预测 销售额	残差	标准残差	百分比排位	销售额
1	0	0	0	6.25	0
2	10.24	-0.2426567	-0.0029714	18.75	10
3	50.09	-0.9532579	-0.011673	31.25	49.1333333
4	103.45	1.88250078	0.02305195	43.75	105.333333
5	535.69	-28.357611	-0.3472499	56.25	507.333333
6	2089.50	-36.168631	-0.4428989	68.75	2053.33333
7	5223.75	-198.22158	-2.4272998	81.25	5025.53333
8	10304.32	109.282518	1.33820668	93.75	10413.6

图 7-16　残差和标准残差

(4) 图 7-17 是残差图。

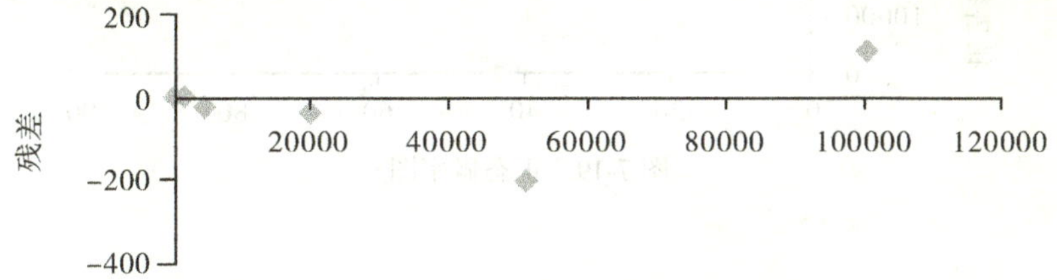

图 7-17　残差图

残差图是关于实际值与预测值之间差距的图表，如果残差图中的散点在中轴上下两侧分布，那么拟合直线就是合理的，说明预测有时多些，有时少些，总体来说是符合趋势的；但如果都在上侧或者下侧就不行了，这样有倾向性，需要重新处理。

(5) 图 7-18 是线性拟合图。

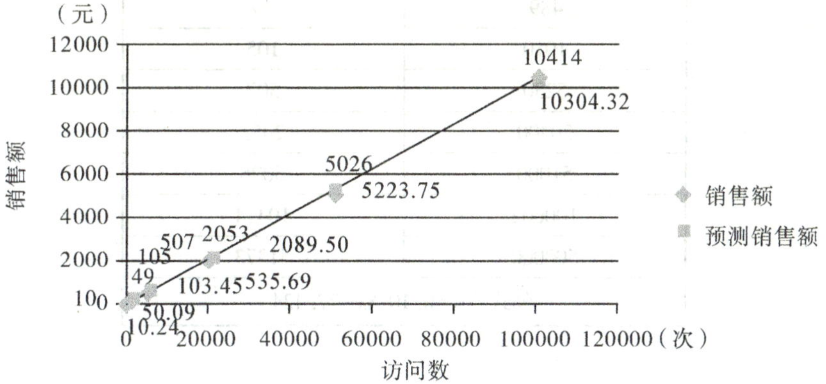

图 7-18　线性拟合图

在线性拟合图中可以看到，除了实际的数据点，还有经过拟和处理的预测数据点，这些参数在图 7-16 中也有显示。

(6) 图 7-19 是正态概率图。

正态概率图一般用于检查一组数据是否服从正态分布，是实际数值和正态分布数据之间的函数关系散点图，如果这组数值服从正态分布，正态概率图将是一条直线。回归分析不一定得符合正态分布，这里只是把它描绘出来而已。

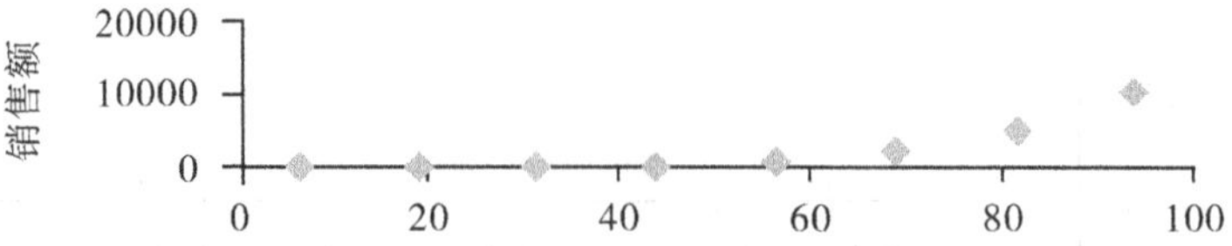

图 7-19　正态概率图

以上数据表格和图表都说明公式 $y=0.01028x-27.424$ 是一个值得信赖的预测曲线，假设搞活动时流量有 50 万访问数的话，那么，预测销售将是 51373 元，如表 7-3 所示：

表 7-3　预测销售额

访问数	销售额
0	0
100	10
489	49
1010	105
5230	507
20400	2053
51000	5026
100602	10414
500000	51373
公式：$y=0.1028x-27.424$	

三、描述统计

中位数、众数、数据分布区间比较容易算出来，但是，标准差和方差的计算就比较麻烦了，这些都是描述样本数据的常用变量，使用 Excel 数据分析中的“描述统计”可以得到这些数据。

例如：根据过去 15 天的电子商务转化率，想要得到它的数据分布区间、标准差、峰值和极差等描述统计指标。一般来说，电子商务网站的转换率在 3%以下，转换率指的是订单除以访问数，注意不是除以 PV，因为对于某些外贸站，访问深度可能比较深，即每次访问可能都有大于 10 的 PV，所以，用 PV 来做电子商务的转换率不合适。

四、抽样分析

抽样分析工具以数据源区域为总体，为数据源创建一个样本。当总体太大而不能进行处理或绘制时，可以选用具有代表性的样本。

例：假设要抽查电子商务转换率是否正常。按照以下图例进行设置，注意是抽8个样本，如图 7-20 所示：

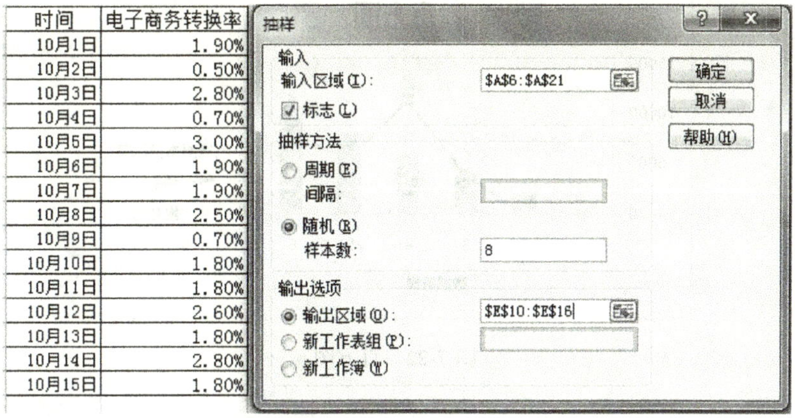

图 7-20　抽样对话框

五、直方图

按照以下图例进行设置，如图 7-21 所示：

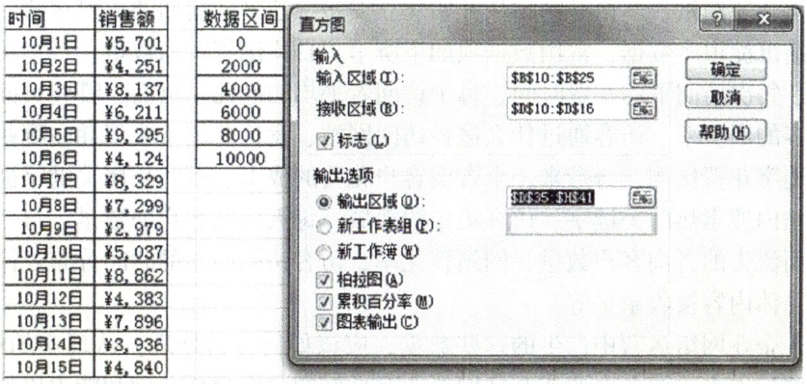

图 7-21　直方图设置

设置后，会得到如下的数据和图表，如图 7-22 所示：

数据阶梯	频率	累积 %	数据阶梯	频率	累积 %
0	0	0.00%	6000	6	40.00%
2000	0	0.00%	10000	4	66.67%
4000	2	13.33%	8000	3	86.67%
6000	6	53.33%	4000	2	100.00%
8000	3	73.33%	0	0	100.00%
10000	4	100.00%	2000	0	100.00%
其他	0	100.00%	其他	0	100.00%

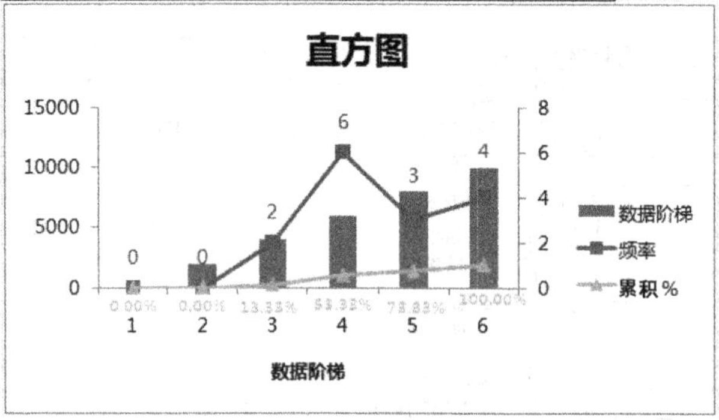

图 7-22　直方图

这样，就可以很清晰地看出数据在哪个区间分布最广了。

Excel 的高级数据分析功能是为了提高工作效率，如果有其他经常使用的工具可以实现这些功能，例如 SPSS、SAS 等，那就不要更换了。

第六节　中小企业网站运营数据分析实例

对于企业网站，不论是网站从开始建立发布，还是到后期的成熟运营，都会产生并逐渐沉淀很多数据，常用数据项如下所示：日均浏览页面数量、日均访问网站的人数、每次访问平均花费时间、每个访问者平均访问几个页面、哪些页面跳出率高、访客的回头率、访客通过什么途径访问网站、竞价费用主要消耗在哪些关键字上及关键字花费比例、每带来一个咨询客户花费的成本、哪些长尾关键字被搜索频率高、站内搜索热门关键字、访客集中的地域、每天咨询客户的数量、每天因为各类原因而流失的咨询客户数量、网站转化率、访客访问网站的时间分布规律，也包括网站总体内容被收录量等。

对于企业网络运营中产生的这些数据，应该如何分析处理？从现实的情况看，除了一些较大电子商务企业或互联网企业有良好的数据分析基础和能力以外，多数中小企业实施的网络业务，并没有有效面对和处理这些运营数据。究其原因，除了企业管理人员不够重视以外，企业具体负责网络业务的人员往往也缺乏主动意识和管理高度去面对这些数据。作为网络业务负责人，他们关注更多的是网络的投入与产出，会把更多精力放在优化成本和提高销售上，而对于运营细节，比如数据分析投入的关注往往不够。

本节通过实际案例分析，说明中小企业如何进行数据统计和分析。通过分析可以看到，良好的数据分析能够有效节约成本并促进销售。网站运营能产生如上面所述的很多数据，但具体到每家企业，它所需要的数据可以是不一样的，这是根据企业管理人员的要求及网站业务运营的需求而定的。如果侧重于用户体验，则统计的数据就需要更多关注跳出率、转化率、回头率、平均访问时间、平均访问页面数量；如果侧重于投入产出，则统计的数据就需要更多关注竞价、推广的相关情况以及咨询、流失的情况；如果侧重网站运营管理，则不仅要统计以上两项，上述的各类数据项都需要详细统计。因为网站运营牵系的不仅是网络业务，还会与企业其他部门发生联系，比如企划、市场、营销、产品、服务、物流等。这些部门的运作情况，是可以通过网络数据观察到的，从网络数据的分析结果，也能很准确地看到各个环节的问题。

一、中小企业应该关注的要素

1. 用什么工具统计

统计工具有很多，如 CNZZ、51LA、量子统计、GA 等。但从准确性来看，没有绝对好的，各有各的侧重和优势，可以同时装两种统计工具进行参照。本案例采用的数据统计工具是百度商桥。

2. 应该统计哪些数据

本案例统计的数据类项：咨询者来访日期、咨询者来访地区、咨询者来访途径(百度/谷歌/直达)、咨询者来访关键字、咨询者到达页、平均访问时间、平均浏览页面数量、咨询者是否对话、咨询者客户姓名、咨询者联系方式、咨询者提问的问题、客服的解答、客服人员、客户咨询时间、客服回应时间、交流历时等。

3. 数据类项说明

(1)日期。该项要想反映出积极意义，需要一段较长的时间。从访客咨询日期的曲线上，能看到客户咨询的时间规律，便于企业做出响应的对策。

(2)来访地区。除了能知道咨询客户多数来自哪里以外，如果在百度商桥内设置了推广区域，从来访地区的统计结果，也能看出百度商桥的限制区域设置到底作用如何。

(3)来访路径。可以清晰地统计咨询客户常用哪一种方式，由此可以评估三种途径的重要性，并在后面的推广中做好调整。

(4)关键字。通过这些关键字，可以知道客户的访问心理，并且，可以适时将这些关键字补充进竞价关键字体系内。在做长尾时，也可以重点参考。

(5)到达页。当某一个页面到达率非常高时，应该在这一页面上多做营销动作。很多时候，如果竞价人员不做精细化调整或者企业网站可推页面少，那到达页基本是首页。因此，企业的首页非常重要，营销人员应该重视。

(6)平均访问时间。理论上平均访问时间越长，用户黏性越高。

(7)平均浏览页面数量。理论上平均浏览页面数量越高，说明网站本身的内容在用户看来可看性强。

(8)是否对话。来访人员打开了咨询窗口，也许就是看看，什么也没有说，统计实际对话数量，便于统计有效咨询率。

(9)咨询提问的问题。从问题可以深刻了解客户需求，统计这些问题，便于洞悉客户真实需求。同时，可以进行分类，做出详细的在线咨询，提高咨询效率和有效性。

(10)客服的解答。从客服的解答，管理人员可以及时了解客服的专业能力、服务能力以及销售能力，同时，也便于客服自我总结。咨询的人未必是最终购买的人，但良好的客服解答对建立企业在线咨询形象和口碑传播非常重要。

(11)客户咨询时间。统计咨询时间，主要是找出客户咨询的时间规律，企业可以在重点时间段安排人员盯守，防止客户流失。

(12)客服回应时间。快速的客服响应对在线咨询是非常重要的，了解自己客服的响应时间也能知道客服的工作状态。

(13)交流时间。有效的新客户咨询时间一般会比较长。通过记录交流时间和对话内容两者相比，可以在一定程度上反映客户的质量度。

网络数据基本是静止的、被动的，一般是定量或定性的记录，它是网站运营分析的最重要的基础。因此，这些数据一定要翔实准确，而要想从数据中挖掘出有价值的信息，就需要对数据进行再统计分析。

二、数据分析的目的与结果

(1)依据良好的企业网站运营数据记录和分析，可以达到以下目的：

帮助改进网站用户体验。

监控推广的投入产出。

考核相关人员的绩效。

分析线上营销活动的成效。

发现企业存在的运营管理问题(如客服、销售、营销、推广的工作配合问题)。

预测市场未来的趋势。

企业进行数据分析，主要是为了改进网站的用户体验，监控投入产出，发现企业存在的运营问题。数据分析产生的结果及结论，一般由网站运营推广的负责人总结分析并出具详细报告。

(2)经过对以上所示数据项的统计，会得到如下各项结果：

客服响应咨询的时间及回答质量。

客户咨询最多的问题。

长尾关键字及核心关键字。

竞价效率。

平均访问时间及平均访问页面数量。

有效咨询率。

工作时间段的流失率(8:30~12:00)(13:00~17:00)。

非工作时间段(包括中午吃饭时间)的流失率。

投入产出月统计。

(3)由此，可以通过分析，得到如下问题的答案：

客服工作状态及业务能力。

客户真实需求是什么。

竞价推广的重要性占比如何。

网站建设水平如何。

客服工作管理安排是否合理有效。

是否需要增加值班客服。

推广人员绩效考评。

三、数据分析结论对企业的现实意义

上述分析所产生的确切结论，将对网站运营、人员管理、企业运营、部门协作产生明显影响，简述如下：

1. 客服工作状态及业务能力

客服响应速度是慢还是快，直接关系到客户的体验，良好的人员管理及制度能够保证高效的响应速度。同时，如果从记录中反映出客服专业能力欠缺，应该及时安排培训。

2. 客户的真实需求

通过客户咨询的问题，可以推测出他们的真实需求，解决客户的真实需求是推广、营销、在线咨询和销售必须面对和解决的问题。

3. 竞价推广的重要性占比

网络推广一般有付费和非付费两种形式。作为付费的主要方式——竞价，在整个销售产出中发挥的作用到底有多大，这个占比对网络运营推广有直接的影响，成本的控制也主要发生在这一环节。

4. 网站的建设水平

从对用户黏性等指标的分析可以知道，是否需要改进网站内容或设计的用户体验。

5. 客服工作管理安排是否合理有效

合理安排客服工作，尽量降低工作时间段的咨询流失率，是提高销售的最直接方法。

6. 是否需要增加值班客服

如果非工作时间段客户咨询确实多，企业务必考虑增加值班人员。同时，这也等于增加了销售的时间段。

7. 推广人员绩效考评

合理的绩效考评是推动推广人员工作的直接动力。

第八章　调查报告与调研报告

调查报告是对某一情况、某一事件调查研究后，将所得的材料和结论加以整理而写成的书面报告。调查报告的使用范围很广，制定方针政策，解决各种实际问题，弄清事实真相，扶植新生事物，推广典型经验，都离不开调查报告。调查报告反映具有普遍意义或带有关键性问题的情况，内容比较复杂，深度和广度的要求都比较高。

从广义上说，所有的调查报告都或多或少带有某种研究性质，都是调研报告。而狭义的调研报告指的是以研究为目的写出的调查报告，它不包括反映特定情况、介绍工作经验、揭露特殊问题的专题报告，但它又包含这几方面的内容。

调查报告与一般的调研报告并不一样，主要原因在于调查报告与调研报告的侧重点不同。调查报告侧重于调查过程，而调研报告则侧重于研究与结果，是以调查为前提，以研究为目的，研究始终处于主导的、能动的地位，它是调查与研究的辩证统一，充分反映调查研究的结果。以前的应用写作只讲调查报告，调研报告成为应用写作的专门体裁和热门话题。在改革开放以后，尤其是进入21世纪后，我国各项事业突飞猛进，不仅党政机关需要大量的调研报告，企业集团为了适应激烈竞争的形势，也需要更多的调研报告，因此，调研报告在应用写作中占有日益重要的地位。

第一节　调查报告概述

一、调查报告的概念

调查报告就是根据调查研究的成果撰写的反映客观事物及其规律的书面报告，它通常反映重大事件、新生事物、突出的典型、重要的经验和严重的问题。

调查分析报告是调查人员对某种事物或某个问题进行深入细致的调查后，经过认真分析研究而写成的一种书面报告。撰写调查报告是整个调查活动的最后一个环节，也是十分重要的一个环节。调查数据经过统计分析之后，只是为得出有关结论提供了基本依据，只有将调查研究成果用文字形式表达出来，才能使调查服务社会，因此，调查报告是调查结果的集中表现。

能否撰写出一份高质量的调查报告，是决定调查本身成败与否的重要环节。调查报告的内容和质量非常关键，它是通过文字、图表等形式将调查结果表现出来，帮助人们全面系统地了解和认识调查的现象或问题。调查报告一般由前言、数据统计、数据分析、总结四个部分组成。其中，数据分析是报告的主体部分。

调查问卷的数据分析不是写日记，这个分析是要给别人看的。因此，要站在读者的角度审视，才能把分析报告写清晰，把有关事项表述清楚。在分析中，要写明所做工作的范围，为什么要进行调查，为什么要写报告，在问题的分析和研究中，都用了哪些方法，遇到了什么问题，是怎样解决的，结论如何等。这样，对数据分析的写作就有了一个清醒的认识。

1. 调查报告的意义

(1)调查报告是调查工作的最终成果。

调查活动是一个有始有终的活动，它从制订调查方案、搜集资料、加工整理和分析研究，到撰写并提交调查报告，是一个完整的工作程序，调查报告是调查成果的集中体现。

(2)调查报告是感性认识到理性认识飞跃的反映。

调查报告比起调查资料来，更便于阅读和理解，它能把死数字变成活情况，起到透过现象看本质的作用，使感性认识上升为理性认识，更好指导实践活动。

2. 调查报告的特点

(1)社会性。

调查报告作为时代的镜子，从各个不同的侧面，客观地反映社会情况和问题，具有明显的社会功能。调查报告所总结的典型经验，具有一定的指导意义。调查报告所揭露的问题，对社会各方面都有警示作用。调查报告作为一种社会舆论和社会事实的发言人，能够比较客观地反映人民的愿望，能鼓舞人们克服困难，争取胜利。

(2)针对性。

调查报告总是针对某一种思想倾向、具体实践或实际问题，通过对客观事物的真实反映，表达作者的立场观点和思想倾向。作者反对什么、赞成什么，通常会在调查报告中泾渭分明，而不是模棱两可。

(3)真实性。

任何调查的目的都是为了了解客观实际，发现问题，解决问题，掌握规律。调查报告的生命就在于用事实说话，所以，其材料的真实和准确是首要的。调查报告采用的材料，应该经过科学处理和认真核实鉴别，而不是道听途说；既要有点又要有面，不能只是抽象的。

(4)典型性。

调查报告具有典型性，是为了解决某个问题、总结某项经验或者研究某一事物的发展趋势而写作的。典型事物最能反映一般事物的本质与规律，因此，需要恰当地选择典型，进行解剖，探索事物的发展规律，寻求解决矛盾的办法。

(5)时效性。

对于调查报告的写作者来说，必须讲求时间效益，及时捕捉各种信息，并做到及时反馈。只有这样，才能发挥调查报告的作用。

一份优秀的调查报告，必须具备下列条件：结构严谨、语言简练、有说服力，词汇尽量通俗易懂；能让读者了解调查过程的全貌，并将调查过程中各个阶段收集的有关资料按一定的标准和逻辑组织在一起；应该对调查活动所要解决的问题提出明确的结论或建议。

二、调查报告有哪些类型

(1)根据对调查对象反映的范围不同，可以划分为概况调查报告和专题调查报告。

概况调查报告又称为综合调查报告或普遍调查报告，主要是围绕调查对象的基本状况而撰写的，对全部调查的结果进行比较全面而系统的反映。这类调查报告一般是就某一地区或单位而展开的，往往涉及政治、经济、文化、人口、地理、历史等各个方面的基本情况，对调查对象的发展变化、前因后果、来龙去脉进行比较详细的介绍。

专题调查报告是围绕某个问题撰写的，可以是典型经验、专题情况、新生事物、历史事件或存在的问题等，如关于农村合作经济的调查、关于人才浪费的调查、关于个体商贩生活现状的调查等。专题调查报告主题鲜明、材料具体、针对性强，具有很强的说服力。

(2)根据调查对象反映的内容不同，可以分为总结经验的调查报告、反映情况的调查报告和揭露问题的调查报告。

总结经验的调查报告，对实践中涌现出来的具有普遍指导意义的典型经验进行介绍与剖析，把实践过、感觉到、理解透的客观事物上升到理性认识，然后用其指导实践，一般在报刊或会议材料中用得比较多。

反映情况的调查报告，对某一方面的问题进行专题调查，为了解情况、研究问题、出台政策或制订计划提供依据。这种报告的专题明确，材料集中具体，针对性强，有说服力。

揭露问题的调查报告，用调查到的大量事实或数据，揭露某一问题的要害，以引起重视，达到弄清是非、教育受众、解决问题的目的。

(3)根据调查目的的不同，可以分为理论研究型报告和实际建议型报告。

理论研究型报告是为了或提出或补充或证实或证伪某个理论观点而撰写的。无论是资料的收集，还是理论观点的提出和论证，都特别讲究方法，是为科学研究服务的。

实际建议型报告是针对某一事物进行调查研究后，为提出某种工作或政策建议而撰写的报告，大多属于专题报告。

三、调查报告的撰写程序

调查报告撰写一般需要经过以下五个程序：

1. 确立主题

主题是调查报告的灵魂，是作者所要表达的基本思想，对调查报告写作的成败具有决定性的意义。一篇调查报告是否有质量、有价值，是否能引起人们的重视，其决定的因素就在于主题是否深刻。主题首先要正确，要运用科学的立场、观点和方法，对客观事物进行深入细致、周密系统的调查研究，大量使用资料，全面了解历史和现状，弄清事物的来龙去脉，能反映客观事物的本质规律，有积极的意义，这才是正确的主题。

主题要新颖，有新意，即对某一事物的调查研究，能揭示出别人尚未研究或研究不深的问题，而且，要富有时代气息或者能从不同角度去研究同一对象。报告的主题应与调查主题一致；主题要鲜明，所表达的基本意思应该十分明确，一目了然，毫不含糊，鲜明地表达出作者的是非和爱憎；主题集中，目的明确，内容凝练，重点突出，围绕主题说深说透，不能贪大求全，蜻蜓点水。报告的主题要与标题协调一致，避免文题不符。

调查报告的主题是作者在长期的生活实践中逐步孕育而成的，是通过深入调查研究，从所获得的材料中分析归纳而产生的。作者往往被某些材料触动，得到启发，发现了它的社会意义，悟出了事物的本质，形成了鲜明的主题。

2. 取舍材料

对经过统计分析与理论分析所得到的系统、完整的调查资料，在组织调查报告时，仍需精心选择，不可能也不必全部都写上报告，要注意取舍。那么，如何进行材料选择呢？

(1)根据表现主题的需要来决定对材料的取舍，选取与主题有关的材料，去掉无关的、关系不大的、次要的、非本质的、琐碎的、非本质的材料，选用那些能够真正反映事物本质和主流的材料，使主题集中、鲜明、突出。

(2)注意材料点与面的结合，材料不仅要支持报告中的某个观点，还要相互支持，形成面上的“大气”。要对调查材料进行由此及彼的分析和研究，找出事物的内在联系和外部联系，体现事物之间的横向和纵向的、直接和间接的联系，体现事物发生的前因后果、来龙去脉。

(3)要注意材料的多样性，既要选择现实的材料，又要选择历史的材料；既要选择正面的材料，又要选择反面的材料；既要书面的材料，又要数字的材料。

(4)要对调查得来的资料进行认真鉴别，对资料进行分析、比较和研究，去伪存真，去粗存精。

(5)在现有有用的材料中，要比较、鉴别并精选材料，选择最好的材料来支持作者的意见，力争使每一种材料都能“以一当十”。

3. 布局和拟定提纲

这是调查报告构思中的一个关键环节。布局是指调查报告的表现形式，它反映在提纲上，就是文章的“骨架”。拟定提纲的过程，实际上就是把调查材料进一步分类并建造构架的过程。构架的原则是“围绕主题，层层进逼，环环相扣”。提纲或骨架的特点是它的内在逻辑性，要求必须纲目分明，层次清晰。

如果说主题是文章的灵魂，材料是文章的血肉，那么，结构就是文章的骨架。也就是说，结构是文章内部的组织构造。拟定提纲，就是要安排严谨妥当的结构。调查报告的提纲有两种，一种是观点式提纲，即将调查者在调查研究中形成的观点按逻辑关系一一列出来；另一种是条目式提纲，即按层次意义表达上的章、节、目，一条一条地写成提纲。也可以将这两种提纲方式结合起来制作提纲。

4. 起草报告

这是调查报告写作的行文阶段。要根据已经确定的主题、选好的材料和写作提纲，有条不紊地行文。写作过程中，要从实际需要出发选用语言，灵活地划分段落。在行文时要注意：结构合理；报告文字规范，具有审美性与可读性；通俗易懂，使用数字、图表、专业名词或术语时，要做到深入浅出，语言具有表现力，准确、鲜明、生动、朴实。

5. 修改报告

报告起草好以后，要认真修改。主要是对报告的主题、材料、结构、语言文字和标点符号进行检查，加以增、删、改、调。在完成这些工作之后，才能定稿向上报送或发表。

四、调查报告的撰写原则

(1)布局恰当，结构完整。

调查报告没有固定格式，应根据调查所得的材料，围绕主题，合理安排结构。一般由三部分组成：一是开头，或称总提、引言，叙述调查的意义和目的，调查对象和范围，调查采取的方法及其过程等，文字尽可能少，要简明扼要；二是主体，分章节陈述调查材料并有叙有议，是调查报告的正文；三是结尾，包括结论和建议，也是调查报告的总结，可长可短，根据实际情况而定。三个部分的比重也不是一成不变的，要根据内容的要求分配。

(2)要用观点统率材料，善于把观点与材料结合起来。

用典型事例说明观点是最常用的方法；用概述材料概括表达观点，能简要介绍调查对象的概况，给人一个总体印象；用对比材料阐明观点，能把问题说得具体深刻；用数据说明观点，能增强调查报告的科学性和说服力。

(3)生动活泼，通俗易懂。

要尽可能多用平实的语言，提倡通俗易懂的文风。摆事实讲道理，切忌滥用深奥的专业名词或术语。

五、调查报告的结构形式

一般来说，调查报告主体的结构大约有三种形式：

1. 纵向结构

主要是依照事物发生及发展的顺序，按次叙述，阐明观点。纵向结构有两种形式：一是按调查事件的起因、发展和先后次序进行叙述和议论。一般情况调查报告和揭露问题的调查报告的写法多使用这种结构方式，有助于读者对事物发展有深入、全面的了解。二是按成绩、原因、结论等层层递进的方式安排结构，一般综合性质的调研报告多采用这种形式。

2. 横向结构

根据基本经验或突出几个主要问题，分层阐述。即把调查的内容加以综合分析，紧紧围绕主旨，按照不同的类别分别归纳成几个问题来写，每个问题可加上小标题。而且，每个问题里往往还有若干个小问题。典型经验性质的调查报告，一般多采用这样的结构。这种调查报告形式观点鲜明，中心突出，使人一目了然。

3. 综合式结构

按内容部分之间的逻辑关系，按层次分析说明，篇幅长的，可以用小标题，以理清眉目，突出重点。这种调查报告形式兼有纵向和横向两种特点，互相穿插配合，组织安排材料。采用这种调查报告，一般会在叙述和议论发展过程时用纵向结构，而写收获、认识和经验教训时采用横向结构。

六、调查报告写作中应注意的问题

1. 叙议结合的表达方法

调查报告以叙述情况、反映事实为主要内容，但必须对事实情况进行必要分析，以达到透过现象看本质的目的。因此，叙议结合、夹叙夹议是主要的表达方法。叙议结合的方法有：

(1)段首撮要式，即每一个语段前，用一句话精练概括出本段的中心，然后，再叙述情况或简要分析，这种方法在调查报告中广泛使用。

(2)先叙述事实，再作分析或总结归纳。比如：“一般散养鸡易得传染病，笼养鸡则不会。从考察情况看，凡笼养均无疫情发生。静海村 1981 年发生重大疫情，大批散养鸡病死，而笼养鸡一只未死。因为传染病传播途径主要是畜禽、土壤等，鸡在笼舍内，与其他畜禽以及土壤等传染媒体隔绝，同时，环境消毒等措施得力，有利防疫，所以，笼养鸡不得病。”

(3)先分析情况，后叙述事实。“乌盟地区面积广阔，资源丰富，通过加强统一经营，对丰富的资源进行开发利用，具有非常广阔的前景。仅矿藏就发现有69种，当前，有的以乡为单位办砂金、石墨、石灰石采矿业，有的以行政村为单位办小农场、小养殖场、小林果场。仅兴和县今年创办集体百亩小林场就有87个”。

(4)边叙述事实，边做出分析。如：“城市工业的发展和人民生活水平的提高，为专业村的发展提供了需求，开辟了市场。新寨村筛网的发展与近年来的石油化工基地大规模建设直接有关；杨园的木材加工则主要靠两淮煤炭基地的需求；皮镇村的发展与塑料工业的兴起有很大关系；陈桥的酱色生产，一是本地有丰富的红芋干资源，二是各地食品工业的发展给他们提供了广阔的市场。”

初写调查报告，往往把握不好“叙”与“议”的度，一般议的多，而叙的少，究其原因，一是掌握的调查材料少，所谓“材料不够，议论来凑”；二是把握不住调查报告的写作特点，把议论分析当做重点。正确的方法是叙述应具体，是主要的写作内容，议论要少而精，并且，要紧紧围绕事实，就事论事，找出根源，议论切中要害，言简意赅，画龙点睛。

2. 用事实说话

调查报告的功能就是用调查得来的情况反映工作实际。因此，全面、深入、具体地反映调查对象的实际情况，是调查报告的核心内容。用事实说话，是指用调查材料直接或间接表明作者的认识。调查报告中所使用的材料有这样几种：

(1)综合材料和典型材料。

综合材料用于说明事物的广度，即范围、规模、效益，通过综合材料，帮助读者把握整体概貌，了解总体发展情况。综合材料对基本情况或一般情况作概括说明或扼要交代；典型材料反映的是事物的深度，往往具有广泛的、代表性的典型意义，一两个典型材料可以起到“以小见大”“窥一斑而见全豹”的效果。典型材料一般对重点情况和内容做较为具体的描述和举例说明，能够给人留下深刻印象。

(2)统计材料。

要反映出工作中的具体情况，数字材料是最有效的方法，它表达方式简明，反映的内容却十分具体，看似枯燥，却最能说明问题。因此，统计材料往往是调查报告中最有说服力、最引人注意的内容。反映工作成绩、说明问题的程度、汇报工作条件、效果等都要拿出范围、种类、变化、结果等方面的具体数据。数字有绝对数(总量)和相对数(百分比)，绝对数用于反映规模、绝对水平和范围，相对数用以说明构成比例、发展水平和差异，使用时应注意区别。

(3)对比材料。

对比材料可以突出特点，鲜明地显示事物之间的差异。因此，在介绍成绩、反映问题、说明效果时，采用各种对比方法效果最佳。对比的方法有现状与历史的对比、先进与落后的对比、相同内容的对比和不同内容的对比等。

3. 表现方法的运用

调查报告不是文学作品，不能使用文学手法，要善于使用图表说明、数据说明和表格说明等方式。这些方法不但不会破坏调查报告的严肃性，而且，有利于内容的表达，应当学习使用。

第二节　调研报告的基本格式及内容

对某一情况、某一事件、某一经验或问题，经过在实践中对其客观实际情况的调查了解，将调查得到的全部情况和材料进行“去粗取精、去伪存真、由此及彼、由表及里”的分析研究，揭示出本质，寻找出规律，总结出经验，最后，以书面形式陈述出来，这就是调研报告。

调研报告的核心是实事求是地反映和分析客观事实。调研报告主要包括两个部分：一是调查。调查应该深入实际，准确地反映客观事实，不能凭主观想象，要按事物的本来面目了解事物，详细地占有材料。二是研究。研究即在掌握客观事实的基础上，认真分析，透彻揭示事物的本质。

调查是基础，研究是关键，调研报告的写作是把调查获得的材料所形成的观点，通过布局安排、语言调遣组织成文章。这里，调查与研究是辩证统一的关系。它们之间不仅相互作用，相辅相成，而且相互贯通。调查的目的，在于掌握大量、真实、全面的客观事实和具体数据，对基本情况有一个系统的了解；研究的目的是对已经获取的材料进行分析、研究，探索事物的本质和规律；报告则是在调查、研究的基础上，用书面形式说明结果。因此，可以说调查是研究的事实基础，研究是报告的理论依据，报告是调查研究的具体体现。

至于对策，调研报告中可以提出一些看法，但不是主要的。因为，对策的制定是一个深入、复杂、综合的研究过程，调研报告提出的对策是否被采纳，能否上升到政策层面，应该经过政策预评估。

一、调研报告的基本格式

调研报告一般由标题和正文两部分组成。具体包括以下内容：

1. 标题

标题明确、鲜明、简练、醒目。一般不用副标题，字数不宜过长。

2. 署名

作者署名应使用真名，如为团体作者的执笔人，可标注于篇首页地脚处。

3. 关键词

关键词是反映报告主题概念的词或词组，具有检索价值，一般为3~6个。

4. 作者简介

作者简介主要包括作者的姓名、出生年月、性别、所在单位、专业及相关的成果，置于篇首页地脚处。

5. 摘要/概要

摘要/概要要求准确、精练、简洁地概括全文内容。摘要/概要是报告的内容摘要，主要包括以下三方面内容：第一，简要说明调查目的，即简要说明调查的原因；第二，简要介绍调查的对象和调查内容。包括调查时间、地点、对象、范围、调查要点及所要解答的问题；第三，简要介绍调查研究的方法。介绍调查研究的方法，有助于确信调查结果的可靠性，并说明选用该方法的原因。

6. 引言(或前言、问题的提出)

引言不是调研报告的主体部分，因此要简明扼要。引言的内容包括以下几个方面：提出调研的问题、介绍调研的背景、指出调研的目的、阐明调研的假设、说明调研的意义。

7. 调研方法

不同的课题，有不同的调研方法。如问卷调研法、实验调研法、行动调研法、经验总结法等，这是调研报告的重要部分。以问卷调研法为例，其内容应包括：

(1)调研的对象及其取样。

(2)调查方法的选取。

(3)相关因素和无关因素的控制。

(4)操作程序与方法。

(5)操作性概念的界定。

(6)调研结果的统计方法。

8. 调研结果及其分析

调研结果及其分析是调研报告的主体部分，要求现实与材料要统一、科学性与通俗性相结合、分析讨论要实事求是，切忌主观臆断。其内容主要包含以下几个方面：

(1)用不同形式表达调研结果(如图、表等)。

(2)描述统计的显著性水平差异。

(3)分析结果。

9. 讨论(或小结)

讨论(或小结)也是调研报告很重要的部分，其内容主要包括：

(1)本课题调研方法的科学性。

(2)本课题调研结果的可靠性。

(3)本课题调研成果的价值。

(4)本课题目前调研的局限性。

(5)进一步研究的建议。

10. 结论

结论是调研报告的精髓部分。文字要简练、慎重、严谨，逻辑性要强。主要内容包括：

(1)调研解决了什么问题？还有哪些问题没有解决？

(2)调研结果说明了什么问题？是否实现了原来的假设？

(3)指出要进一步研究的问题是什么？

11. 注释

篇名和作者注释置于篇首页地脚处。文内对特定内容的注释置于当页下(脚注)，按在论文中出现的先后顺序用1，2，3……每页单独排序。

12. 参考文献

参考文献置于正文末，主要参考文献著录格式如下：

(1)著作。

标注顺序：责任者/文献题名/出版者/出版时间/页码。

示例：王卫东：《网络社区》，武汉：武汉大学出版社，2018年，第66页。

(2)期刊。

标注顺序：责任者/文献题名/期刊名/年期(或卷期，出版年月)。

示例：王卫东：《电子商务的安全策略探析》，《中国电子商情》2014年第9期。

(3)学位论文、会议论文等。

标注顺序：责任者/文献标题/论文性质/地点或单位/文献形成时间/页码。

示例：王卫东：《陕西省返乡农村青年电商创业扶持政策研究报告》，主题调研课题，共青团陕西省委"面对面"主题调研课题，2017年，第16页。

13. 附录

附录包括调查表、测量结果表、调查统计报告等，不包括进行调研的有关证明文件等。

二、调研报告的标题

调研报告要用能揭示内容中心的标题，标题的命名方法有以下几种：

1. 公文式标题

公文式标题是一种规范化的标题格式，即"发文主题"加"文种"，基本格式为"××关于××××的调研报告""关于××××的调研报告""××××调研"等。这类标题多数由事由和文种构成，平实沉稳，如《关于知识分子经济生活状况的调研报告》；也有一些由调研对象和"调查"二字组成，如《知识分子现状的调查》。

2. 陈述式标题

陈述式标题直接揭示调研报告的中心，十分简洁，如《西北政法大学硕士毕业生就业情况调研》《本市老年人各有所好》等。

3. 提问式标题

提问式标题如《为什么大学毕业生择业倾向沿海和京津地区》《“人情债”何时了》等，这是典型的调研报告常用的标题写法，具有较强的吸引力。

4. 正副题结合式标题

正副题结合式标题这是用得比较普遍的一种调研报告标题，特别是典型经验的调研报告和新事物的调研报告。正题揭示调研报告的思想意义，或陈述调研报告的主要结论、提出中心问题；副题表明调研报告的事项、对象、范围、问题等，这实际上类似于“发文主题”加“文种”的规范格式，如《高校发展重在学科建设——××××大学学科建设实践思考》《深化校务公开机制，创新思想政治工作方法——关于××××校务公开制度的调查》等。

作为公文，最好用规范化的标题格式或正副题结合式标题。从形式上讲，该部分通常包括标题页、目录页、委托信、摘要及小结等。

(1)标题页。其内容包括调查报告的题目或标题，执行该项研究的机构名称、调查项目负责人的姓名及所属机构都应该表述清楚，并注明报告的完稿日期。

(2)目录。目录是将调查报告的内容以大纲形式列出。

(3)委托信。委托信是调查客户在项目正式开始之前写给调查者或组织的，具体表明了客户对调查者的要求。

三、调研报告的正文

调研报告的正文包括前言/导语/引言、主体、结尾和落款四个部分。

1. 前言/导语/引言

通过调查报告的前言/导语/引言，可以使阅读者对调研概况有所了解，它包括对调查目的的陈述，还可以给出必要的背景信息。

前言/导语/引言有几种写法：第一种是写明调研的起因、目的、时间、地点、对象、范围、经过、方法以及人员组成等调查本身的情况，从中引出中心问题或基本结论；第二种是写明调研对象的历史背景、大致发展经过、现实状况、主要成绩、突出问题等基本情况，进而提出中心问题或主要观点；第三种是开门见山，直接概括出调研的结果，如肯定做法、指出问题、提示影响、说明中心内容等。前言起到画龙点睛的作用，要精练概括，直切主题。

调研报告的前言/导语/引言简要叙述为什么对这个问题(工作、事件、人物)进行调查；调查的时间、地点、对象、范围、经过及采用的方法；调查对象的基本情况、历史背景以及调查后的结论。这些方面的侧重点由写作者根据调研目的确定，不必面面俱到。但一般要求紧扣主旨，为主体部分做展开准备。文字要简练，概括性要强。

2. 主体

这是调研报告的主干和核心，是引语的延伸，是结论的依据。这部分主要写明事实真相、收获、经验和教训，介绍调查的主要内容是什么，为什么会是这样等。主体部分要包括大量的材料——人物、事件、问题、具体做法、困难障碍等，内容较多。所以，要精心安排调研报告的层次，安排好结构，有步骤、有次序地表现主题。

(1)主体的结构。

调研报告中关于事实的叙述和议论主要都在主体部分，是充分表现主题的重要部分。调研报告的主体部分不论采取何种结构，都应该做到先后有序，主次分明，详略得当，联系紧密，层层深入，为更好地表达主题服务。主体对调查得来的事实和有关材料进行叙述，对所做出的分析或综合进行讨论，对调查研究的结果和结论进行说明。主体的结构主要有以下几种：

①根据逻辑关系安排材料的结构有：纵向结构、横向结构、综合结构。这三种结构，以纵向结构和横向结构常为人们采用。

②按照内容表达的层次组成的结构有：

"情况—成果—问题—建议"式结构，多用于反映基本情况的调查报告，如《文化产业创建调查与思考》。

"成果—具体做法—经验"式结构，多用于介绍经验的调查报告，如《深化创建文化产业工作的有益探索》。

"问题—原因—意见或建议"式结构，多用于揭露问题的调查报告，如《公路集市路段路政管理的现状与对策》。

"事件过程—事件性质结论—处理意见"式结构，多用于揭示案件是非的调查报告。

(2)主体的具体构成。

调查报告主体部分的具体构成通常因研究项目不同而不同，但基本上包含调查目的、调查方法、调查结果、调查结论及建议等几个部分。前言/导语/引言包括了对调查目的的陈述，还可以给出必要的背景信息。

(1)调查方法。

调查研究方法描述了是如何进行调查的，调查的对象是谁，采用了哪种调查方法，指出用什么方法对调查资料进行汇总、整理和统计分析。一般情况下，调查方法部分不需太长，但应提供必要的信息，使阅读者了解调查数据是怎样收集和调查结论是怎样得出的。

(2)调查结果。

调查结果部分是调查报告的主要内容。在一份调查报告中，调查结果应以陈述形式进行表述，并配以表格、图形，以进一步支持和加强对结果的解释，还要对图表中的数据资料隐含的趋势、关系或规律加以客观表述。

(3)调查结论和建议。

调查结论的提出，可用简练的语言对调查研究所提出的问题做明确说明，同时，简要引用有关资料和调查结果加以解释和论证。

建议则是针对调查获得的结论，提出可以采取哪些措施、方案或具体行动步骤。如网络经营者在网上经营的店铺设计，应该采用什么风格，店名叫什么才更吸引消费者，营销宣传的主题是什么，与其他网络经营竞争者抗衡的办法，销售中采用何种价格与促销策略等。

3. 结尾

结尾是调研报告分析问题、得出结论、解决问题的必然结果。不同的调研报告，结尾写法各不相同，一般来说，调研报告的结尾有以下五种：

(1)对调研报告归纳说明，总结主要观点，深化主题，以提高人们的认识。

(2)对事物发展做出展望，提出努力的方向，启发人们进一步去探索。

(3)提出建议，供决策者参考。

(4)写出尚存在的问题或不足，说明有待于今后研究解决。

(5)补充交代正文没有涉及而又值得重视的情况或问题。

总之，调研报告结尾要简洁有力，有话则长，无话则短。结尾的功能是归纳前文，补充完善。典型经验的调查报告往往在结尾指出不足或有待改进提高之处；反映情况、揭露问题的调查报告在结尾提出建议；研究分析型调查报告结尾多用于总结全文，得出结论。不论采用何种形式，结尾要确有必要，对全文是不可缺少的补充或完善。切不可无病呻吟，画蛇添足。如正文完结，内容已阐述清楚，全文应当自然结束。

结尾部分包括附录。附录是呈现与正文相关的资料，以备读者参考。附录的目的，基本上是列入尽可能完备的资料，这些资料可用来论证、说明或进一步阐述已经包括在报告正文之内的资料，每个附录都应有编号。在附录中出现的资料种类常常包括调查问卷、抽样细节的补充说明、原始资料的来源、调查获得的原始数据图表等。

4. 落款

调查报告的落款要写明调查者—单位名称和个人姓名以及完稿时间。如果标题下面已注明调查者，则落款时可省略。

写调研报告时，要注意克服四种问题：一是观点与材料脱节；二是材料不充分，不能说明观点；三是堆砌材料，没有从材料中概括出观点，缺乏分析与研究；四是表述不当。写作调研报告，应尽量避免枯燥无味的语言，力争写得通俗、朴实、生动。

四、调研报告的分类撰写思路

不同类型的调研报告，其格式与写法总体上大致相同，但由于强调的重点和要求不同，其撰写的思路也有一定的区别。以下按照调研报告的格式及主题，对各种调研报告的撰写思路分类说明。

1. 反映基本情况的调研报告

反映基本情况的调研报告主要用于反映某一地区、某一领域或某一事物的基本面貌，目的在于报告全面情况，为决策者制定方针政策、规定任务、采取措施提供决策依据和参考。常用于向上级报告工作，如党委、人大、政府和政协机关，以及部门和单位领导下基层了解面上情况后所写的调研报告。其写法偏重于反映客观情况，分析研究的成分相对少一些，一般也不要求提出理论性的主题思想。

在写作过程中，这类调研报告格式的标题，一般要点明是关于什么单位或者地区、什么问题的调查。其前言一般是介绍调查的缘由、目的、时间、地点、范围和方式等。由于这类调研报告的主体内容涉及面一般都比较宽，因此，在写作上往往采用横向结构。如综合反映一个地区的情况，可以从经济建设、政治建设、文化建设、社会建设、组织领导等若干方面来撰写；如反映某一方面的情况，则可分为基本概况、主要成绩、突出问题等若干层次。当然，每个大的部分还可以分为若干个小的问题。

2. 总结典型经验的调研报告

总结典型经验的调研报告主要用于对先进典型进行深入调查分析后，提炼出成功的经验和有效措施，以指导和推动面上的工作。因此，这类调研报告主要包括基本情况、突出成绩、具体做法、主要体会等。

这类调研报告格式的标题一般要反映主题；前言大多采用概述主要成绩、发展变化，并提示基本经验的写法。主体部分需要充分展开，不仅要写具体做法，而且要写切身体会；不仅要写感性认识，还要上升到理性认识。这两方面是相辅相成、缺一不可的，没有具体做法，体会就是空的；不上升到理性认识，感性认识就难以具有广泛的指导意义和推广价值。结尾可以归纳全文、强调主旨，也可以指出不足、展望未来。在行文的语气上，经验调研报告的格式与经验总结不同，经验总结用第一人称，行文语气必须谦虚，而调研报告则用第三人称，可以热情赞扬，以促进经验的推广。

3. 反映新生事物的调研报告

反映新生事物的调研报告主要用于报告和评价新生事物，帮助人们提高对新生事物的认识。新生事物往往代表着事物的发展趋势，因此，在写作这类调研报告时，要抱着满腔热情的态度给予充分肯定和积极支持。写作的特殊性上，都源于一个"新"字，不仅要说明新生事物的孕育、产生和发展过程，而且，还要指出它的背景，也就是说要指出它是在什么样的环境和条件下产生的，经历了什么样的发展过程，遇到了哪些矛盾、困难和问题。不仅要说明它的性质和特点，也要指明它的作用和意义，包括对其发展前景的预测和未来发展方向的展望。由于新生事物处于不断发展和完善的过程中，往往不够成熟，甚至存在某些弱点和不足，所以，在结尾时，一定要如实指出它需要进一步完善的地方和可能带来的新问题，以便进一步改进和完善。

4. 揭露问题的调研报告

揭露问题的调研报告又可细分为两种：一种是为了研究解决工作中存在的缺点、问题以及不良倾向而撰写的调研报告，其目的在于揭示问题、反映情况，而不在于追究责任者；另一种是为了处理违法乱纪事件或严重事故等而撰写的调研报告，这一类调研报告不仅要以确凿的事实分清是非，而且，要弄清性质、分清责任，提出解决和处理的具体意见。

揭露问题的调研报告标题往往多采用揭露式，有的标题甚至还带有一定的感情色彩，如《主城区违法建筑触目惊心》，这一个标题不仅表明了调研报告的主旨，也表明了作者对这一问题的态度，能够起到强烈的警示与提示作用，吸引读者的眼球。主体部分所反映的如果是一个具体事件，一般采用纵向结构；如果反映的是一种倾向和状况，多采用横向结构。在叙述完问题的主要事实后，要写出问题产生的原因、性质和危害程度。结束语有的可呼吁对问题予以重视或关注，有的可扼要提出解决办法或处理意见。

5. 考察历史事实的调研报告

考察历史事实的调研报告通常用于对某一历史现象或某一历史事件进行重新调查，用确凿的事实，揭示历史真相，作出正确评价，以还历史的本来面目，如为平反历史冤假错案所写的调研报告。这类调研报告的政策性和针对性较强，反映的事件往往也比较复杂。

这类调研报告正文的内容一般包括三个方面：一是事实的本来面目；二是被歪曲的情况；三是纠正和处理的意见。在写作时，事实真相与被歪曲的情况相矛盾的地方，尤其要叙述清楚，要说明事实被歪曲的原因和有关责任者。写处理意见时，态度要明确，办法要具体。如果问题正在处理和解决中，就要把进展写出来；如果尚有阻力，就要把问题尖锐地提出来，敦促有关部门尽快予以解决。

6. 研究探讨性的调研报告

研究探讨性的调研报告主要用于研究探讨某项政策或工作，以统一认识，提出解决问题的办法。当然，也可以用于在作出某项决策之前，进行可行性调研，其特点是具有较强的探索性和论证性。这类调研报告的写作，虽然取材广泛，但总是针对某个现实问题，通过研究和分析大量系统的材料，探索解决问题的办法和途径，有时还要与不同的意见展开商榷和争鸣。

这类调研报告的标题大多采用直述主旨的方式，也可以采用提问的方式，如《打开宝岛的“金钥匙”在哪里？——关于海南岛开发建设的调查》，这种标题如果运用得当，既可以准确反映主旨，又能对读者产生较强的吸引力。其前言一般是提出要探讨、解决的问题及研究此问题的意义。如果对问题有不同的认识，就要把各方面的主张摆出来。研讨性调研报告提出的往往是新观点、新见解，所以，在主体中不仅事实材料要充足有力，而且，还要进行充分论证。必要时，应对不正确的意见进行批驳。这就要求这类调研要能够把立论和驳论有机结合起来，但不管是立论还是驳论，都要以事实材料为基础，切记不要偏离到抽象或空洞的理论证明上去。此外，由于调研报告的目的是探讨解决问题，所以，应采取平和的、商榷的语气，切忌冷嘲热讽。这类调研报告，结束语可采取归纳全文、强调主旨的方法，也可以采用提出需要进一步探讨解决问题的方法来结尾。

7. 调查附记

调查附记又称调查后记，虽然也是一种文体，但没有独立性，它依附于原件而存在。在有些情况下，如果知情者所提供的材料比较具体实在，能充分说明问题，便以原件为主，在原件后附上调查附记或后记，起到证明情况的作用。一般调研报告的附记都比较简短，在写法上，往往首先是对原件所反映的问题表示明确的看法，并说明经过调查，原件完全属实或基本属实等。接着，可以就其中某一关键问题作补充说明或有所强调。必要时，也可以指出当事人或单位目前的认识和行动。由于原件所反映的问题有可能与事件的发展情况不同，可能已圆满解决，或正在解决，或尚未着手解决，因此，附记的结束语应针对不同情况采用不同的写法。

要写出高质量、高水平的调研报告，需要按上述几类调研报告的格式和结构要求，谋好篇布好局，还要兼具一定的文字驾驭能力。

第三节　调研报告的写作技巧

一、调研报告的特点

1. 目的明确

调研报告不同于调查报告，是因为发生了某件事(如案件、事故、灾情)才去作调查，然后写出报告。调研报告的写作者必须自觉以研究为目的，根据社会或工作的需要，制订出切实可行的调研计划，即将被动的适应变为有计划的、积极主动的写作实践，从明确的追求出发，经常深入到社会第一线，不断了解新情况、新问题，有意识地探索和研究，写出有价值的调研报告。

2. 注重事实

调研报告讲求事实。它通过调查得来的事实材料说明问题，用事实材料阐明观点，揭示出规律性的东西，引出符合客观实际的结论。调研报告的基础是客观事实，一切分析研究都必须建立在事实基础之上，确凿的事实是调研报告的价值所在。因此，尊重客观事实，用事实说话，是调研报告的最大特点。写入调研报告的材料都必须真实无误，调研报告中涉及的时间、地点、事件经过、背景介绍、资料引用等都要求准确真实。一切材料均出之有据，不能听信道听途说。只有用事实说话，才能提供解决问题的经验和方法，研究的结论才能有说服力。如果调研报告失去了真实性，也就失去了它赖以存在的科学价值和应用价值。

3. 论理性

调研报告的主要内容是事实，主要的表现方法是叙述。但调研报告的目的，是从这些事实中概括出观点，观点才是调研报告的灵魂。因此，占有大量材料，不一定就能写好调研报告，还需要把调研的东西加以分析综合，进而提炼出观点。对材料的研究，要在正确思想指导下，用科学方法，从事物发展的不同阶段中，找出起支配作用的、本质的东西，把握事物内在的规律，运用最能说明问题的材料并合理安排，做到既要弄清事实，又要说明观点。这就需要在对事实叙述的基础上，进行恰当的讨论，表达出论文的主题思想。

议论是“画龙点睛”之笔。调研报告紧紧围绕事实进行议论，要求叙大于议，有叙有议，叙议结合。如果议大于叙，就成议论文了。所以，要防止只叙不议，观点不鲜明；也要防止空发议论，叙议脱节。夹叙夹议，是调研报告写作的主要特色。

4. 语言简洁

调研报告的语言要简洁明快，这种文体是充足的材料加少量的议论，不要求细腻的描述，只要用简明朴素的语言报告客观情况就行。但由于调研报告也涉及可读性问题，所以，语言有时可以生动活泼，适当采用群众性的生动而形象的语言。同时，注意使用一些浅显易懂的比喻，增强说理的形象性和生动性，但前提必须是为说明问题服务。

二、调研报告的前提

要想写出具有科学性、指导性的调研报告，必须进行深入细致的社会调查研究。而正确的指导思想、实事求是的态度以及科学的调查方法是必不可少的。首先，要认真学习，不断提高政策理论水平；其次，要努力深入到基层，扎扎实实地把社会调查工作做好；再次，要讲究科学的方法，提高调查研究的水平。科学的调查研究包括两个方面的内容：

一是调查研究的具体操作方法要科学。仅靠过去传统手工方式进行调查显然已不够，系统论、信息论、控制论等一系列的自然科学研究方法逐渐渗透到社会科学研究领域中来，形成了社会调查研究方法现代化的三大特征：数学方法在社会研究中的应用、自然科学研究方法对于社会科学研究的渗透、定量研究和定性研究的综合运用，为调查研究的方法提供了科学的依据。除了要了解并掌握有关普遍调查、典型调查、个案调查、抽样调查以及文献调查法、问卷调查法、访问调查法、观察调查法等各种具体的调查方法外，还必须注重对调查对象加强正确引导，确保其讲真话、讲实话。在实地考察时，要防止被假象所蒙蔽，要透过现象看本质，确保调查的科学性。

二是充分发挥网络调查的独有优势。随着计算机网络的普及和发展，网络正在逐步延伸到社会的各行各业，被越来越多的人认识和使用。同时，互联网的普及也使调查和咨询业产生了巨大的变化，利用网络进行调查访问已成为一种新兴的统计调查方式。网上统计调查，是运行于互联网基础上的统计调查的一种方法与技术，是统计调查理论与互联网相结合的产物，它是以因特网作为信息采集的主要途径和工具，在统计调查理论的指导下进行调查设计、组织实施和信息处理。将网络技术与统计调查相结合，充分发挥二者的优势，为统计调查带来了新的活力，也是社会发展的必然要求。

三、调研报告的材料整理

对调研报告材料的整理，一般分成三个步骤：

1. 检查鉴别

首先，检查调研报告材料是否切合研究的需要；其次，要鉴别事实材料的真实性、数据的准确性，保证材料的真实可靠，确实反映客观实际。

2. 制作图表和数表

以其直观、形象、信息量大等独特的优势，帮助读者快速理解调研报告的内容。

3. 分类分组

调研报告材料分类的标准，依研究目的而定。可以按照材料性质，分为记录资料、文献资料、问卷资料、统计调查资料等，也可以根据研究的目的，按年龄、性别、职业等进行分类，还可以分为背景材料、统计材料、典型(人或事例)材料等。

对调研报告材料的分析，是调查研究中的一个十分关键的步骤，是能否将调研材料转化为研究成果的关键所在。所谓调研材料分析，就是用科学的方法，审查、剖析调查材料中包含的被研究对象的状况、特点、社会背景、基本结构、本质属性与成因、组成因素与相互关系以及运动机制和结论的过程。对调研材料进行分析研究，最基本的类型是定性分析和定量分析，应该用辩证的观点对待事物，对质和量两个方面进行综合考察。

调研报告要借助多种方式，充分运用材料与数据，说明自己的观点：

(1)运用典型材料说明观点。典型材料是最具代表性的材料，它显示着事物和现象的某些本质特征，有着以一当十的力量。

(2)运用综合材料说明观点。将一组有可比性的材料进行对比(今昔、成败、好坏、新旧、内外、先进与落后、正确与错误等)，能使观点更加鲜明突出，增加说服力。

(3)用精确的统计数据说明观点。统计数据具有很强的概括力和表现力，恰当地加以运用，可以增强调研报告的科学性、准确性和说服力。

四、调研报告材料的定性分析

调研报告材料的定性分析是据事论理，用思辨的方式，依靠个人经验、判断能力和直观材料，确定社会现象或事物发展变化的性质和趋向，以划清事物性质界限的方法。定性分析的根本方法是哲学方法，即揭示事物发展的一般规律的方法，除此之外，还可采用系统方法、逻辑方法等。常用的方法有：

1. 矛盾分析法

即运用唯物辩证法对立统一的原理，具体分析事物内部矛盾及其运动状况，从而认识客观事物的方法。其具体做法分为三个以下步骤：

从调查所得的大量材料中找到事物的矛盾，即找到问题。问题即应该消除或缩小的差距，差距就是矛盾。

对事物存在的矛盾进行分类，包括：历史遗留/现实产生、客观存在/主观思想、自然条件/人为造成、局部/全局、根本/枝节、眼前/长远的矛盾。

分析矛盾的对立面，考察矛盾的主要方面与矛盾其他方面互相依存、斗争、转化的条件，从而把握矛盾的特性。

2. 比较分析法

做调研报告常用的比较方法有横向比较和纵向比较。常用的分类方法为：先进行比较，弄清事物的异同，根据共同点将事物归集为一大类。然后，再根据差异，将大类划分为几个小类，依此类推，事物就被区分为具有一定从属关系、不同层次的大小类别，明确反映出客观事物之间的区别和联系。

3. 因素分析法

因素分析法指从调研报告材料中寻找出对事物产生、发展、运动起作用的要素，通过系统分析和科学归纳，探寻到对事物变化起着关键作用的要素系列，掌握决定事物变化的原因，从而了解事物的本质及其运动规律的方法。其具体做法分为以下三个步骤：

(1)首先，应进行总体分析：

第一步，是把蕴藏在现象之中的各个方面的基本因素清理出来，并在初步分析的基础上，将它们按一定的标准，组成一个有机的多层面的网络结构。影响事物变化有种种因素，归纳起来，可以划分为外因(客观因素)和内因(主观因素)两大因素系列，在这一层面下，又可以从不同角度将因素分为：主要因素、次要因素；积极因素、消极因素；一般因素、特殊因素；直接因素、间接因素；必然因素、偶然因素；历史因素、现实因素；起始因素、终极因素；潜在因素、诱发因素；阶级因素、经济因素、社会因素、学校因素(或工作单位因素)、家庭因素、个人因素等。各个系列因素有可能相互交织，错综复杂，显现出一种网络状态。

第二步，就是通过对这一网络的分析，从总体上考察研究对象，分析出现某一社会现象的综合原因。这就要求实事求是地把握诸因素的内部联系，把握其特征和转化规律，对事物的总体进行多维的、系统的，内因与外因、客观与微观相结合的辩证的分析。

(2)其次，是进行关系分析，即对因素与因素之间的各种关系进行分析。要着重分析因素之间的因果关系、功能关系、转化关系、共因关系。共因往往是事物存在或变化的最根本的原因，如诸多腐败现象的产生，其共因是私欲恶性膨胀，再进一步深究，就可找出其根本原因是权力作祟。从而找到问题的关键，抓住了事物的本质。

(3)再次，是进行因素树分析。即以某一种关键性的因素系列为主要分析目标，进行系统的多层次的剖析，按因素之间的联系绘出因素树图。这样逐层深入，直至找出最基础的原始性要点，即具体行为表现。

定性分析除了以上方法外，还有分析综合法、归纳演绎法、科学抽象法、社区研究法(是分析社区人口集体与特定生活环境、社会条件之间的相互关系，探讨社区的社会构成、社会功能、价值观念、日常生活及发展变化的方法)、历史研究法等多种方法。

五、调研报告材料的定量分析

调研报告的定量分析是对社会现象或事物的规模、范围、程度、速度等方面数量关系的情况和变化，进行变量计算和考察分析，弄清其数量特征的方法。简言之，就是从事物数量方面入手进行分析研究。目前，在调查研究中进行定量分析已越来越普遍，使用定性、定量相结合的方法已成为大势所趋，也是调查研究走向完善的标志。定量分析的基本方法有：

1. 统计分析法

统计分析法即运用统计学的原理，对调研报告所得的数据资料进行综合处理，分析现象在一定时间、地点、条件下的数量关系，以揭示事物的性质、特点及其变化规律的过程和方法。统计分析法包括描述分析和统计推论两个部分。

(1)描述分析，是把收集到的数据整理加工，找出其中的规律以及现象之间的关系，用统计量对这些资料进行描述。主要包括：编制次数分布表，绘制次数分布曲线，测绘现象的集中趋势的离散趋势以及现象之间的相关关系等。例如：研究城市居民近五年来生活水平提高的情况，根据调查所得的材料，把每户居民年收入划分为六个等级：2 万元以上，17000～20000 元，14000～17000 元，11000～14000 元，8000～11000 元，8000 元以下。然后，计算每一个等级中有多少户居民，这就是事件次数分布统计；计算各等级居民在全体居民中所占的比重，就是比例分布统计；计算全体居民的平均收入，就是对这个数列集中趋势的统计；计算全体居民平均相差多少钱，就是离散趋势的统计。

(2)统计推论，则是指在随机抽样调查的基础上，根据样本资料对全体进行推论。常用的方法有两种：区间估计和统计假设检验。

2. 社会测量法

调研报告的社会测量法是通过测量来评定某一社会群体或团体中社会关系或社会意向的一种方法，社会测量法分为社会关系测量和社会意向测量两种具体方法。社会关系测量法较为常用，是指将所研究的某一社会团体内部成员相互吸引或排斥的关系状态数量化，从而分析其人际关系的一种方法。运用此法可分五个步骤：

(1)确定选择标准，有以下六种类型：

工作标准，以测量工作团体内部的关系。

娱乐标准，以测量娱乐群体内部的关系。

社交标准，以测量社交群体内部的关系。

生活标准，以测量生活团体内部的关系。

学习标准，以测量学习团体内部的关系。

服从标准，以测量被领导与领导之间的关系。

(2)选择指示项。一个标准可以拟出多个指示项。如服从标准可拟出：你认为本单位谁当领导最合适？谁威信最高？你最不服谁的领导？

(3)制作测试答卷。给出选择标准；限定选择数目；交代测试目的、选择范围(团体之内)；说明对测量结果保密等。

(4)填答试卷。当面填写，当场收回。

(5)对试卷进行整理分析。

第九章　网络调查典型案例

本章搜集两个典型案例，从策划到执行、问题解决、发布后的效果等，完整展示并分析整个网络调查过程。

第一节　市场调查方案、问卷和报告
——宅急送物流服务满意度调查

一、撰写调查方案

1. 调查目的与内容

为了了解物流行业以及从事物流行业人员的服务水平和消费者的满意度，我们选择了宅急送物流公司。宅急送公司大多从事小件配运业务，更贴近于百姓生活。而且，它拥有较高的信誉度，知道此公司的人相对要多些，便于调查。通过对宅急送公司的调查，进一步了解消费者对物流服务的需求，使宅急送以及同行业的服务水平更加完善。

(1)了解北京地区普通消费者对宅急送的认知度与满意度。

(2)了解北京地区普通消费者对物流配送服务的要求。

2. 调查的对象和范围

(1)北京通州区宅急送快运有限公司附近普通消费者，调查的对象为18岁以上的个人。

(2)北京通州区交通繁华地区的普通消费者。

3. 调查的方法与实施计划

(1)调查方法。

①采用网络调查方法，利用搜索引擎在网上进行搜索，快速、全面地了解宅急送物流公司服务的相关市场信心。

②采用访问法，即街头访问法。

(2)调查实施计划。

组织成立项目组，组长一人，组员若干人。

4. 调查信息的整理和分析方法

(1)审查问卷：检查回收的调查问卷是否齐全，有无重复、遗漏，保证记录的一致性和统一性。

(2)分组整理：对经过审查的问卷，分别归入适当的类别，根据调查问卷中的问题，进行预先分组分类。

(3)统计分析：对分组整理的信息，计算频数与百分比，做出所需的表格与分析图。

5. 调查日程安排和时间限制

(1)D1 确定调查方案，组织调查人员。

(2)D2 设计调查问卷

(3)D3 调查实施，取得数据

(4)D4 调查数据的整理、分析。

(5)D5 撰写调查报告。

6. 调查费用预算

调查费用预算如下：

(1)获取前期相关市场真实资料的费用。　　(占总体调查费用预算的 10%)

(2)参与调查人员的工资。　　(占总体调查费用预算的 30%)

(3)调查执行期间的执行费用(除人员工资外)。　　(占总体调查费用预算的 13%)

(4)数据整理及调查报告费用(包括请专家费用)。(占总体调查费用预算的 22%)

(5)调查所用相关工具的费用。　　(占总体调查费用预算的 15%)

(6)调查期间发生的其他费用(包括礼品)。　　(占总体调查费用预算的 10%)

二、设计调查问卷

(省略)

三、撰写调查报告

宅急送物流服务客户满意度调查分析报告

1. 调查背景与企业介绍

随着经济全球化和信息技术的迅速发展，以及企业生产资料的获取与产品经营的日趋扩大，社会生产、货物流通、商品交易及其管理方式正在并将继续发生深刻改革。物流行业应运而生，在现代化大生产环境下，物流行业已经成为促进经济增长的“第三利润源”和区域经济发展的重要产业的经济增长点。特别是随着我国加入 WTO，物流行业和分销服务业向国际市场全面开放，物流市场将会在一个高层次、高起点上展开激烈的竞争。目前，我国物流业发展迅速并取得了一些成绩，但与世界发达国家的物流发展水平还有一定差距，特别是在服务水平上的差距。

我们作为物流专业的学生更应深入了解自己所学的专业，因此，选择了对宅急送的客户服务满意度进行调查。宅急送全国拥有480余家全资分支机构，快递网络均为自建，业务覆盖全国大部分城市和地区，是国内领先的民营快递公司之一。截至2004年，宅急送总资产超过2亿元，员工8000名，车辆1500台，年货物量3200万件，年递增率超过65%，为“2003年中国成长企业百强”第4名，“2004年中国最具竞争力的物流企业”。

宅急送从事小件配送业务，更贴近于百姓生活。而且，它拥有较高的信誉度，知道此企业的人相对要多些，也便于调查。我们采取了问卷调查形式，对宅急送客户满意度进行了调查及分析，从而进一步提升物流服务的质量。

此次调查不仅可以锻炼我们的调查工作能力，培养团队合作精神，还让我们更加直接地了解到自己所学的物流专业的发展前景。

2. 调查目的

为了深入了解物流行业以及从事物流行业人员的服务水平，了解消费者对物流服务业的需求，我们选择了对北京宅急送快运股份有限公司的客户服务度进行调查，通过我们的调查可以给宅急送的服务提供宝贵的意见，使宅急送的服务水平更加完善。

3. 调查地点与方法

在北京通州区宅急送快运有限公司附近进行拦截式访问调查，调查对象为18岁以上的普通消费者。

我们共发送51份调查问卷，收回51份问卷，并对51份问卷进行统计，通过Excel汇总整理和分析，做成图表，形象地对调查数据做了描述与显示。

4. 调查结果

(1)对于致电宅急送物流能否得到明确的答复，大多数人选择了一般与容易，说明宅急送的服务态度已得到大家的肯定，如图9-1所示。

(2)消费者对宅急送公司的企业形象总体感觉较好，如表9-1所示。认为企业形象较好的占74.51%，认为非常好的占11.76%，认为一般的占7.84%，认为企业形象欠佳和非常不好的分别占3.92%和1.96%。由此可以看出，宅急送在人们心目中已经树立了较好的企业形象，有利于宅急送业务范围的扩大及其他业务的发展。

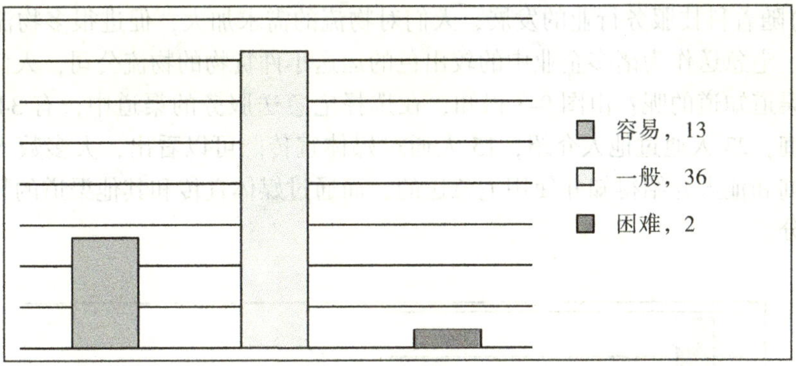

图 9-1 宅急送的服务态度

表 9-1 宅急送的企业形象

企业形象	人数(个)	频率(%)
非常好	6	11.76
较好	38	74.51
一般	4	7.45
欠佳	2	3.92
非常不好	1	1.96

(4)对于是否愿意继续使用宅急送的物流服务，由图 9-2 可知：在被调查的 51 人中，有 5 人不愿意继续使用，21 人考虑是否继续使用，25 人愿意继续使用。可以看出，大部分消费者愿意继续使用宅急送的物流，宅急送的客户群体相对稳定。

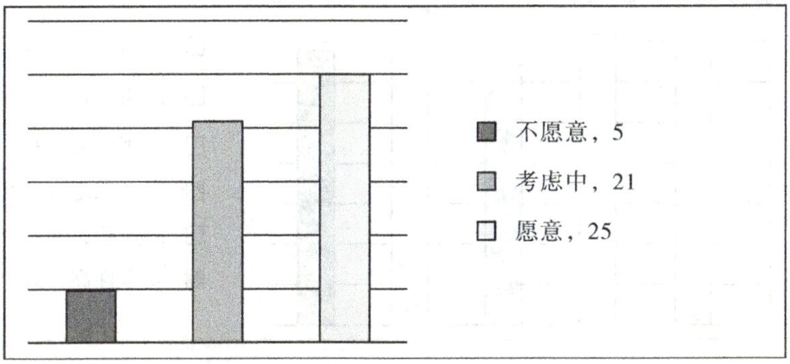

图 9-2 是否愿意继续使用宅急送的物流服务

(5)随着科技服务行业的发展，人们对物流的需求加大，促进很多物流企业迅速成长。宅急送作为诸多企业中的较出色的运送小件货物的物流公司，人们又是通过什么渠道知道的呢？由图9-3得知，在选择宅急送服务的渠道中，有34人通过网络查询，23人通过他人介绍，15人通过媒体宣传。可以看出，大多数人是通过网络查询和他人介绍得知并使用宅急送的，而通过媒体宣传和其他渠道的只占了很少的部分。

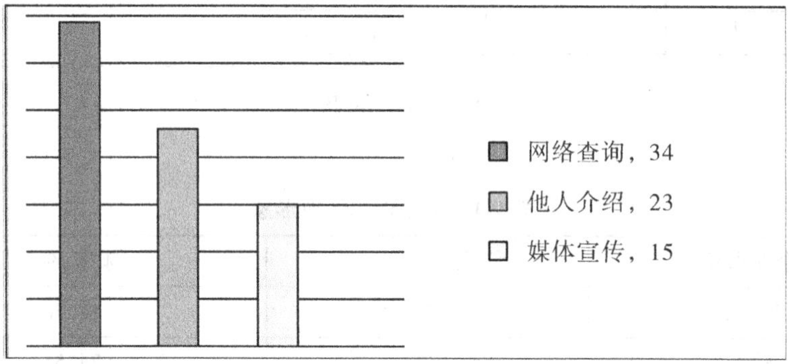

图9-3　选择宅急送服务的渠道

(6)在众多的物流企业中，消费者为何选择宅急送呢？由图9-4得知：在消费者选择宅急送的各种理由中，选择时速快的占39人，使用便捷的占36人，网络覆盖广和安全性高的各占34人，价格合理和服务态度好的各占32人。由此可以看出，宅急送在这六个方面做得都很好，选择的人数差距不大。也可以看出，在生活高速运转的需求下，人们更注重时效和便捷。

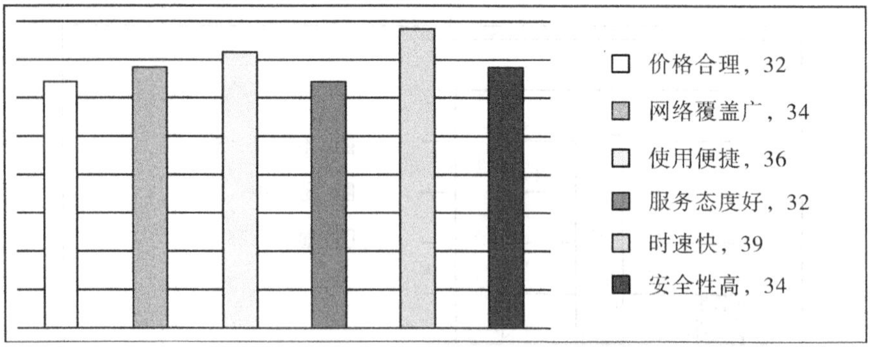

图9-4　选择宅急送服务的理由

(7)在宅急送的服务中又存在哪些问题呢？由图 9-5 得知：在宅急送服务的各种问题中，认为货物晚点的占 31%，异常反馈不及时的占 15%，发生物件丢失事故的占 15%，发生物件破损事故的占 14%，不涉及的占 11%，服务中出现事故后解决慢的占 10%，其他的占 3%，服务态度不好的占 1%。

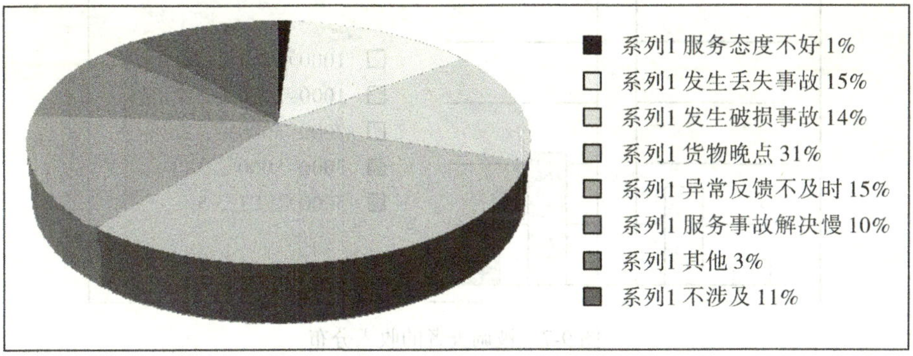

图 9-5　宅急送的服务中存在的问题

由图 9-5 可以看出，宅急送最应首先解决的问题就是货物晚点。货物晚点也是每个物流企业的致命点，它关系到物流机体是否能准时运作，这也反映出了现代人的时间就是金钱的价值观。

(8)在被调查者年龄方面，25~45 岁年龄段的被访者居多，这个年龄段的人乐于接受新事物，愿意配合调查工作，对物流服务行业接触较多，有亲身体验，能较好地完成问卷调查工作。

(9)被访者的文化程度相对较高，以专科、本科以上学历的人居多，如图 9-6 所示。这类人乐于接受访问与其经常接触这些物流服务有关。

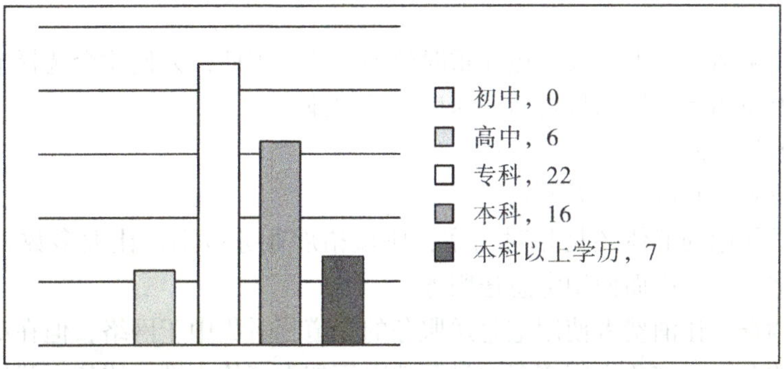

图 9-6　被调查者的学历分布

(10)被访者的月收入以中、高等收入的人居多，如图9-7所示。他们的时间相对充裕，乐于接受我们的调查，而且平时也有经济能力接触和使用这些物流服务业务。

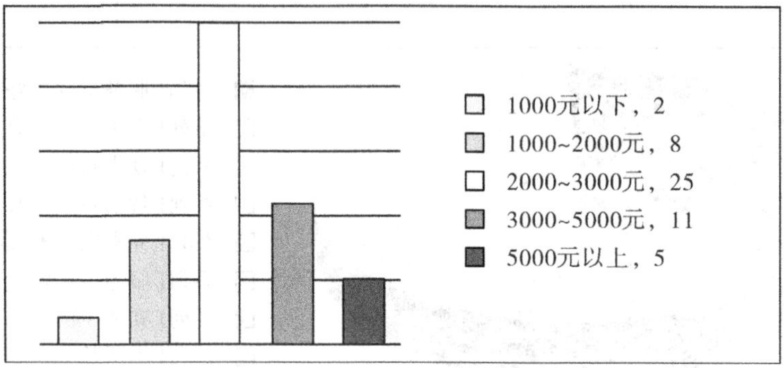

图9-7 被调查者的收入分布

5. 调查结论与建议

(1)调查结论。

通过对北京宅急送快运有限公司客户满意度的调查，我们得到如下结论与建议：

宅急送的消费群体大多是专科以上学历的人员，这类人群的经济状况良好，收入稳定。如果宅急送能为他们提供良好的服务，稳定住这类消费群体，宅急送能得到稳定的发展。

通过调查，可以看出宅急送在人们心目中树立了较好的企业形象。这说明宅急送以良好的服务树立的企业形象已经被大多数人认可和接受。

还可以看出，宅急送在网上服务更出色，大多数人更愿意通过网络联系宅急送服务。

在高速生活频率下，人们更注重时效和便捷。因此，人们才会选择宅急送，这很大程度上说明宅急送的货物运送速度快且便捷。

(2)改善建议。

需要改善的有以下几方面：

宅急送使用的群体还是相对闭塞，应该拓展业务范围，让大多数人了解宅急送，认识宅急送，进而使用宅急送服务。

通过调查，让消费者使用宅急送服务的渠道相对集中于网络，但在中国网络还不够普及的今天，宅急送应该多通过其他渠道加大宣传力度。比如：我们经常会在电视上看到UPS公司的广告，所以它们的知名度相对较高。如果像UPS这样宣传，就能让更多的人了解宅急送的服务。

宅急送最大的问题就是货物晚点率比较高，反馈不够及时，这是所有第三方物流企业面临的艰巨的问题。宅急送在管理上要加强，攻破这个难题，使宅急送有更快、更好的发展。

总之，虽然宅急送提出了“以客户服务为导向，以营运指导为核心”的战略方针，但凡事皆有漏洞，只有把漏洞补上，宅急送才能真正实现它的经营目标，在物流企业的竞争中才会立于不败之地。

第二节　调研报告范文

——大学生消费状况调查报告

调查时间：

调查地点：

调查对象：

一、问题的提出

当前的消费市场中，随着经济社会的纵深发展，我们大学生作为社会特殊的消费群体，消费观念的塑造和培养更为突出而直接地影响我们世界观的形成与发展，进而对我们一生的品德行为产生重要的影响。因此，关注大学生消费状况，把握大学生生活消费的心理特征和行为导向，培养和提高我们的“财商”，在当前，大学生作为一个特殊的消费群体正受到越来越大的关注。由于大学生年龄较轻，群体较特别，有着不同于社会其他消费群体的消费心理和行为。一方面，有着旺盛的消费需求，另一方面，尚未获得经济上的独立，消费受到很大的制约。消费观念的超前和消费实力的滞后，都对大学生的消费有很大影响。特殊群体自然有自己特殊的特点，同时，难免存在一些非理性的消费甚至一些消费的问题。为了调查清楚大学生的消费问题，我们决定在身边的同学中进行一次消费的调研。

二、问卷情况(见附录)

本次调查采用网络问卷加面访的方式进行，问卷通过腾讯问卷发放，在规定时间内，共收回有效问卷146份。问卷推广的对象，以我们周围的同学为主。

三、数据统计和分析

1. 总消费额

统计结果表明，消费额主要集中在600~1500元。对纯消费群体，我们觉得这个结果略低。我们认为，合适的人数分布峰值应该出现在500~800区间，其他区间大概符合正态分布。

2. 恩格尔系数

由统计数据可以看出，饮食方面支出居于400~700的人数最多，“吃饭消费”占总消费的比例较高。因此，大学生这一群体的恩格尔系数较高，这可能是这一群体的特点。虽然考虑到，数据受限于学校的物价水平，但还是可以反映大学生消费支出的大概情况。

3. 通信开支

由问卷得到的结果，拥有手机的同学居然占到被调查总人数的100%，可见大学校园手机的普及率之高。月花费高于50元的占到43%，已经接近一半。以我们的感觉，似乎大一的时候电话方面支出较多，而大二除了极个别人外似乎这方面的支出锐减，而我们的数据也基本反映了这个特点，接近八成的同学每月都很少打电话，或每个电话时间较短。即使考虑到目前的手机普及率，大家这方面的消费还是比较合理。

4. 打工的目的

对打工收入的看法最高的选项是“增长社会经验”，可以看出，大部分人做家教的目的不在于经济方面，而只是为增加社会阅历，由这点也可以看出大家普遍的经济状况较好，有足够的资金应付日常支出。

5. 生活资金来源及家庭收入

九成以上的被调查者资金主要是由父母或家庭提供，这个数据还是说明了一些问题，这种情况是大学生的普遍情况。很多社会因素我们无法改变，但是，我们需要关注的是，很多人居然认为这是天经地义的事，即使做家教，也不是为了减轻父母的负担，或是尽早经济独立，大家经济独立意识之差可见一斑。

6. 自我评价

结果显示，71%的被调查者认为花销较大，与自己的预期不符。可是，大家又一直保持着这种消费势头，这也算是大学生消费心理脆弱的一定表现。

四、思考

综合以上数据可以看出，大学生目前正受到社会的影响，是具有多种经济状况和消费能力的个体，区分程度相对稳定。但是，大学生作为一个群体，在消费方面是有一些共性的特点。

1. 当代大学生消费新概念

(1)理性消费是主流。

价格、质量、潮流是吸引大学生消费的主要因素。从调查结果来看，讲求实际、理性消费仍是当前大学生主要的消费观念。据了解，在购买商品时，大学生们首先考虑的因素是价格和质量。这是因为中国的大学生与国外的不同，经济来源主要是父母的资助，自己兼职挣钱的不多，这使我们每月可支配的钱是固定的，在600~1200元，家境较好的一般也不超过2000元，而这笔钱主要是用来支付饮食和日常生活用品开销的。由于消费能力有限，大学生们在花钱时往往十分谨慎，力求“花得值”，会尽量搜索那些价廉物美的商品。无论是在校内还是在校外，当今大学生的各种社会活动都较以前增多，加上城市生活氛围、开始谈恋爱等诸多因素的影响，不会考虑那些尽管价廉但不美的商品，相反，比较注重自己的形象，追求品位和档次，虽然不一定买名牌，但质量显然是非常关注的内容。

(2)追求时尚和名牌是不老的话题。

即使在取消高考年龄限制之后，20岁左右的青年仍是大学校园的绝对多数，大学生站在时代前沿，追新求异，敏锐地把握时尚，唯恐落后于潮流，这是大学生的共同特点。最突出的消费就是使用手机，当代大学生们的消费中普遍增加了手机的消费项目。本次调查中发现，学生手机拥有率已达到100%。此外，电脑及相关消费也是我们的追求，小至一张几十元的上网卡，大到电脑都是当代大学生的宠物，用计算机系同学的话来形容，我们简直就把电脑当成自己的“情人知己”。再次是发型、服装、饰物和生活用品，大学校园中都不乏追“新”族。调查资料也印证了这一点，就所占比例来看，“是否流行”紧随价格、质量之后，成为大学生考虑是否购买的第三大因素。至于名牌产品，当问到“如果经济许可，会否购买名牌产品”时，80%的学生表示肯定。以上充分体现了大学生对追求高品质、高品牌、高品位生活的需要。

2. 当代大学生消费状况存在的问题

(1)储蓄观念淡薄，财商需培养和加强。

“财商”一词的提出者罗伯特·清崎曾经说过：“财商与你挣了多少钱没关系，它是测算你能留住多少钱以及能让这些钱为你工作多久的能力。”在调查中，当问及对“财商”概念的认识时，很多同学表示陌生。当问及一学期结束后经济情况如何时，大部分同学都坦然承认自己的消费已经超出计划范围，甚至有些同学还需要向别人借回家的路费，略有剩余的同学也想着如何把剩余的钱花完，只有极个别同学有储蓄的意识。可见，当前大学生的财商需要培养和加强。

(2)消费差距拉大，出现两极分化。

在关于月平均消费一栏的调查中，有15.2%的同学在600元以下“有点痛苦”的生活线上坚持学业；有28.3%的同学在600~1000元“勉强过得去”；有34.4%的同学在1000~1500元“稍为有点爽”；有14.6%的同学在1500~2000元“比较自由”；有7.5%的同学月消费2000元以上，可以说是“跟着感觉走”——无忧无虑。可见，大学生的消费差距增大，两极分化也比较分明，这在我国当前剧烈转型的社会大背景下有一定的必然性，但我们相信，随着社会的发展和人民生活水平的进一步提高，这些问题必将在一定程度上得到改善。

(3)消费结构存在不合理因素，女生更为突出。

大学生的生活消费，至少有一个方面是共同的，即消费的主要组成部分以生活费用和购买学习资料、用品为主。在生活费用中，饮食费用又是重中之重，以学生在校每天消费 20 元左右用于基本饮食需要来估计，学生每月净饮食费需 600 元左右。

我们惊奇地发现，在被调查的 197 名女生中，83.7%饮食费用在 600 元以下，有的为了保持苗条身材控制自己的食欲，有的为了节约支出不顾营养需要只选择廉价的饭菜；而 192 名男生中也只有 66.4%达到标准。当问及他们是否研究过自己的营养结构问题时，比如对“一杯奶养起一个民族”说法的认同时，90%的同学表示认可，但不怎么在意。当我们把饮食结构不合理的问题在调查中指出的时候，他们当中，尤其是女同学很多都承认自己对健康饮食知识了解不够。

(4)过分追求时尚和名牌，存在攀比心理。

在调查中，一些同学指出，为了拥有一款手机或者换上一款最流行的手机，有的同学情愿节衣缩食，甚至牺牲自己的其他必要开支；有些男同学为了一双名牌运动鞋，有些女同学为了一套名牌化妆品或者一件名牌衣服，不惜向别人借钱甚至偷钱以满足自己的欲望等，都可以反映出一些学生不懂得量入而出，而虚荣心的驱使又极易形成无休止的攀比心理。

(5)恋爱支出过度。

在调查中我们发现，一部分谈恋爱的大学生每月多支出 100~300 元，最少的也有 50 元左右，最高的达到 1000 元(比如送名贵礼物给对方)。他们大多承认为了追求情感需要物质投入，经常难以理性把握适度消费的原则，这是让人感到忧虑的方面。有趣的是，传统意义上谈恋爱的费用支出一般由男方承担的局面已经完全被打破，而出现三种情况，即男方全部承担、男女方共同承担和女方主动全部承担，女生的恋爱支出甚至有超过男方的情况。传统与现代生活方式在当代大学生中被充分演绎。

3. 当前大学生消费心理和行为偏颇的原因分析

当前大学生在消费上出现无计划消费、消费结构不合理、攀比、奢侈浪费、恋爱支出过度等问题，既与社会大环境的负面影响有关，也与家庭、学校教育缺乏正确引导不无关系。今天的大学生生活在“没有围墙”的校园里，全方位地与社会接触，当某些大学生受到享乐主义、拜金主义、奢侈浪费等不良社会风气的侵袭时，如果没有及时得到学校老师和父母的正确引导，容易形成心理趋同的倾向，在校风建设上注重塑造和强化学生良好的消费意识和消费行为，培养学生良好的消费习惯，这是高校思想政治教育一个非常重要的内容。

4. 引导大学生养成健康消费心理和行为的建议

当前，我国社会正处于激烈的社会转型过程中，虽然社会经济与以往比较已经取得卓越的成就，但是放眼世界，我们离工业化发达国家的距离还很遥远。当代大学生是未来社会建设的栋梁，引导大学生继续保持艰苦朴素、勤俭节约的消费观念，反对奢侈浪费、盲目攀比、过高消费等不良消费风气，加强大学生健康的消费观念的培养与塑造，在当前国情下具有非常重要的意义。要正确引导大学生养成健康消费心理和行为，可以从以下三个方面着手：

(1)加强对大学生消费心理和行为的调查研究。我们认为今后老师应当重视和加强对大学生消费状况的关注，注重研究其消费心理与行为，从中发现问题和解决问题，帮助大学生养成健康的消费心理，形成正确的消费观。

(2)培养和加强大学生的财产管理能力，指的是一个人在财务方面的智力，即对钱财的理性认识与运用。专家指出，财商的概念是与智商、情商并列的现代社会三大不可缺少的素质，也是现代教育不可忽略不宜回避的话题。可以这样理解，智商反映人作为一般生物的生存能力，情商反映人作为社会生物的生存能力，财商反映人作为经济人在经济社会里的生存能力。财商主要包括两方面的内容：其一，正确认识金钱及金钱规律的能力；其二，正确运用金钱及金钱规律的能力。我们建议老师围绕这两方面的内容，在“两课”教学活动中设计生动活泼的教学形式以达到教育目的。

(3)大学生良好消费风气应该成为良好校风的重要组成部分，良好校风是师德师风和学生学习、生活作风的有机组合。其中学生的消费心理和行为是学生生活作风的体现。

五、分析

当前大学生在消费上出现无计划消费、消费结构不合理、攀比、奢侈浪费、恋爱支出过度等问题，既与社会大环境的负面影响有关，也与家庭、学校教育缺乏正确引导不无关系。

(1)今天的大学生生活全方位地与社会接触，当某些大学生受到享乐主义、拜金主义、奢侈浪费等不良社会风气的侵袭时，如果没有及时得到学校老师和父母的正确引导，容易形成心理趋同的倾向，当学生所在家庭可以在经济上满足较高的消费条件时，这些思想就会在他们的消费行为上充分体现。

(2)父母在日常生活消费的原则立场是子女最初始的效仿对象。有些父母本身消费观念存在误区，又何以正确指导自己的孩子呢?

(3)学校教育环境对学生消费观念的培养有重要作用。可事实上，高校思想政治教育还没有对学生消费观教育形成足够的重视，对大学生消费心理和行为研究不足，“两课”教学中对大学生消费观的教育指导不够。由于对大学生的消费心理和行为了解不够全面和客观以及课程设置等因素，与人生观、劳动观、金钱观、国情观等重要思想观念紧密相关的消费观的专题教育在思想品德修养课中没有充分开展，从而也难以达到真正的指导目的。

另外，校风建设范畴中普遍缺少倡导大学生勤俭节约生活消费观的内容。大学生的消费心理和行为除了在个人喜好、穿着打扮等较少方面比较注重突出个性以外，他们对于时尚品牌、基本生活用品、生活费用的额度等主要消费内容都具有群体从众心理。高校校风主要体现在学生的群体心理和行为特征，在校风建设上要注重塑造和强化学生良好的消费意识和消费行为，培养学生良好的消费习惯。

六、结论与建议

综合以上分析，我们可以看出大学生的消费心理总体上处于成长健全期。在质量、价格、品牌、情绪等诸多影响购买的因素中，首先考虑质量的因素，但更注重品牌与情绪的影响。因此，可以说大学生充满的是感性而略掺有理性的消费观。而对于流行与时尚的追求似乎更是一个令人彷徨的十字路口。适度的追求是合理的，但过分的攀比会产生危险的影响。

对于大学生在消费中产生的问题，我们提出以下建议：

1. 增强独立意识，培养和加强理财能力

要提高自己正确认识金钱及金钱规律的能力，更重要的是，要提高正确运用金钱及金钱规律的能力。

2. 克服攀比情绪

树立适应时代潮流的、正确的、科学的价值观，逐渐确立正确的人生准则，给自己理性的定位。通过这次调研，我们基本掌握了当代大学生消费心理趋势及现状。大学生的基本生活消费大体上是现实的、合理的，但离散趋势明显，个体差异大。在以寄生性消费为主的大学生中，培养独立的理财能力、科学的价值观应是当务之急。

3. 形成大学生良好消费风气

良好校风是师德师风和学生学习、生活作风的有机组合。其中，学生的消费心理和行为是体现学生生活作风的重要部分。一旦良好的消费习惯得到培养和加强，就会对良好校风的塑造起到促进作用，并形成校风助学风的良性循环。因此，应该把大学生良好消费心理和行为的培养作为校园文化建设的重要组成部分。在校园文化建设中设计有关大学生健康消费理念的活动专题，并且持之以恒，以大学生良好的消费心理和行为促进良好生活作风的形成，进而促进良好学风、校风的巩固与发展。

附录 大学生消费状况调查问卷

为了了解我校大学生的消费问题，我们决定在身边的同学中进行一次消费的调研，请您尽量如实填写，谢谢配合！

一、客观题

1. 您的月消费额大概为多少(　　)

A. 600 以下　　B. 600~1000　　C. 1000~1500

D. 1500~2000　　E. 2000 以上

2. 您每月饮食方面支出(包括零食饮料)大概为多少(　　)

A. 600 以下　　B. 600~800　　C. 800~1000

D. 1000~1200　　E. 1200 以上

3. 您每学期学习方面的花费(包括文具、书籍、复印、培训班)为多少(　　)

A. 200 以下　　B. 200~300　　C. 300~400

D. 400~600　　E. 600 以上

4. 您是否有定期出去聚餐的习惯或请朋友吃饭的行为？如果有，平均每月用于这方面有多少元支出(　　)

A. 50 以下　　B. 50~100　　C. 100~150

D. 150~200　　E. 200 以上

5. 如果您是女生，您花服饰和化妆品方面平均每个月的消费是多少(　　)

A. 基本不花费　　B. 50 以下　　C. 50~100

D. 100~200　　E. 200 以上

6. 您每月谈恋爱浪漫气氛“制造费”是多少(　　)

A. 我尚单身　　B. 100 以下　　C. 100~200

D. 200~400　　E. 400 以上

7. 您拥有手机吗？如果有，每个月话费支出为多少？如果没有，请回答下一题。

A. 50 以下　　B. 50~100　　C. 100~200

D. 200~300　　E. 300 以上

8. 您每月用于通信方面的支出为多少(仅限于使用电话卡的情况)(　　)

A. 20 以下　　B. 20~50　　C. 50~80

D. 80~110　　E. 110 以上

9. 您是否有打工的经历，如果有，或有此打算，目的是(　　)

A. 补贴日用　　B. 增长社会经验　　C. 赶时髦

D. 渴望独立　　E. 闲着没事，干就干了

10. 您花费的资金主要来自(　　)

A. 学子勤工俭学

B. 用休息日在外做家教

C. 给企业打工

D. 主要从家里拿钱，很少自己挣钱

E. 其他：____________________

11. 您的家庭月总收入为(　　)

A. 1000(以下)　　B. 1000~2000　　C. 2000~3000

D. 3000~5000　　E. 5000 以上

12. 您觉得您现在每月消费情况如何(　　)

A. 高得惨不忍睹　　B. 偏高　　C. 刚刚好

D. 偏低　　E. 低得一塌糊涂

二、问答

您有没有在不知不觉中花去很多钱的体验？如果有，您觉得这部分花费是否必要？如果您认为不必要或者很大一部分不必要，您能想出什么办法避免这部分花费？